Die Durchsetzung finanzieller Sanktionen der Europäischen Gemeinschaften gegen ihre Mitgliedstaaten

SCHRIFTEN
zum internationalen und zum öffentlichen
RECHT
Herausgegeben von Gilbert Gornig

Band 74

PETER LANG
Frankfurt am Main · Berlin · Bern · Bruxelles · New York · Oxford · Wien

Tarik El-Shabassy

Die Durchsetzung finanzieller Sanktionen der Europäischen Gemeinschaften gegen ihre Mitgliedstaaten

PETER LANG
Internationaler Verlag der Wissenschaften

Bibliografische Information der Deutschen Nationalbibliothek
Die Deutsche Nationalbibliothek verzeichnet diese Publikation in der Deutschen Nationalbibliografie; detaillierte bibliografische Daten sind im Internet über <http://www.d-nb.de> abrufbar.

Zugl.: Marburg, Univ., Diss., 2007

D 4
ISSN 0943-173X
ISBN 978-3-631-56771-5

www.peterlang.de

Vorwort

Die vorliegende Arbeit entstand während meiner Zeit als wissenschaftlicher Mitarbeiter am Fachbereich Rechtswissenschaften der Philipps-Universität Marburg und wurde dort im Mai 2007 als Dissertation angenommen.

Mein besonderer Dank gilt Frau Prof. Dr. Monika Böhm für die engagierte Betreuung der Arbeit sowie für die ausgesprochen zügige Erstellung des Erstgutachtens. Danken möchte ich auch meinem Zweitgutachter Herrn Prof. Dr. Ralph Backhaus für die Möglichkeit, noch im Mai 2007 die Doktorprüfung ablegen zu können. Herrn Prof. Dr. Dr. h. c. Gilbert Gornig danke ich für die Aufnahme der Arbeit in seine Schriftenreihe. Bedanken möchte ich mich ferner bei Herrn Prof. Remo Caponi von der Universität Florenz für wertvolle Hinweise bezüglich der Aufrechnung im italienischen Zivilrecht und bei Frau Elke Pallocks vom Bundeswirtschaftsministerium für die hilfsbereite Erläuterung der Zahlungsströme zwischen dem Europäischen Sozialfonds und der Bundesrepublik Deutschland. Herrn Günter Wilms und Herrn Dr. Jürgen Grunwald vom juristischen Dienst der Europäischen Kommission schulde ich Dank für hilfreiche Erläuterungen zur Verrechnungspraxis bei der Anwendung der EG-Haushaltsordnung.

Meiner Mutter Eva-Maria El-Shabassy und meinem Freund und Kollegen Dr. Jan-Christof Otto danke ich für das zeitaufwendige Korrekturlesen, meiner Lebensgefährtin Mira Peters für die seelische Unterstützung während des gesamten Entstehungszeitraums der Arbeit.

Für die großzügige und vorbehaltlose Finanzierung meiner Ausbildung danke ich meinen Eltern und meinen Großeltern.

Marburg, September 2007 Tarik El-Shabassy

Inhaltsübersicht

Inhaltsverzeichnis

Abkürzungen[1]

1. KOM-Mitteilung	Mitteilung der Kommission über die Anwendung von Artikel 171 EG-Vertrag
2. KOM-Mitteilung	Mitteilung der Kommission über das Verfahren für die Berechnung des Zwangsgeldes nach Artikel 171 EG-Vertrag
3. KOM-Mitteilung	Mitteilung der Kommission zur Anwendung von Art. 228 EG-Vertrag
ABl.	Amtsblatt der Europäischen Gemeinschaften
Defizitprotokoll	Protokoll Nr. 20 über das Verfahren bei einem übermäßigen Defizit
EAG	Vertrag zur Gründung der Europäischen Atomgemeinschaft (Euratom)
EAGFL	Europäischer Ausrichtungs- und Garantiefonds für die Landwirtschaft
EFRE	Europäischer Fonds für regionale Entwicklung
EG	Vertrag zur Gründung einer Europäischen Gemeinschaft (Fassung von Nizza)
EGKSV	Vertrag über die Gründung der Europäischen Gemeinschaft für Kohle und Stahl (Montanunion)
EGV	Vertrag zur Gründung einer Europäischen Gemeinschaft (Fassung von Maastricht)
ELRev	European Law Review
endg.	endgültig
ESF	Europäischer Sozialfonds
ESZB	Europäisches System der Zentralbanken
EU	Vertrag zur Gründung einer Europäischen Union (Fassung von Nizza)

[1] Wegen der weiteren, hier nicht aufgenommenen Abkürzungen wird auf *Kirchner/ Butz*, Abkürzungsverzeichnis der Rechtssprache, 5. Auflage, Berlin 2003 verwiesen.

EUV	Vertrag zur Gründung einer Europäischen Union (Fassung von Maastricht)
EWGV	Vertrag zur Gründung einer Europäischen Wirtschaftsgemeinschaft
FIAF	Finanzinstrument für die Ausrichtung der Fischerei
FIDE	Fédération Internationale de Droit Européen
GA	Generalanwalt
GAP	Gemeinsame Agrarpolitik
GAP-VO	Verordnung (EG) Nr. 1258/1999 des Rates vom 17. Mai 1999 über die Finanzierung der Gemeinsamen Agrarpolitik
GBTE	Groeben u.a. (Hrsg.), Kommentar zum EWG-Vertrag
GTE	Groeben u.a. (Hrsg.), Kommentar zum EU-/EG-Vertrag
HO-EG	Verordnung (EG, Euratom) Nr. 1605/2002 des Rates vom 25. Juni 2002 über die Haushaltsordnung für den Gesamthaushaltsplan der Europäischen Gemeinschaften
JDI	Journal du droit international
Kohäsionsfonds-VO	Verordnung (EG) Nr. 1164/94 des Rates vom 16. Mai 1994 zur Errichtung des Kohäsionsfonds
MünchKomm BGB	Rebmann u.a. (Hrsg.), Münchener Kommentar zum Bürgerlichen Gesetzbuch
Solidaritätsfonds-VO	Verordnung (EG) Nr. 2012/2002 des Rates vom 11. November 2002 zur Errichtung des Solidaritätsfonds der Europäischen Union
Staudinger	Gursky/ Olzen (Hrsg.), J. von Staudingers Kommentar zum Bürgerlichen Gesetzbuch mit Einführungsgesetz und Nebengesetzen
RDI	Rivista di diritto internazionale
REDP	Revue européenne de droit public
RMC	Revue du marché commun et de l'Union Européenne
RMUE	Revue du marché unique européen
Rs. C	Rechtssache des Gerichtshofs der Europäischen Gemeinschaften

Rs. T	Rechtssache des Gerichts erster Instanz der Europäischen Gemeinschaften
RTDE	Revue trimestrielle de droit européen
Slg.	Sammlung der Rechtsprechung des Gerichtshofes und des Gerichts erster Instanz (der Europäischen Gemeinschaften)
StrukturfondsVO	Verordnung (EG) Nr. 1260/1999 des Rates vom 21. Juni 1999 mit allgemeinen Bestimmungen über die Strukturfonds
TEN-VO	Verordnung (EG) Nr. 2236/95 des Rates vom 18. September 1995 über die Grundregeln für die Gewährung von Gemeinschaftszuschüssen für transeuropäische Netze
TUE	Constantinesco u.a. (Hrsg.), Traité sur l'Union Européenne
VerfO-EuGH	Verfahrensordnung des Gerichtshofs der Europäischen Gemeinschaften

Einleitung

Seit Entstehung der Europäischen Gemeinschaften hat die Gemeinschaftsrechtsordnung bei steigendem wirtschaftlich-politischem Integrationsniveau zunehmend an Bedeutung gewonnen und ist ihrerseits zu einem integrierenden Bestandteil des gemeinschaftlichen Gefüges in Europa geworden. Im Spannungsfeld zwischen mitgliedstaatlicher Souveränität und europäischer Supranationalität verläuft der vorgenannte Integrationsprozess stetig, aber nicht ohne Schwierigkeiten und zuweilen auch mit Rückschlägen. Die institutionelle Struktur der Europäischen Union, nationale Sonderinteressen, aber insbesondere auch die ungeheure und zunehmende Komplexität der Gemeinschaftsrechtsordnung bringen es mit sich, dass die Kommission in ihren Jahresberichten über die Kontrolle der Anwendung des Gemeinschaftsrechts eine Vielzahl mitgliedstaatlicher Verstöße aufzuarbeiten hat.[2] Schon der EWG-Vertrag von 1957 (EWGV) sah in Art. 169-171 die Möglichkeit vor, den Vertragsverstoß eines Mitgliedstaates durch Urteil des Europäischen Gerichtshofs feststellen zu lassen, um den Mitgliedstaat hiermit zu gemeinschaftsrechtskonformem Verhalten zu bewegen. Noch bis zum Ende der Siebziger Jahre wurde ein solches Feststellungsurteil zur Gewährleistung der einheitlichen Anwendung des Gemeinschaftsrechts als ausreichend empfunden. Dass sich die Mitgliedstaaten einem Urteil des EuGH widersetzen könnten, erschien damals unwahrscheinlich.[3] Der dramatische Anstieg nicht umgesetzter EuGH-Urteile in den Achtziger Jahren führte jedoch zu einem Umdenken innerhalb der Gemeinschaft, so dass mit dem Inkrafttreten des Vertrages von Maastricht am 1. November 1993 neben dem herkömmlichen Vertragsverletzungsverfahren die Möglichkeit der Verhängung eines Zwangsgeldes oder eines Pauschalbetrages durch den EuGH in den EG-Vertrag aufgenommen wurde (Art. 171 Abs. 2 EGV, jetzt Art. 228 Abs. 2 EG).[4]

Die beiden folgenden Tabellen vermitteln einen Eindruck davon, welche Bedeutung dem Verfahren nach Art. 228 Abs. 2 EG in der Praxis zukommt. Sie

---

2 Vgl. zuletzt den 24. Jahresbericht über die Anwendung des Gemeinschaftsrechts (2006), KOM (2007) 398; siehe auch unten S. 20 ff.

3 Vgl. nur Schlussanträge GA *Lagrange*, Slg. 1961, 723 (735), Rs. 7/61 – Kommission / Italien.

4 Ausführlich zur Entstehungsgeschichte *Heidig*, Zwangsgelder, S. 62 ff.

geben für die Jahre 1998 bis 2006 die Zahl der jeweils laufenden Verfahren an[5], aufgeschlüsselt nach Mitgliedstaaten (Tabelle 1) und nach Politikbereichen (Tabelle 2).

Tabelle 1

Laufende Verfahren gemäß Art. 228 Abs. 2 EG in den Jahren 1998-2006, aufgeschlüsselt nach Mitgliedstaaten[6]

	1998	1999	2000	2001	2002	2003	2004	2005	2006
Belgien	5	3	3	6	6	10	6	3	4
Dänemark	0	0	0	0	0	0	2	1	1
Deutschland	2	2	4	2	3	6	5	8	4
Estland	–	–	–	–	–	–	–	0	0
Finnland	0	0	0	0	1	0	1	3	4
Frankreich	6	6	8	13	10	14	17	16	15
Griechenland	10	10	6	5	9	4	3	5	9
Irland	1	0	0	5	4	4	5	6	5
Italien	6	1	5	7	12	10	12	16	11
Lettland	–	–	–	–	–	–	–	0	0
Litauen	–	–	–	–	–	–	–	0	0
Luxemburg	2	2	2	2	5	6	6	12	13

5 Die laufenden Verfahren gemäß Art. 228 Abs. 2 EG bzw. Art. 171 Abs. 2 EGV sind erst seit dem 16. Jahresbericht der Kommission über die Anwendung des Gemeinschaftsrechts für das Jahr 1998 statistisch erfasst.

6 Quelle: Jahresberichte der Kommission über die Kontrolle der Anwendung des Gemeinschaftsrechts (jeweils Anhang II, Tabelle 2.3); 16. Jahresbericht (1998), KOM (1999) 301 endg.; 17. Jahresbericht (1999), KOM (2000) 92 endg.; 18. Jahresbericht (2000), KOM (2001) 309 endg.; 19. Jahresbericht (2001), KOM (2002) 324 endg.; 20. Jahresbericht (2002), KOM (2003) 669 endg.; 21. Jahresbericht (2003), KOM (2004) 839 endg.; 22. Jahresbericht (2004), KOM (2005) 570 endg.; 23. Jahresbericht (2005), SEC (2006) 1005; 24. Jahresbericht (2006), SEC (2007) 976.

Fortsetzung Tabelle 1									
Malta	–	–	–	–	–	–	–	0	0
Niederlande	0	1	1	1	1	3	1	3	1
Österreich	0	0	0	1	2	1	2	4	2
Polen	–	–	–	–	–	–	–	0	0
Portugal	2	4	1	2	2	3	2	3	3
Schweden	0	0	0	0	1	1	2	3	1
Slowakei	–	–	–	–	–	–	–	0	0
Slowenien	–	–	–	–	–	–	–	0	0
Spanien	2	1	1	2	3	5	6	10	15
Tschechien	–	–	–	–	–	–	–	0	0
Ungarn	–	–	–	–	–	–	–	0	0
Vereinigtes Königreich	3	1	1	1	3	2	3	7	6
Zypern	–	–	–	–	–	–	–	0	0
Insgesamt	39	31	32	47	62	69	73	100	94

Tabelle 2

Laufende Verfahren gemäß Art. 228 Abs. 2 EG in den Jahren 1998-2006, aufgeschlüsselt nach Politikbereichen[7]

	1998	**1999**	**2000**	**2001**	**2002**	**2003**	**2004**	**2005**	**2006**
Beschäftigung, Soziales	8	5	3	3	4	3	4	8	6

7 Quelle: Jahresberichte der Kommission über die Kontrolle der Anwendung des Gemeinschaftsrechts, s. Fn. 6 (jeweils Anhang II, Tabelle 2.4).

Fortsetzung Tabelle 2									
Bildung, Kultur, Medien	1	0	0	0	0	0	0	0	0
Binnenmarkt	8	3	6	5	8	14	11	19	19
Energie und Verkehr	2	1	4	10	4	5	11	20	15
Fischerei	2	2	1	1	1	2	1	1	1
Gesundheit, Verbraucherschutz	0	2	2	4	6	0	2	1	2
Informationsgesellschaft	0	0	0	1	0	0	0	0	0
Justiz, Grundrechte, Sicherheit	0	0	0	0	0	0	0	2	4
Landwirtschaft	0	0	0	0	0	0	0	0	1
Personal und Verwaltung	0	0	0	0	0	0	1	1	0
Steuern, Zollunion	1	1	1	1	4	2	0	2	2
Umwelt	14	14	13	20	33	40	37	36	37
Unternehmen, Industrie	2	2	2	2	1	1	3	6	3
Wettbewerb	1	1	0	0	1	1	2	4	4
Wirtschaft und Finanzen	0	0	0	0	0	1	1	0	0
Insgesamt	39	31	32	47	62	69	73	100	94

Bislang hat der EuGH in drei Fällen einen Mitgliedstaat gemäß Art. 228 Abs. 2 EG verurteilt. In der Rechtssache „Gefährliche Abfälle II“[8] verhängte der EuGH gegen Griechenland in seiner Entscheidung vom 4. Juli 2000 ein Zwangsgeld von 20.000 € pro Tag wegen Nichtumsetzung des Ersturteils „Gefährliche Abfälle I“[9] und verurteilte damit erstmals einen Mitgliedstaat auf der Grundlage von Art. 228 Abs. 2 EG. In dem Urteil „Gefährliche Abfälle I“ hatte er festgestellt, dass Griechenland durch den Betrieb einer öffentlichen Mülldeponie im Mündungsgebiet eines Wildbaches auf Kreta gegen seine Verpflichtungen aus den Richtlinien 75/442[10] und 78/319[11] verstoßen hatte, die fraglichen Abfälle ohne eine Gefährdung der menschlichen Gesundheit oder eine Schädigung der Umwelt zu beseitigen.

Die Rechtssache „Badegewässer II“[12] zog eine Verurteilung Spaniens zu einem Zwangsgeld von 624.150 € pro Jahr wegen Nichtumsetzung des Ersturteils „Badegewässer I“[13] nach sich. Im Fall „Badegewässer I“ hatte der EuGH entschieden, dass Spanien nicht die notwendigen Maßnahmen ergriffen habe, um sicherzustellen, dass die Qualität seiner Binnenbadegewässer denjenigen Grenzwerten entsprach, wie sie gemäß Art. 3 der Richtlinie 76/160[14] festgelegt wurden.

Nicht die Umwelt-, sondern die Fischereipolitik der Gemeinschaft und damit einen statistischen Randbereich der bisherigen Sanktionsverfahren betraf das Urteil des EuGH in der Rechtssache „Fischerei II“.[15] Im Ersturteil „Fischerei I“[16] hatte der EuGH festgestellt, dass Frankreich dadurch, dass es zwischen 1984 und 1987 keine Kontrollen durchgeführt hatte, welche die Beachtung der vorgeschriebenen gemeinschaftlichen technischen Maßnahmen zur Erhaltung der Fischbestände gewährleisteten, gegen seine Verpflichtungen aus den damaligen

8 *EuGH*, Slg. 2000, I-5047 ff., Rs. C-387/97 – Kommission / Griechenland ("Gefährliche Abfälle II").

9 *EuGH*, Slg. 1992, I-2509 ff., Rs. C-45/91 – Kommission / Griechenland ("Gefährliche Abfälle I").

10 Richtlinie 75/442/EWG des Rates vom 15. Juli 1975 über Abfälle, ABl. Nr. L 194/47 vom 25.7.1975, zuletzt geändert durch die Verordnung (EG) Nr. 1882/2003 des Europäischen Parlaments und des Rates vom 29. September 2003, ABl. Nr. L 284/1 vom 31.10.2003.

11 Richtlinie 78/319/EWG des Rates vom 20. März 1978 über giftige und gefährliche Abfälle, ABl. Nr. L 84/43 vom 31.3.1978 (außer Kraft).

12 *EuGH*, Slg. 2003, I-14141 ff., Rs. C-278/01 – Kommission / Spanien („Badegewässer II“).

13 *EuGH*, Slg. 1998, I-505 ff., Rs. C-92/96 – Kommission / Spanien ("Badegewässer I").

14 Richtlinie 76/160/EWG des Rates vom 8. Dezember 1975 über die Qualität der Badegewässer, ABl. Nr. L 31/1 vom 5.2.1976, zuletzt geändert durch Verordnung (EG) Nr. 807/2003 des Rates vom 14. April 2003, ABl. Nr. L 122/36 vom 16.5.2003.

15 *EuGH*, Slg. 2005, I-6263 ff., Rs. C-304/02 – Kommission / Frankreich („Fischerei II“).

16 *EuGH*, Slg. 1991, I-2727 ff., Rs. C-64/88 – Kommission / Frankreich („Fischerei I“).

Kontrollverordnungen 2057/82[17] sowie 2241/87[18] verstoßen hatte. Schließlich verurteilte der EuGH Frankreich im Zweitverfahren zur Zahlung eines Pauschalbetrages in Höhe von 20.000.000 € sowie eines Zwangsgeldes in Höhe von 57.761.250 € für jeden Sechsmonatszeitraum ab Verkündung des Urteils, an dessen Ende das Urteil „Fischerei I" noch nicht vollständig umgesetzt war.[19] Erstmals seit Einführung des Sanktionsverfahrens wurde damit ein Pauschalbetrag verhängt und dies zudem kumulativ mit einem Zwangsgeld.[20] Die Kommission hatte bei Erhebung der Klage lediglich die Verhängung eines täglichen Zwangsgeldes in Höhe von 316.500 € vorgeschlagen.[21]

Die geringe Zahl bislang ergangener Sanktionsurteile gegenüber der hohen Anzahl jährlich laufender Verfahren darf nicht darüber hinwegtäuschen, dass dem Verfahren als solchen eine große praktische Bedeutung bei der gemeinschaftsrechtlichen Vollzugskontrolle zukommt. Tatsächlich deutet das genannte Verhältnis vielmehr auf einen erheblichen Abschreckungseffekt des Verfahrens hin. Ende 2005 hat die Kommission angekündigt, eine Klage nach Art. 228 Abs. 2 EG nun nicht mehr allein deshalb zurückzuziehen, weil das Ersturteil zwischenzeitlich umgesetzt wurde.[22] Dies soll der bisherigen Praxis der Mitgliedstaaten vorbeugen, die Umsetzung von Vertragsverletzungsurteilen teilweise bis zur Endphase des anschließenden, in der Regel Jahre dauernden Sanktionsverfahrens hinauszuzögern.[23] Vor diesem Hintergrund sowie angesichts der zahlenmäßigen Entwicklung der Verfahren nach Art. 228 Abs. 2 EG, insbesondere mit Blick auf die Entwicklung der Vertragsverletzungsverfahren in den Achtziger Jahren, ist für die Zukunft mit einem deutlichen Anstieg tatsächlicher Verurteilungen zu rechnen.

Eine weitere Verschärfung erfährt die Situation angesichts der auf mittlerweile 27 Staaten angewachsenen und damit seit 2003 fast verdoppelten Mitgliederzahl der EU, die mit einer drastischen Zunahme an Sanktionsverfahren und folglich auch an Sanktionsurteilen verbunden sein dürfte.[24] Wenngleich die

---

17 Verordnung (EWG) Nr. 2057/82 des Rates vom 29. Juni 1982 zur Festlegung bestimmter Maßnahmen zur Kontrolle der Fischereitätigkeit von Schiffen der Mitgliedstaaten, ABl. Nr. L 220/1 vom 29.7.1982 (außer Kraft).

18 Verordnung (EWG) Nr. 2241/87 des Rates vom 23. Juli 1987 zur Festlegung bestimmter Maßnahmen zur Kontrolle der Fischereitätigkeit, ABl. Nr. L 207/1 vom 29.07.1987 (außer Kraft).

19 *EuGH*, Slg. 2005, I-6263 ff., Rs. C-304/02 – Kommission / Frankreich („Fischerei II").

20 Zum Verhältnis von Pauschalbetrag und Zwangsgeld siehe unten S. 51.

21 GA *Geelhoed*, Slg. 2005, I-6263 (Nr. 4), Rs. C-304/02 – Kommission / Frankreich („Fischerei II").

22 Mitteilung der Kommission zur Anwendung von Art. 228 EG-Vertrag, SEK(2005)1658, Nr. 11.

23 Ebd., Punkt 10.1.

24 Vgl. auch Mitteilung der Kommission zur besseren Kontrolle der Anwendung des Gemeinschaftsrechts v. 11.12.2002, KOM(2002)725 endg.

Kommission sehr viel Zeit benötigen wird, bis sie die vollständige Übernahme des geltenden Gemeinschaftsrechts durch die neuen Mitgliedstaaten überprüft hat, hat sie bereits erklärt, den beigetretenen Ländern keine Sonderbehandlung zukommen zu lassen, sofern ihnen im Beitrittsvertrag keine Übergangsfristen eingeräumt wurden.[25] Insgesamt dürfte es damit nur eine Frage der Zeit sein, bis erstmalig auch ein Sanktionsurteil gemäß Art. 228 Abs. 2 EG unbeachtet bleibt.[26]

Vor diesem Hintergrund geht die vorliegende Arbeit der Frage nach, ob und wie eine derartige Sanktion zwangsweise durchgesetzt werden kann, wenn der betroffene Mitgliedstaat die Zahlung verweigert. Die sich in diesem Zusammenhang auf nationaler Ebene stellende Anschlussfrage nach einem Haftungsregress im Verhältnis zwischen Bund und Ländern würde dagegen den Rahmen der Arbeit sprengen und bleibt daher unberücksichtigt.[27]

Ergänzend zum Verfahren nach Art. 228 Abs. 2 EG ist auf eine finanzielle Sanktionsform hinzuweisen, welche der EG-Vertrag im Rahmen der Wirtschafts- und Währungsunion vorsieht, und deren zwangsweise Durchsetzung in der vorliegenden Arbeit ebenso Berücksichtigung finden soll: Nach Art. 104 Abs. 11 EG (Art. 104c Abs. 11 EGV) kann der Rat gegen einen Mitgliedstaat mit einem übermäßigen Haushaltsdefizit unter bestimmten Voraussetzungen eine Geldbuße in angemessener Höhe verhängen.

Zum besseren Verständnis der rechtlichen Hintergründe finanzieller Sanktionen gegen Mitgliedstaaten sollen zunächst die entsprechenden Verfahren näher beleuchtet werden (Teil 1). Dabei wird die Darstellung des Sanktionsverfahrens gemäß Art. 228 Abs. 2 EG insbesondere auch neuere Entwicklungen und Tendenzen berücksichtigen, die sich aus den bislang zu Art. 228 Abs. 2 EG ergangenen Gerichtsurteilen ergeben. Im Anschluss an das Sanktionsverfahren nach Art. 228 Abs. 2 EG wird das Haushaltsdefizitverfahren gemäß Art. 104 EG in seinen wesentlichen Grundzügen skizziert. Im hierauf folgenden Hauptteil (Teil 2) werden sodann gemeinschaftsrechtliche Möglichkeiten der Durchsetzung finanzieller Sanktionen gegen Mitgliedstaaten einer umfassenden Erörterung unterzogen. Das Hauptaugenmerk gilt dabei den Fragen der Zwangsvollstreckung, der Aufrechnung sowie der Aussetzung von Zahlungen. Die Untersuchung der Zulässigkeit, der Voraussetzungen sowie der Durchführung einer eventuellen Aufrechnung bildet den Kern der Arbeit. Im Anschluss an den Hauptteil werden die dort gefundenen Ergebnisse in knapper Form zusammengefasst (Teil 3).

---

25 MEMO/04/86 vom 19. April 2004, S. 8.

26 In diesem Sinne auch *Wägenbaur*, Everling-FS, S. 1611 (1621).

27 Siehe zu diesem Themenkomplex *Böhm*, Haftung, S. 89 ff.; *dies.*, JZ 2000, S. 382 ff.; *Gedschold*, Zwangsgelder, S. 59 ff; *Häde*, Verteilung; siehe auch den diesbezüglichen Gesetzesentwurf der Großen Koalition vom 7.3.2006, BTDrucks. 16/813, S. 5, Nr. 20.

Teil 1: Die finanzielle Sanktionierung von Gemeinschaftsrechtsverstößen der Mitgliedstaaten nach gegenwärtigem Recht

§ 1 Die Verhängung von Zwangsgeldern und Pauschalbeträgen durch den Europäischen Gerichtshof

Im Folgenden soll das Sanktionsverfahren gemäß Art. 228 Abs. 2 EG dargestellt und erläutert werden. Dabei ist zunächst auf das Vertragsverletzungsverfahren gemäß Art. 226, 227 EG einzugehen (A), welches jedem Sanktionsurteil gemäß Art. 228 Abs. 2 EG notwendig vorausgeht und insofern den Verfahrensgegenstand vorgibt. Sodann wird das sich hieran anschließende Verfahren nach Art. 228 Abs. 2 EG erläutert (B).

A. Das Vertragsverletzungsverfahren gemäß Art. 226, 227 EG

I. Gegenstand und Ziel des Verfahrens

Gegenstand des Verfahrens nach Art. 226, 227 EG ist die Frage, ob ein Mitgliedstaat durch ein bestimmtes Tun oder Unterlassen gegen seine Verpflichtungen aus dem EG-Vertrag verstoßen hat.[28] Dies betrifft nicht nur das Primärrecht, wie die Formulierung „Verpflichtungen aus diesem Vertrag" in Art. 226 EG zunächst nahe legen könnte. Aufgrund der in Art. 10 EG verankerten allgemeinen Pflicht der Mitgliedstaaten zu gemeinschaftsrechtskonformem Verhalten sind die in Art. 226 EG als Anknüpfungspunkt gewählten „Verpflichtungen aus diesem Vertrag" weit auszulegen.[29] Prüfungsmaßstab sind daher die zur Gemeinschaftsrechtsordnung gehörenden Normen insgesamt, neben dem Primärrecht also das Sekundärrecht, die von den EU-Organen abgeschlossenen völkerrechtlichen Verträge – die gemäß Art. 300 Abs. 7 EG Bestandteil des Gemeinschafts-

---

[28] Dass der Vertragsverstoß sowohl in einem positiven Tun als auch in einem pflichtwidrigen Unterlassen bestehen kann, ist allgemeine Auffassung, vgl. *Borchardt,* in: Lenz (Hrsg.), EU- und EG-Vertrag, Art. 226 EG Rn. 6; *Cremer,* in: Calliess/ Ruffert (Hrsg.), EUV/EGV, Art. 226 EG Rn. 27 f.; *Ehricke,* in: Streinz (Hrsg.), EUV/EGV, Art. 226 EG Rn. 11; *Gaitanides,* in: Groeben/ Schwarze (Hrsg.), EUV/EGV, Art. 226 EG Rn. 8; *Karpenstein/ Karpenstein,* in: Grabitz/ Hilf (Hrsg.), EUV/EGV, Art. 226 EG Rn. 21; *Schwarze,* in: Schwarze (Hrsg.), EU-Kommentar, Art. 226 EG Rn. 4.

[29] *Ehricke,* in: Streinz (Hrsg.), EUV/EGV, Art. 226 EG Rn. 6 m. w. N.

rechts sind – sowie die allgemeinen Rechtsgrundsätze.[30] Zu den Handlungen eines Mitgliedstaates, welche im Rahmen des Vertragsverletzungsverfahrens auf seine Gemeinschaftsrechtskonformität überprüft werden können, zählen auch die Handlungen funktionaler oder regionaler Untergliederungen auf nationaler Ebene, welche aus gemeinschaftsrechtlicher Sicht dem jeweiligen Mitgliedstaat zugerechnet werden. Da die Mitgliedstaaten entsprechend dem in Art. 10 EG verankerten Grundsatz der Gemeinschaftstreue dazu verpflichtet sind sicherzustellen, dass sich die staatlichen Organe gemeinschaftsrechtskonform verhalten, kommt es nicht darauf an, ob das handelnde Organ nach dem jeweiligen nationalen Recht dem Zentralstaat unmittelbar untersteht oder rechtlich unabhängig ist.[31] Darüber hinaus kann einem Mitgliedstaat unter Umständen auch das gemeinschaftsrechtswidrige Verhalten von Privatpersonen oder –unternehmen zugerechnet werden, sofern sich der Mitgliedstaat zur Verwirklichung seiner Ziele dieser Rechtssubjekte bedient und entscheidende Möglichkeiten der Einflussnahme auf ihr Verhalten hat.[32]

Dass es sich bei der Klage nach Art. 226 EG um eine Feststellungsklage handelt, kann schon Art. 228 Abs. 1 EG entnommen werden, der den Inhalt des gegebenenfalls ergehenden Urteils regelt.[33] Durch eine Klage nach Art. 226 EG kann die Kommission folglich nur feststellen lassen, dass das Verhalten des beklagten Mitgliedstaates gemeinschaftsrechtswidrig war. Ein darüber hinausgehender richterlicher Gestaltungsakt kann demnach im Wege einer Vertragsverletzungsklage nach Art. 226 EG nicht erreicht werden, wenngleich der EuGH und die Kommission die Möglichkeit haben, die Pflichten des verurteilten Mitgliedstaates in gewissem Umfang zu konkretisieren.[34]

II. Pflicht der Kommission zur Verfahrenseinleitung?

Von Bedeutung für ein späteres Sanktionsverfahren nach Art. 228 Abs. 2 EG ist die Frage nach dem Ermessen der Kommission in Bezug auf die Verfahrenseinleitung.[35] Da das Verfahren nach Art. 226, 227 EG und dasjenige gemäß Art. 228 Abs. 2 EG weitgehend parallel ausgestaltet sind, liefert die Beantwortung

[30] *Borchardt,* in: Lenz (Hrsg.), EU- und EG-Vertrag, Art. 226 EG Rn. 5; *Cremer,* in: Calliess/ Ruffert (Hrsg.), EUV/EGV, Art. 226 EG Rn. 33; *Ehricke,* in: Streinz (Hrsg.), EUV/EGV, Art. 226 EG Rn. 6; *Gaitanides,* in: Groeben/ Schwarze (Hrsg.), EUV/EGV, Art. 226 EG Rn. 52; *Karpenstein/ Karpenstein,* in: Grabitz/ Hilf (Hrsg.), EUV/EGV, Art. 226 EG Rn. 14; *Schwarze,* in: Schwarze (Hrsg.), EU-Kommentar, Art. 226 EG Rn. 6.

[31] *EuGH,* Slg. 1970, 237 (Rn. 15/16), Rs. 77/69 – Kommission / Belgien; *Koenig/ Pechstein/ Sander,* EU-/ EG-Prozessrecht, Rn. 288.

[32] *EuGH,* Slg. 1982, 4005 (Rn. 15, 23 ff.), Rs. 249/81 – Kommission / Irland.

[33] Siehe statt aller *Ehricke,* in: Streinz (Hrsg.), EUV/EGV, Art. 226 EG Rn. 5.

[34] Vgl. etwa *EuGH,* Slg. 1973, 813 (Rn. 13), Rs. 70/72 – Kommission / Deutschland.

[35] Zur Frage des Ermessens in Bezug auf die Klageerhebung siehe unten S. 34.

der Ermessensfrage in Bezug auf das Vertragsverletzungsverfahren wichtige Anhaltspunkte für die gleichlautende Frage in Bezug auf das spätere Sanktionsverfahren.[36] In Anbetracht des Wortlauts des Art. 226 Unterabs. 1 EG („Hat nach Auffassung der Kommission ein Mitgliedstaat gegen eine Verpflichtung aus diesem Vertrag verstoßen, so *gibt sie* eine mit Gründen versehene Stellungnahme ab; [...]") wird im Schrifttum teilweise vertreten, dass die Kommission ohne Einschränkung zur Verfahrenseinleitung verpflichtet sei[37], wenngleich dies angesichts des deskriptiven und weniger imperativen Charakters der Formulierung nicht zwingend ist. Der soeben genannten, am reinen Wortlaut orientierten Auffassung tritt die überwiegende Ansicht in der Literatur[38] in Übereinstimmung mit der ständigen Rechtsprechung der Gemeinschaftsgerichte[39] mit gewichtigen Argumenten entgegen.

So kann eine Verfahrenseinleitung das eigentliche Ziel des Vertragsverletzungsverfahrens, die Beachtung und Anwendung des Gemeinschaftsrechts durch die Mitgliedstaaten zu gewährleisten[40], im Einzelfall auch konterkarieren; in hochpolitischen Fällen kann die Einleitung eines Verfahrens zu einer Verhärtung der Fronten führen, was die gemeinschaftliche Integration und damit letztlich auch die mitgliedstaatliche Anwendung des Gemeinschaftsrechts als solche in Gefahr und dadurch unter Umständen mehr Schaden als Nutzen bringen könnte.[41] Beispielhaft aufgeführt sei hier etwa der zuweilen als „Hammelkrieg" bezeichnete Streit zwischen Frankreich und der Gemeinschaft um die französischen Einfuhrregelungen über den Import von Schaffleisch aus dem Vereinigten

---

36 *Heidig*, Zwangsgelder, S. 23.

37 So etwa *Dietz-Hochleitner*, RMUE 1994, 111 (155); *Kort*, DB 1996, 1323 (1324 f.); *Ortlepp*, Vertragsverletzungsverfahren, S. 75 ff.

38 *Bonnie*, ELRev 1998, 537 (540); *Borchardt*, in: Dauses (Hrsg.), EU-Wirtschaftsrecht, P I Rn. 26; *Burgi*, in: Rengeling/ Middeke/ Gellermann (Hrsg.), Rechtsschutz, § 6 Rn. 24; *Cremer*, in: Calliess/ Ruffert (Hrsg.), EUV/EGV, Art. 226 EG Rn. 42; *Dashwood/ White*, ELRev 1989, 388 (399 f.); *Ebke*, RTDE 1986, 207 (214); *Gündisch*, Rechtsschutz, S. 73; *Hartley*, European Community Law, S. 303; *Heidig*, Zwangsgelder, S. 28 f.; *Karpenstein/ Karpenstein*, in: Grabitz/ Hilf (Hrsg.), EUV/EGV, Art. 226 EG Rn. 43; *Nicolaysen*, Europarecht I, S. 238; *Oppermann*, Europarecht, Rn. 735; *Stotz*, in: Rengeling (Hrsg.), Umweltrecht, Band I, § 45 Rn. 23; GA *Roemer*, Slg. 1971, 1023 (1026), Rs. 7/71 – Kommission / Frankreich.

39 *EuGH*, Slg. 1989, 291 (Rn. 11), Rs. 247/87 – Star Fruit / Kommission; Slg. 1990, I-1981 (Rn. 7), Rs. C-87/89 – Sonito; Slg. 1990, I-2181 (Rn. 13), Rs. C-72/90 – Asia Motor France; Slg. 1997, I-947 (Rn. 19), Rs. C-107/95 P – Bilanzbuchhalter e.V.; Slg. 1998, I-199 (Rn. 12), Rs. C-196/97 P – Intertronic / Kommission; Slg. 1998, I-4913 (Rn. 42), Rs. C-422/97 P – Sateba.

40 Vgl. *Ehricke*, in: Streinz (Hrsg.), EUV/EGV, Art. 226 Rn. 1; *Schwarze*, in: Schwarze (Hrsg.), EU-Kommentar, Art. 226 Rn. 1.

41 *Nicolaysen*, Europarecht I, S. 238.

Königreich.[42] Der EuGH hatte in seinem „Schaffleisch-Urteil" die besagten Regelungen für gemeinschaftsrechtswidrig erklärt.[43] Dennoch erklärte Frankreich, das Urteil nicht umsetzen zu wollen, um schwerwiegende wirtschaftliche und soziale Folgen für die wirtschaftlich benachteiligten Gebiete Franche Comté und Bourgogne abzuwenden, für welche die Schafzucht von existenzieller Bedeutung sei.[44] Die französische Marktordnung bleibe so lange in Kraft, bis eine den Vorstellungen Frankreichs entsprechende gemeinsame Marktordnung verabschiedet worden sei.[45] Tatsächlich blieb das „Schaffleisch-Urteil" des EuGH bis zur Einführung einer gemeinsamen Marktordnung für Schaffleisch, welche die nationale Marktordnung Frankreichs obsolet machte, unbefolgt.[46] Eine ähnliche Qualität weist die Reaktion der deutschen Behörden und Gerichte auf die Urteile des EuGH in den Rechtssachen „Butterfahrten I"[47] und „Butterfahrten II"[48] auf. Zum Zeitpunkt der beiden Urteile gewährten die deutschen Zollbehörden Reisenden, die bei Stichfahrten in See an der Nord- und Ostsee – so genannten „Butterfahrten" – unversteuerte Waren über die Seezollgrenze einführten, Befreiung von Zöllen, Umsatz- und Sonderverbrauchersteuern. Auf eine Vorlage des FG Hamburg hin entschied der EuGH durch Vorabentscheidungsurteil, dass die Steuerbefreiungen für Butterfahrten gemeinschaftsrechtswidrig seien.[49] Die deutschen Zollbehörden und die damalige Bundesregierung weigerten sich jedoch angesichts der hohen wirtschaftlich-sozialen Bedeutung der Butterfahrten, dem Urteil des EuGH Folge zu leisten[50], selbst nachdem der EuGH diesen Rechtsverstoß in einem zweiten Urteil erneut festgestellt hatte.[51] Obwohl zunächst das FG Hamburg auf das Vorabentscheidungsurteil hin die Steuerpflichtigkeit der auf den Butterfahrten erworbenen und eingeführten Waren festgestellt und die Zwangsvollstreckung aus dem Urteil angeordnet hatte, setzte der BFH die Zwangsvollstreckung auf Antrag der deutschen Zollverwaltung wieder aus und begründete sein Vorgehen unter anderem mit dem drohenden Arbeits-

---

42 Vgl. Die Welt Nr. 228 vom 3.11.1979 („Im Hammelkrieg beginnt jetzt die zweite Runde").

43 EuGH, Slg. 1979, 2729 ff., Rs. 232/78 – Kommission / Frankreich („Schaffleisch-Urteil")

44 Siehe die Stellungnahme der französischen Regierung in EuGH, Slg. 1979, 2729 (Rn. 6), Rs. 232/78 – Kommission / Frankreich; vgl. ferner *Meier*, RIW 1980, 39; *ders.*, RIW 1981, 246 (247).

45 *Meier*, RIW 1980, 39 (40).

46 *Meier*, RIW 1981, 246 (247).

47 *EuGH*, Slg. 1981, 1805 ff., Rs. 158/80 – Rewe Handelsgesellschaft u.a. / Hauptzollamt Kiel („Butterfahrten I").

48 *EuGH*, Slg. 1984, 777 ff., Rs. 325/82 – Kommission / Deutschland ("Butterfahrten II").

49 *EuGH*, Slg. 1981, 1805 ff., Rs. 158/80 – Rewe Handelsgesellschaft u.a. / Hauptzollamt Kiel („Butterfahrten I").

50 *Schüler*, RIW 1984, 309 (310); vgl. auch die Meldung in RIW 1982, 117.

51 *EuGH*, Slg. 1984, 777 ff., Rs. 325/82 – Kommission / Deutschland ("Butterfahrten II").

platzverlust bei Butterschiffern.[52] Nicht zuletzt anhand der Vorgehensweise des obersten Organs der Finanzgerichtsbarkeit mag man die hohe politische Bedeutung der Streitigkeit und Hartnäckigkeit des Widerstandes auf deutscher Seite ermessen. Die aufgeführten Beispiele der Streitigkeiten über französische Schaffleischimporte und die deutschen Butterfahrten machen deutlich, dass es insbesondere Sachverhalte von hoher wirtschaftlich-sozialer Brisanz sind, die einen Mitgliedstaat veranlassen können, den Weg der Integration zu verlassen und in unilaterale, protektionistische Verhaltensweisen zurückzufallen. Wenngleich eine derartige Vorgehensweise gemeinschaftsrechtlich uneingeschränkt zu beanstanden ist, so muss die Kommission unter derartigen Umständen dazu berechtigt sein, das gemeinschaftliche Interesse an der einheitlichen Anwendung des Gemeinschaftsrechts gegen einen möglichen integrationspolitischen Schaden abzuwägen und gegebenenfalls ausnahmsweise auf die Einleitung eines Vertragsverletzungsverfahrens zu verzichten. Freilich müsste dies mit Blick auf den Grundsatz der Gleichbehandlung sowie die praktische Wirksamkeit der Regelung des Art. 228 Abs. 2 EG auf absolute Einzelfälle mit Notstandscharakter beschränkt bleiben und bedürfte in jedem Fall sorgfältiger Begründung.

Ein weiterer Gesichtspunkt, der gegen eine uneingeschränkte Pflicht der Kommission zur Einleitung eines Verfahrens spricht, ist die Tatsache, dass es die begrenzte personelle Kapazität der Kommission sprengen würde, wenn diese in jedem Bagatellfall zur Einschreitung verpflichtet wäre.[53] Dies wäre letztlich wiederum dem Ziel des Verfahrens abträglich, die Beachtung und Anwendung des Gemeinschaftsrechts durch die Mitgliedstaaten zu gewährleisten.

Dementsprechend gehen die Rechtsprechung[54] und die überwiegende Ansicht in der Literatur[55] von einem Ermessen der Kommission aus, das sich allerdings nach den Grundsätzen des pflichtgemäßen Ermessens im Einzelfall auf null reduzieren soll. Als Beispiel wird etwa der Fall eines „schwerwiegenden und evidenten Verstoßes gegen grundlegende Normen des Gemeinschaftsrechts" genannt.[56] Wenngleich auf der Grundlage dieser Auffassung überwiegend befriedigende Ergebnisse erzielt wurden, erscheint doch die angewandte Formel reichlich unbestimmt und der Rechtsklarheit abträglich. Insbesondere das in diesem Zusammenhang vorgebrachte Argument, eine automatisierte Verfahrenseinleitung könne zu einer Abstumpfung der Mitgliedstaaten führen und auf diese

---

52 *Schüler*, RIW 1984, 309 (310).

53 *Cremer*, in: Calliess/ Ruffert (Hrsg.), EUV/EGV, Art. 226 Rn. 42; *Oppermann*, Europarecht, Rn. 735.

54 Siehe oben Fn. 39.

55 Siehe unten Fn. 38.

56 *Cremer*, in: Calliess/ Ruffert (Hrsg.), EUV/EGV, Art. 226 Rn. 42; *Heidig*, Zwangsgelder, S. 28 f.

Weise die Effektivität des Vertragsverletzungsverfahrens stark beeinträchtigen[57], würde ungeachtet des Hinweises auf eine pflichtgemäße Ermessensausübung letztlich auf eine willkürliche Entscheidung der Kommission hinauslaufen. Ein zusätzlicher Abschreckungseffekt durch die Ermessensausübung könnte nur um den Preis mangelnder Transparenz und Rechtsklarheit oder gar der Ungleichbehandlung gleichwertiger Fallkonstellationen erreicht werden. Eine solche Vorgehensweise wäre aber mit den gemeinschaftsrechtlichen Grundsätzen der Rechtsstaatlichkeit und der Gleichbehandlung kaum zu vereinbaren.[58] Zuzustimmen ist daher einer anderen in der Literatur vertretenen Auffassung, nach welcher im Grundsatz eine Verpflichtung der Kommission zur Verfahrenseinleitung besteht, von der jedoch in gewissen Fällen Ausnahmen zuzulassen sind.[59] Für die grundsätzliche Verpflichtung zur Verfahrenseinleitung sprechen neben der Formulierung des Art. 226 Unterabs. 1 EG die Funktion des Vertragsverletzungsverfahrens, die Beachtung und Anwendung des Gemeinschaftsrechts zu gewährleisten, sowie die gemeinschaftsrechtlichen Grundsätze der Rechtsstaatlichkeit, der Rechtsklarheit und der Gleichbehandlung. Dass in bestimmten Fällen Ausnahmen zuzulassen sind, ergibt sich aus dem Sinn und Zweck des Verfahrens, der auf lange Sicht nicht erreicht werden kann, wenn die Verfahrenseinleitung an die Grenzen der institutionellen Funktionsfähigkeit der Gemeinschaft stößt – wie etwa in Bagatellfällen[60] – oder wenn eine Gesamtabwägung der gemeinschaftlichen Ziele einen Verzicht auf die Einleitung eines Verfahrens als angemessener und der Beachtung des Gemeinschaftsrechts förderlicher erscheinen lässt – wie etwa in hochpolitischen Fällen.[61] Die hier vertretene Formel für die Frage eines Ermessens der Kommission hinsichtlich der Verfahrenseinleitung zwingt die Kommission dazu, nicht nur die Verfahrenseinleitung, sondern auch einen Verzicht hierauf plausibel zu begründen und verringert die Gefahr rechtlicher Grauzonen im Rahmen der Ermessensausübung. Ein Verzicht auf die förmliche Einleitung eines Vertragsverletzungsverfahrens kann freilich die Kommission als Hüterin der Verträge nicht der Pflicht entheben, im informellen Verfahren auf die Wiederherstellung des rechtmäßigen Zustands durch gütliche Einigung hinzuwirken.

---

57 Vgl. GA *Roemer*, Slg. 1971, 1023 (1026), Rs. 7/71 – Kommission / Frankreich; *Heidig*, Zwangsgelder, S. 28; *Krück*, in: GTE, Art. 169 EGV Rn. 65.

58 Vgl. *Karpensein/Karpenstein*, in: Grabitz/ Hilf (Hrsg.), EUV/EGV, Art. 226 Rn. 41, die auf das gemeinschaftsrechtlich verankerte Legalitätsprinzip hinweisen.

59 So etwa *Daig*, in: GBTE, Art. 169 Rn. 52 f.; *Gaitanides*, in: Groeben/ Schwarze (Hrsg.), EUV/EGV, Art. 226 EG Rn. 73 f.; *Geiger*, EUV/EGV, Art. 226 EG Rn. 7; *Karpenstein/ Karpenstein*, in: Grabitz/ Hilf (Hrsg.), EUV/EGV, Art. 226 Rn. 41 ff.; *Krück*, in: GTE, Art. 169 EGV Rn. 65 f.; ähnlich *Ortlepp*, Vertragsverletzungsverfahren, S. 78.

60 Vgl. *Geiger*, EUV/EGV, Art. 226 EG Rn. 7; *Krück*, in: GTE, Art. 169 EGV Rn. 66.

61 *Ehlermann*, Kutscher-FS, S. 135 (152 f.); *Karpenstein/ Karpenstein*, in: Grabitz/ Hilf (Hrsg.), EUV/EGV, Art. 226 Rn. 43; *Krück*, in: GTE, Art. 169 EGV Rn. 66.

Die Erfüllung der grundsätzlichen Pflicht der Kommission zur Einleitung eines Verfahrens kann von Einzelpersonen mangels individueller und unmittelbarer Betroffenheit nicht im Wege einer Untätigkeitsklage oder eine Nichtigkeitsklage[62] erstritten werden.[63] Den Mitgliedstaaten stehen zwar gemäß Art. 230, 232 EG nicht nur Klagen des Individualrechtsschutzes, sondern auch objektive Beanstandungsverfahren offen[64], jedoch sieht der EG-Vertrag im Hinblick auf Vertragsverstöße eines Mitgliedstaates für Klagen von Seiten der anderen Mitgliedstaaten ein eigenes Verfahren in Art. 227 EG vor[65], welcher als lex specialis Vorrang vor Art. 226 EG genießt.[66] Dieses Spezialitätsverhältnis würde durch einen Rückgriff auf Art. 226 EG über Art. 230, 232 EG ausgehöhlt. Da das Verfahren nach Art. 227 EG den Mitgliedstaaten eine Klagemöglichkeit unabhängig von einem Tätigwerden der Kommission einräumt, besteht auch kein praktisches Bedürfnis nach einer Klage gegen die Entscheidung der Kommission. Eine solche Klage könnte auch allenfalls in die (unmittelbare oder mittelbare) Verpflichtung der Kommission zur Einleitung eines Vertragsverletzungsverfahrens münden. Die Mitgliedstaaten könnten auf diesem Wege folglich ihr eigentliches Begehren, die Feststellung einer Vertragsverletzung durch einen Mitgliedstaat, nicht durchsetzen. Da sie dies im Rahmen von Art. 227 EG ohne weiteres können, fehlt es für eine Nichtigkeits- oder Untätigkeitsklage am Rechtsschutzinteresse.

III. Das Vorverfahren

Das in Art. 226 EG geregelte außergerichtliche Vorverfahren[67] dient neben der Aufklärung des Sachverhaltes insbesondere dazu, den betroffenen Mitgliedstaat möglichst frühzeitig und ohne größeres Aufsehen zur Abstellung eines etwaigen Vertragsverstoßes zu bewegen.[68] Für den Fall einer späteren gerichtlichen Auseinandersetzung kommt dem Vorverfahren insbesondere die Bedeutung zu, den

[62] Nichtigkeitsklage gegen die ablehnende Entscheidung der *Kommission,* kein Vertragsverletzungsverfahren einzuleiten, vgl. *Heidig,* Zwangsgelder, S. 29.

[63] Vgl. *EuGH,* Slg. 1989, 291 (Rn. 13), Rs. 247/87 – Star Fruit / Kommission; Slg. 1998, I-199 (Rn. 12), Rs. C-196/97 P – Intertronic / Kommission; *Ortlepp,* Vertragsverletzungsverfahren, S. 82 f.

[64] Vgl. zur „objektiven" Klageberechtigung von Mitgliedstaaten im Rahmen von Nichtigkeits- und Untätigkeitsklage *Ehricke,* in: Streinz (Hrsg.), EUV/EGV, Art. 230 Rn. 23, Art. 232 Rn. 14.

[65] Siehe unten S. 37.

[66] *Cremer,* in: Calliess/ Ruffert (Hrsg.), EUV/EGV, Art. 226 EG Rn. 44; *Däubler,* NJW 1986, 325 (329 f.); *Heidig,* Zwangsgelder, S. 30; *Nicolaysen,* Europarecht I, S. 239.

[67] Vgl. hierzu *Ehricke,* in: Streinz (Hrsg.), EUV/EGV, Art. 226 EG Rn. 14.

[68] *Gaitanides,* in: Groeben/ Schwarze (Hrsg.), EUV/EGV, Art. 226 EG Rn. 16.

Streitgegenstand abschließend festzulegen.[69] Da ein Sanktionsverfahren gemäß Art. 228 Abs. 2 EG zwingend auf einem vorher durchgeführten Vertragsverletzungsverfahren gemäß Art. 226, 227 EG aufbaut, hat also schon das in diesem Rahmen durchzuführende Vorverfahren maßgebliche Bedeutung für eine spätere finanzielle Sanktion.

Das formelle Vorverfahren besteht aus drei Abschnitten: Dem Mahnschreiben der Kommission, der Gegendarstellung des betroffenen Mitgliedstaates sowie der anschließenden begründeten Stellungnahme durch die Kommission.[70] Diesem formellen Vorverfahren vorgelagert ist in der Praxis ein informelles Vorverfahren, in welchem die Kommission, nachdem sie von dem Vertragsverstoß eines Mitgliedstaates Kenntnis erlangt hat, mit letzterem in Kontakt tritt, um den Sachverhalt aufzuklären und gegebenenfalls schon in diesem Stadium eine rasche Klärung der Streitfrage zu erreichen.[71] Das hierauf gegebenenfalls folgende Mahnschreiben ist der formale Akt, mit welchem dem betroffenen Mitgliedstaat die Gelegenheit eingeräumt wird, innerhalb einer bestimmten Frist zu den Vorwürfen der Kommission Stellung zu nehmen bzw. einen etwaigen Vertragsverstoß abzustellen.[72] Ist die Kommission nach Ablauf der Frist bzw. nach Äußerung des betroffenen Mitgliedstaates noch immer von einem Vertragsverstoß überzeugt, gibt sie eine mit Gründen versehene Stellungnahme ab. Diese muss eine detaillierte und zusammenhängende Darstellung der Umstände enthalten, die nach Ansicht der Kommission einen Vertragsverstoß begründen[73], sowie eine den Umständen des Einzelfalls angemessene Frist, innerhalb derer der Mitgliedstaat den Vertragsverstoß abstellen oder Verteidigungsmittel vortragen kann.[74]

IV. Klageerhebung durch die Kommission

Hat der Mitgliedstaat bis zum Ablauf der in der begründeten Stellungnahme bestimmten Frist den Vertragsverstoß nicht beseitigt, kann die Kommission den Gerichtshof anrufen (Art. 226 Unterabs. 2 EG). Ist bezüglich der Einleitung des

69 *Ehricke*, in: Streinz (Hrsg.), EUV/EGV, Art. 226 EG Rn. 14; *Geiger*, EUV/EGV, Art. 226 EG Rn. 5.

70 In Art. 226 EG sind nur die Gelegenheit des Mitgliedstaates zur Äußerung sowie die mit Gründen versehene Stellungnahme der Kommission ausdrücklich genannt. Tatsächlich ist das Vorverfahren in der Praxis jedoch verfeinert worden, vgl. *Ehricke*, in: Streinz (Hrsg.), EUV/EGV, Art. 226 EG Rn. 14.

71 *Borchardt*, in: Lenz (Hrsg.), EU- und EG-Vertrag, Art. 226 EG Rn. 12; *Ehricke*, in: Streinz (Hrsg.), EUV/EGV, Art. 226 EG Rn. 16; *Schwarze*, in: Schwarze (Hrsg.), EU-Kommentar, Art. 226 EG Rn. 13.

72 *Ehricke*, in: Streinz (Hrsg.), EUV/EGV, Art. 226 EG Rn. 17.

73 *EuGH*, Slg. 1985, 1077 (Rn. 21), Rs. 274/83 – Kommission / Italien; *Ehricke*, in: Streinz (Hrsg.), EUV/EGV, Art. 226 EG Rn. 23.

74 *Ehricke*, in: Streinz (Hrsg.), EUV/EGV, Art. 226 EG Rn. 24.

Verfahrens noch von einer grundsätzlichen Handlungspflicht der Kommission auszugehen[75], so lässt der Wortlaut in Bezug auf die Klageerhebung für eine derartige Interpretation keinen Raum. Nach ganz überwiegender Auffassung kommt der Kommission denn auch ein Ermessen hinsichtlich der Klageerhebung zu.[76] Da der Sinn der bereits dargelegten grundsätzlichen Pflicht zur Verfahrenseinleitung zweifelhaft wäre, wenn dieser ein uneingeschränktes Ermessen hinsichtlich der Klageerhebung gegenüberstünde, muss eine in sich schlüssige und widerspruchsfreie Auslegung von Art. 226 EG vorgenommen werden, welche die bei der Verfahrenseinleitung sowie bei der Klageerhebung zu beachtenden Grundsätze miteinander in Einklang bringt. So kann die Kommission ihr Ermessen nicht frei, sondern nur pflichtgemäß unter Berücksichtigung ihrer Rolle als Hüterin der Verträge (Art. 211 EG), der Schwere des Vertragsverstoßes sowie der Ziele der Gemeinschaft ausüben.[77] Damit kann sich das Ermessen unter Umständen auch zu einer Rechtspflicht verdichten.[78] In der Literatur wird eine solche Rechtspflicht etwa unter dem Gesichtspunkt der Gleichbehandlung der Mitgliedstaaten angenommen.[79] Darüber hinaus sind wie im Falle der Verfahrenseinleitung auch hier die Grundsätze der Rechtsstaatlichkeit sowie der Rechtsklarheit zu beachten. Eine Differenzierung zwischen gleichartigen Fallkonstellationen kommt folglich auch dann nicht in Betracht, wenn hiermit ein größeres Drohpotenzial des Vertragsverletzungsverfahrens einherginge.[80] Da zudem schon die Einleitung des Verfahrens regelmäßig eine gewisse Erheblichkeit des Vertragsverstoßes indiziert, muss der Kommission als Hüterin der Verträge die Pflicht zukommen, einen anschließenden Verzicht auf die Klageerhebung sachgemäß und tragfähig zu begründen. Im Falle eines solchen Verzichts wäre die Kommission gemäß ihrer Aufgabenzuweisung konsequenterweise verpflichtet, das Verfahren außergerichtlich weiterzuführen, um auf diese Weise eine Wiederherstellung des rechtmäßigen Zustandes zu erreichen.

Für die Justiziabilität der Kommissionsentscheidung in Bezug auf die Klageerhebung gilt das zur Einleitung des Verfahrens Gesagte entsprechend.

---

[75] Siehe oben S. 28.

[76] Vgl. *Heidig*, Zwangsgelder, S. 30 mit zahlreichen Nachweisen aus Rechtsprechung, Verwaltungspraxis der Kommission und Literatur.

[77] Vgl. *Heidig*, Zwangsgelder, S. 31; *Kort*, DB 1996, 1323 (1324); *Nicolaysen*, Europarecht I, S. 238; *Schwarze*, in: Schwarze (Hrsg.), EU-Kommentar, Art. 226 Rn. 22.

[78] So auch die Kommission selbst in ihrem Sachvortrag in der Rs. 9/75 (Meyer-Burckhart / Kommission), Slg. 1975, 1171 (1176); vgl. aus der Literatur *Borchardt*, in: Lenz (Hrsg.), EUV/EGV, Art. 226 Rn. 19; *Diez-Hochleitner*, RMUE 1994, 111 (156); *Heidig*, Zwangsgelder, S. 31; *Ortlepp*, Vertragsverletzungsverfahren, S. 78.

[79] *Heidig*, Zwangsgelder, S. 31; *Kort*, DB 1996, 1323 (1324); *Nicolaysen*, Europarecht, S. 238; *Schwarze*, in: Schwarze (Hrsg.), EU-Kommentar, Art. 226 Rn. 22.

[80] So aber offenbar *Gündisch*, Rechtsschutz, S. 73; *Heidig*, Zwangsgelder, S. 31.

V. Das Verfahren vor dem EuGH

Die von der Kommission erhobene Klage ist begründet, wenn sich aus den vorgetragenen Tatsachen ein zurechenbarer Verstoß des beklagten Mitgliedstaates gegen das Gemeinschaftsrecht ergibt. Der Streitgegenstand wird vorab durch das Mahnschreiben und die mit Gründen versehene Stellungnahme festgelegt. In zeitlicher Hinsicht ist der Zeitpunkt des Ablaufs der Frist maßgebend, die in der begründeten Stellungnahme der Kommission festgesetzt wurde. Die Beseitigung des Vertragsverstoßes nach diesem Zeitpunkt lässt nicht automatisch das Gemeinschaftsinteresse an einer Fortsetzung des Verfahrens entfallen. Die Beweislast für das Vorliegen eines Vertragsverstoßes liegt grundsätzlich bei der Kommission[81], es sei denn, dass sich durch Auslegung des materiellen Gemeinschaftsrechts eine Beweislastumkehr zu Lasten des beklagten Mitgliedstaates ergibt.[82]

VI. Das abschließende Urteil (Art. 228 Abs. 1 EG)

Ist die Klage begründet, so stellt der EuGH gemäß Art. 228 Abs. 1 EG in seinem abschließenden Urteil fest, dass der beklagte Mitgliedstaat durch das ihm vorgeworfene Verhalten gegen das Gemeinschaftsrecht verstoßen hat. Eine Verpflichtung zur Ergreifung konkreter Maßnahmen kann durch das Urteil nicht ausgesprochen werden, da es sich um ein reines Feststellungsurteil handelt.[83] Dem EuGH steht es jedoch frei, unverbindliche Empfehlungen bezüglich möglicher Abhilfemaßnahmen auszusprechen.[84] Wenn Art. 228 Abs. 1 EG also davon spricht, dass der verurteilte Mitgliedstaat im Falle einer Verurteilung dazu verpflichtet ist, „die Maßnahmen zu ergreifen, die sich aus dem Urteil des Gerichtshofs ergeben", so ist damit nicht gemeint, dass diese Verpflichtung bereits Inhalt des Vertragsverletzungsurteils ist. Sie ergibt sich vielmehr aufgrund materiellen Rechts, so dass dem Urteil in erster Linie die Funktion zukommt, eine verbindliche gemeinschaftsrechtliche Beurteilung des streitigen Sachverhalts vorzunehmen.

Eine Frist zur Herstellung des gemeinschaftsrechtskonformen Zustands sieht der Vertrag nicht vor. Nach ständiger Rechtsprechung hat der Mitgliedstaat je-

---

[81] Vgl. *Heidig*, Zwangsgelder, S. 32 m. w. N.

[82] *Baumhof*, Beweislast, S. 129; *Heidig*, Zwangsgelder, S. 32 f. Im Falle der Nichtumsetzung einer Richtlinie oder der Nichtbefolgung einer Verordnung oder Entscheidung trägt etwa der Mitgliedstaat die Beweislast dafür, dass ihm die Erfüllung seiner gemeinschaftsrechtlichen Pflichten unmöglich war, vgl. *EuGH*, Slg. 1988, 2875 (Rn. 13 ff.), Rs. 63/87 – Kommission / Griechenland; Slg. 1990, I-2879 (Rn. 32), Rs. C-217/88 – Kommission / Deutschland; *Baumhof*, Beweislast, S. 137 f.

[83] *Geiger*, EUV/EGV, Art. 228 EG Rn. 3; *Ehricke*, in: Streinz (Hrsg.), EUV/EGV, Art. 228 Rn. 1 f.

[84] *Karpenstein/ Karpenstein*, in: Grabitz/ Hilf (Hrsg.), EUV/EGV, Art. 228 Rn. 5 f.

doch die notwendigen Maßnahmen unverzüglich, also ohne schuldhaftes Zögern einzuleiten und ebenso unverzüglich abzuschließen.[85]

VII. Anrufung des Gerichts durch einen Mitgliedstaat

Gemäß Art. 227 EG kann unter den dort normierten Voraussetzungen eine Vertragsverletzungsklage auch von einem anderen Mitgliedstaat erhoben werden. Allerdings hat das Verfahren nach Art. 227 EG in der Praxis bislang so gut wie keine Rolle gespielt, was damit zu erklären ist, dass es aus diplomatischen Gründen in der Regel der neutralen Kommission überlassen wird, die Einhaltung des Gemeinschaftsrechts zu überwachen.[86] Das Verfahren nach Art. 227 EG verläuft weitestgehend parallel zu demjenigen nach Art. 226 EG. Auch hier ist ein Vorverfahren erforderlich, dessen Herrin die Kommission ist und das mit einer begründeten Stellungnahme der Kommission abschließt. Im Gegensatz zu Art. 226 EG ist es jedoch im Falle des Art. 227 EG ein anderer Mitgliedstaat, der das Vorverfahren initiiert und nach Abschluss dieses Verfahrens Klage erheben kann. Hat die Kommission innerhalb von drei Monaten nach der Initiierung des Vorverfahrens keine Stellungnahme abgegeben, so kann der beschwerdeführende Mitgliedstaat unmittelbar Klage erheben.

VIII. Sonderformen des Vertragsverletzungsverfahrens

Abweichend von Art. 226, 227 EG sieht der EG-Vertrag in den Art. 88 Abs. 2, 95 Abs. 9, 237 lit. a und d sowie 298 Unterabs. 2 EG drei Modifizierungen und zwei Sonderformen des Vertragsverletzungsverfahrens vor. Diese sind für die vorliegende Untersuchung insofern von Bedeutung, als an späterer Stelle zu klären sein wird, ob das Sanktionsverfahren gemäß Art. 228 Abs. 2 EG auch auf sie Anwendung finden kann.[87] Zunächst sollen daher an dieser Stelle die speziellen Vertragsverletzungsverfahren grob skizziert werden.

Für den Bereich staatlicher Beihilfen sieht Art. 88 Abs. 2 EG vor, dass die Kommission, wenn sie von einer unzulässigen staatlichen Beihilfe Kenntnis erlangt, dem Mitgliedstaat zunächst Gelegenheit zur Äußerung gibt und sodann eine Entscheidung erlässt, in der sie dem Mitgliedstaat innerhalb einer bestimmten Frist die Aufhebung bzw. Umgestaltung der Beihilfe aufgibt (Art. 88 Abs. 2 Unterabs. 1 EG). Nach fruchtlosem Ablauf dieser Frist können die Kommission oder jeder von der Beihilfe betroffene Mitgliedstaat unmittelbar den EuGH anrufen, ohne dass es der Durchführung eines Vorverfahrens, also insbesondere einer

---

[85] *EuGH*, Slg. 1985, 3531 (Rn. 7), Rs. 131/84 – Kommission / Italien; Slg. 1996, I-1331 (Rn. 31), Rs. C-334/94 – Kommission / Frankreich.

[86] *Ehricke*, in: Streinz (Hrsg.), EUV/EGV, Art. 227 Rn. 3.

[87] Siehe dazu unten S. 62.

mit Gründen versehenen Stellungnahme der Kommission bedarf (Art. 88 Abs. 2 Unterabs. 2 EG).

Im Bereich der Harmonisierung nationaler Rechtsvorschriften (Art. 94 ff. EG) gestattet Art. 95 Abs. 9 EG der Kommission oder einem Mitgliedstaat die unmittelbare Anrufung des EuGH, wenn die Kommission oder der Mitgliedstaat der Auffassung ist, dass ein anderer Mitgliedstaat seine gemäß Art. 95 Abs. 4 und 5 EG bestehenden Befugnisse, gegenüber gemeinschaftsrechtlichen Harmonisierungsmaßnahmen im Bereich des Binnenmarktes nationale Bestimmungen mit einem höheren Schutzniveau zu erlassen oder beizubehalten, missbraucht.

Ebenso unmittelbar kann der EuGH gemäß Art. 298 Unterabs. 2 EG von der Kommission oder einem Mitgliedstaat angerufen werden, wenn ein anderer Mitgliedstaat seine gemäß Art. 296, 297 EG bestehenden Befugnisse missbraucht, aufgrund wesentlicher nationaler Sicherheitsinteressen oder schwerwiegender innerstaatlicher oder internationaler Spannungen nationale Sonderbestimmungen zu erlassen oder beizubehalten.

Die in Art. 88 Abs. 2, 95 Abs. 9 und 298 Unterabs. 2 EG normierten Verfahren stellen Modifizierungen des „herkömmlichen“ Vertragsverletzungsverfahrens nach Art. 226, 227 EG dar, deren Gemeinsamkeit darin besteht, dass für die Anrufung des Gerichtshofs kein Vorverfahren erforderlich ist. Parallel zu dem Vertragsverletzungsverfahren gemäß Art. 226, 227 EG kann die Kommission oder ein Mitgliedstaat klagen, Beklagter ist jeweils ein anderer Mitgliedstaat. Das Verfahren wird durch ein Urteil des EuGH gemäß Art. 228 Abs. 1 EG abgeschlossen, da Art. 228 Abs. 1 EG insofern verfahrensneutral formuliert ist und im EG keine Sonderregelung für die Modifizierungen des Vertragsverletzungsverfahrens nach Art. 226, 227 EG existiert.

Echte Sonderformen sind dagegen die in Art. 237 lit. a und d EG vorgesehenen Verfahren.[88] Gemäß Art. 237 lit. a EG kommt bei Streitigkeiten über die Erfüllung der Verpflichtungen der Mitgliedstaaten aus der Satzung der Europäischen Investitionsbank (EIB) ein Verfahren zur Anwendung, bei welchem der Verwaltungsrat der EIB diejenigen Befugnisse besitzt, welche im Verfahren nach Art. 226 EG der Kommission übertragen sind. Die Besonderheit des Verfahrens gemäß Art. 237 lit. a EG gegenüber dem Vertragsverletzungsverfahren nach Art. 226 EG besteht folglich darin, dass zur Verfolgung mitgliedstaatlicher Verstöße gegen die EIB-Satzung nicht die Kommission zuständig ist, sondern der Verwaltungsrat der EIB, der damit die Rolle des Klägers übernimmt. Art. 237 lit. a EG ist insofern lex specialis gegenüber Art. 226 EG.[89] Da Art. 237 lit. a EG auf Art. 226 EG verweist, verläuft das Verfahren selbst parallel zum herkömmlichen Vertragsverletzungsverfahren nach Art. 226 EG.

---

88 *Heidig*, Zwangsgelder, S. 56.

89 *Heidig*, Zwangsgelder, S. 57; *Waelbroeck*, in: Mégret u. a. (Hrsg.), CEE, Art. 180 EGV, Nr. 2 (S. 374).

Auch die Mitgliedstaaten können gerichtlich gegen Verstöße eines anderen Mitgliedstaates gegen die Satzung der EIB vorgehen. Da nach Art. 311 EG die dem EG-Vertrag beigefügten Protokolle Bestandteil des EG-Vertrages sind, und damit auch das Protokoll über die Satzung der EIB, stellen Verstöße gegen die EIB-Satzung zugleich Verstöße gegen den EG-Vertrag dar, so dass den Mitgliedstaaten das herkömmliche Verfahren nach Art. 227 EG offen steht. Auch im Rahmen eines solchen Verfahrens muss analog Art. 237 lit. a der Verwaltungsrat der EIB an die Stelle der Kommission treten.[90]

Bei Streitigkeiten über die Erfüllung der sich aus dem EG-Vertrag sowie aus der Satzung des Europäischen Systems der Zentralbanken (ESZB) ergebenden Verpflichtungen durch die nationalen Zentralbanken weist Art. 237 lit. d dem Rat der Europäischen Zentralbank (EZB) gegenüber den nationalen Zentralbanken diejenige Befugnisse zu, welche der Kommission in Art. 226 EG gegenüber den Mitgliedstaaten eingeräumt werden. Verfahrensbeteiligte sind demnach weder die Kommission noch ein Mitgliedstaat, sondern vielmehr der Rat der EZB auf der Kläger- sowie eine nationale Zentralbank auf der Beklagtenseite. Diese Sonderregelung rechtfertigt sich vor dem Hintergrund, dass die Mitgliedstaaten gemäß Art. 108 EG, Art. 7 Satzung ESZB/EZB[91] gehalten sind, ihre nationalen Zentralbanken unabhängig auszugestalten.[92] Zum Ausgleich hierfür bedarf es einer Möglichkeit der Kontrolle des ESZB durch die Gemeinschaftsgerichte, um zu gewährleisten, dass die nationalen Zentralbanken gemäß den Leitlinien und Weisungen der EZB handeln.[93] Aufgrund der Regelung des Art. 237 lit. d sowie der überragenden Bedeutung der in Art. 108 EG festgelegten Unabhängigkeit der nationalen Zentralbanken ist es nicht nur der Kommission, sondern auch den Mitgliedstaaten verwehrt, gegen einen Mitgliedstaat wegen eines vertragswidrigen Verhaltens seiner Zentralbank im allgemeinen Vertragsverletzungsverfahren Klage zu erheben.[94]

B. Das Sanktionsverfahren gemäß Art. 228 Abs. 2 EG

Hat der gemäß Art. 228 Abs. 1 EG verurteilte Mitgliedstaat die erforderlichen Maßnahmen zur Abstellung des Vertragsverstoßes nach Auffassung der Kom-

---

90 *Schwarze,* in: Schwarze (Hrsg.), EU-Kommentar, Art. 237 Rn. 4.

91 Protokoll über die Satzung des Europäischen Systems der Zentralbanken und der Europäischen Zentralbank vom 7. Februar 1992 (BGBl. II 1992 S. 1253), geändert durch den Amsterdamer Vertrag vom 2.10.1997 (BGBl. 1998 II S. 387).

92 Vgl. *Kempen,* in: Streinz (Hrsg.), EUV/EGV, Art. 108 Rn. 5 ff.

93 *Ehricke,* in: Streinz (Hrsg.), EUV/EGV, Art. 237 Rn. 18.

94 *Heidig,* Zwangsgelder, S. 58; *Potacs,* EuR 1993, 23 (38); *Wegener,* in: Calliess/ Ruffert (Hrsg.), EUV/EGV, Art. 237 EG Rn. 6.

mission nicht ergriffen, so kann diese das Sanktionsverfahren nach Art. 228 Abs. 2 EG einleiten, welches im Folgenden näher beleuchtet werden soll.[95]

I. Gegenstand des Sanktionsverfahrens nach Art. 228 Abs. 2 EG

Wie sich aus Art. 228 Abs. 2 EG ergibt, ist nicht der im ersten Urteil festgestellte Gemeinschaftsrechtsverstoß des beklagten Mitgliedstaates Gegenstand des Zweitverfahrens, sondern allein die Nichtumsetzung des Ersturteils, also eine spezifische Verletzung von Art. 228 Abs. 1 i. V. m. Art. 10 EG.[96] Diese Verletzung kann sowohl in der vollständigen als auch in der teilweisen Nichtbefolgung bzw. der unzureichenden Umsetzung des Ersturteils bestehen.

II. Das Vorverfahren

Das im Rahmen des Art. 228 Abs. 2 EG durchzuführende Vorverfahren gliedert sich in dieselben Verfahrensabschnitte wie das Vorverfahren gemäß Art. 226 EG. Auch hier regelt der EG-Vertrag das Vorverfahren nur unvollständig. Dieses besteht wie im Falle des Art. 226 EG aus einem informellen und einem förmlichen Vorverfahren, letzteres wiederum aus einer Mahnung der Kommission, einer eventuellen Gegendarstellung des betroffenen Mitgliedstaates sowie einer abschließenden, mit Gründen versehenen Stellungnahme seitens der Kommission.[97]

1) Verpflichtung zur Verfahrenseinleitung?

Wie im Falle des vorherigen Vertragsverletzungsverfahrens stellt sich auch im Rahmen des Zweitverfahrens nach Art. 228 Abs. 2 EG die Frage, ob die Kommission zur Verfahrenseinleitung verpflichtet ist, oder ob ihr insofern ein Ermessen zusteht.[98] In Bezug auf die Verfahrenseröffnung ist die Formulierung in Art. 228 Abs. 2 Unterabs. 1 EG praktisch identisch mit derjenigen in Art. 226 Unterabs. 1 EG: Ist die Kommission der Auffassung, dass ein Mitgliedstaat die erforderlichen Maßnahmen zur Umsetzung eines gegen ihn ergangenen Vertragsverletzungsurteils nicht ergriffen hat, „so *gibt* sie, nachdem sie ihm [dem Mitgliedstaat] Gelegenheit zur Äußerung gegeben hat, eine mit Gründen verse-

---

[95] Da die vorliegende Untersuchung vornehmlich auf die Durchsetzung bereits verhängter Sanktionen abzielt, wird das Verfahren gemäß Art. 228 Abs. 2 EG hier nur in seinen wesentlichen Grundzügen erörtert. Vgl. im Übrigen die umfassende Darstellung bei *Heidig*, Zwangsgelder, S. 70 ff.

[96] *Gaitanides*, in: Groeben/ Schwarze (Hrsg.), EUV/EGV, Art. 228 EG Rn. 13; *Karpenstein/ Karpenstein*, in: Grabitz/ Hilf (Hrsg.), EUV/EGV, Art. 228 Rn. 21; *Mori*, RDI 1994, 58 (59).

[97] *Heidig*, Zwangsgelder, S. 75 f.

[98] Zur Frage einer Verpflichtung zur Klageerhebung siehe unten S. 47.

hene Stellungnahme ab [...]". Demgegenüber bestimmt Art. 228 Abs. 2 Unterabs. 2 EG ebenso wie Art. 226 Unterabs. 2 EG, dass die Kommission nach Fristablauf den EuGH anrufen *kann*. Da zudem das Sanktionsverfahren nach Art. 228 Abs. 2 EG unmittelbar an ein zuvor durchgeführtes Vertragsverletzungsverfahren anknüpft, haben Art. 226 Unterabs. 1 EG und Art. 228 Abs. 2 Unterabs. 1 EG auch dieselbe Zielrichtung. Vor diesem Hintergrund erscheint es konsequent, zur Vermeidung von Wertungswidersprüchen eine einheitliche Auslegung beider Vorschriften zu wählen. Demzufolge ist die Kommission, wie im Falle des Vertragsverletzungsverfahrens, in Übereinstimmung mit Wortlaut und Regelungssystematik grundsätzlich zur Einleitung eines Sanktionsverfahrens nach Art. 228 Abs. 2 EG verpflichtet, wenn ihr entsprechende Anhaltspunkte vorliegen. Können die Ziele der Gemeinschaft und die Anwendung des Gemeinschaftsrechts dagegen ausnahmsweise besser durch den Verzicht auf die Einleitung eines Sanktionsverfahrens erreicht werden, so ist eine Ausnahme von der grundsätzlichen Einleitungspflicht zulässig bzw. geboten.[99]

Ein Teil der Literatur geht demgegenüber von einer uneingeschränkten Pflicht der Kommission zur Verfahrenseinleitung aus.[100] Dies begründet etwa *Heidig* damit, dass die Gründe, die im Falle des Art. 226 Unterabs. 1 EG für eine Abweichung vom Wortlaut sprächen, auf Art. 228 Abs. 2 Unterabs. 1 EG nicht übertragbar seien.[101] Bagatellfälle kämen hier von vornherein nicht in Betracht, da die Missachtung eines Urteils des EuGH stets einen außerordentlich ernst zu nehmenden Eingriff in das Grundgefüge der Gemeinschaft darstelle. Auch könne nicht wie im Falle des Art. 226 EG davon die Rede sein, in hochpolitischen Fällen könne die Einleitung des Verfahrens unter Umständen mehr Schaden als Nutzen bringen, da bereits die Durchführung des vorherigen Vertragsverletzungsverfahrens zeige, dass der Charakter der Auseinandersetzung einer gerichtlichen Klärung nicht entgegenstehe. Diese auf den ersten Blick plausiblen Argumente greifen aber letztlich nicht durch. Wenngleich die Missachtung eines Urteils des EuGH abstrakt betrachtet in der Tat einen schwerwiegenden Rechtsverstoß darstellt, so ist daran zu erinnern, dass als Verstöße gegen die Umsetzungspflicht gemäß Art. 228 Abs. 1 EG auch unzureichende Maßnahmen in Betracht kommen. Insbesondere hier sind ohne weiteres Umsetzungsmängel vorstellbar, welche die Bagatellgrenze nicht überschreiten, so dass die Einleitung eines Sanktionsverfahrens dem Regelungsziel des Art. 228 Abs. 2

[99] Vgl. *Krück*, in: GTE, Art. 171 EGV Rn. 9 i. V. m. Art. 169 EGV Rn. 65 f.; im Ergebnis wohl ebenso *Ehricke*, in: Streinz (Hrsg.), EUV/EGV, Art. 228 EG Rn. 10 i. V. m. Art. 226 EG Rn. 30.

[100] *Bonnie*, ELRev 23 (1998), 537 (541 ff., 544); *Diez-Hochleitner*, RMUE 1994, 111 (157); *Gaitanides*, in: Groeben/ Schwarze (Hrsg.), EUV/EGV, Art. 226 EG Rn. 14; *Heidig*, Zwangsgelder, S. 96; *Karpenstein/ Karpenstein*, in: Grabitz/ Hilf (Hrsg.), EUV/EGV, Art. 228 EG Rn. 22.

[101] *Heidig*, Zwangsgelder, S. 93 ff.

EG unangemessen erschiene. Auch bedeutet die Einleitung eines Verfahrens nach Art. 228 Abs. 2 EG, welches regelmäßig die Verhängung finanzieller Sanktionen in empfindlicher Höhe nach sich zieht, gegenüber dem „nur" auf ein Feststellungsurteil gerichteten Vertragsverletzungsverfahren einen erheblich größeren Eingriff in die mitgliedstaatliche Souveränität und ist mit einem deutlich größeren innen- und außenpolitischen Imageschaden verbunden. Vor diesem Hintergrund kann nicht ausgeschlossen werden, dass im Einzelfall erst das Zweitverfahren nach Art. 228 Abs. 2 EG eine derart hochpolitische Bedeutung erlangt, dass der integrationspolitische Schaden größer erscheint als der Nutzen für den Geltungsanspruch der Gemeinschaftsrechtsordnung. Weigert sich der betroffene Mitgliedstaat hartnäckig, seinen Verpflichtungen gemäß Art. 228 Abs. 1 EG nachzukommen, kann eine politisch-diplomatische Einigung ausnahmsweise zweckmäßiger sein. Weshalb dies im Gegensatz zum vorherigen Vertragsverletzungsverfahren erst dann der Fall sein soll, wenn nach Abschluss des Vorverfahrens eine etwaige Klageerhebung im Raume steht[102], erscheint unklar. Folglich muss auch hier, parallel zum Vertragsverletzungsverfahren, bereits ein Verzicht auf die Verfahrens*einleitung* als zulässig erachtet werden.

Im Ergebnis besteht unter den entsprechenden Voraussetzungen eine grundsätzliche Pflicht der Kommission zur Einleitung des Verfahrens nach Art. 228 Abs. 2 EG, von der parallel zu den für Art. 226 EG geltenden Grundsätzen Ausnahmen zulässig sind.[103]

2) Rechtsschutz im Falle des Untätigbleibens der Kommission

Ebenso wie im Falle des Art. 226 EG ist eine Verfahrenseinleitung der Kommission nach Art. 228 Abs. 2 EG von Privatpersonen mangels unmittelbarer und individueller Betroffenheit nicht einklagbar.[104] Ob dies auch für Mitgliedstaaten gilt, wird in der Literatur kaum diskutiert. Dabei rechtfertigen es die Gründe, die zur Ablehnung einer Untätigkeits- oder Nichtigkeitsklage anderer Mitgliedstaaten im Rahmen des Vertragsverletzungsverfahrens nach Art. 226 EG geführt haben, auf das Verfahren nach Art. 228 Abs. 2 EG einen zweiten Blick zu werfen. Es ist daran zu erinnern, dass eine Klage nach Art. 230 EG bzw. Art. 232 EG von Seiten anderer Mitgliedstaaten mangels Rechtsschutzinteresses sowie aus Spezialitätsgesichtspunkten scheitert.[105] Diese Gesichtspunkte greifen jedoch im Falle des Verfahrens gemäß Art. 228 Abs. 2 EG nicht ein. Eine Spezialvorschrift gegenüber Art. 228 Abs. 2 EG in Bezug auf Mitgliedstaaten sieht

---

[102] So *Heidig*, Zwangsgelder, S. 98 (vgl. aber zum Vertragsverletzungsverfahren ebd., S. 25).

[103] Vgl. *Krück*, in: GTE, Art. 171 EGV Rn. 9 i. V. m. Art. 169 EGV Rn. 65 f.; im Ergebnis wohl ebenso *Ehricke*, in: Streinz (Hrsg.), EUV/EGV, Art. 228 EG Rn. 10 i. V. m. Art. 226 EG Rn. 30.

[104] *Ortlepp*, Vertragsverletzungsverfahren, S. 82 f.

[105] Siehe oben S. 33.

der EG-Vertrag nicht vor. Da auch Art. 228 Abs. 2 EG selbst den Mitgliedstaaten keinerlei Befugnisse einräumt, ein Sanktionsverfahren gegen einen anderen Mitgliedstaat zu veranlassen, bliebe den Mitgliedstaaten nur der indirekte Weg über eine Untätigkeits- bzw. Nichtigkeitsklage gegen die Kommission, so dass hier auch das Argument des fehlenden Rechtsschutzinteresses bzw. des praktischen Bedürfnisses nicht greift. Zwar sieht Art. 228 Abs. 2 Unterabs. 4 EG vor, dass das Verfahren Art. 227 EG unberührt lässt, jedoch ist dies lediglich als Hinweis darauf zu verstehen, dass zwar Art. 228 Abs. 2 EG lex specialis gegenüber Art. 226 EG ist, nicht dagegen gegenüber Art. 227 EG.[106] Will die Kommission also ein Zweitverfahren gegen einen Mitgliedstaat anstrengen, so kann sie kein zweites Vertragsverletzungsverfahren gemäß Art. 226 EG einleiten, sondern ist grundsätzlich an das Verfahren des Art. 228 Abs. 2 EG gebunden[107]. Da den Mitgliedstaaten dieses Verfahren nach dem eindeutigen Wortlaut der Art. 228 Abs. 2 Unterabs. 1 bis 3 EG nicht offen steht[108], stellt Art. 228 Abs. 2 Unterabs. 4 EG klar, dass sie nichtsdestotrotz gemäß Art. 227 EG vorgehen können. Aus dem Hinweis, dass Art. 228 Abs. 2 EG nicht lex specialis gegenüber Art. 227 EG ist, lässt sich jedoch nicht entnehmen, dass eine Nichtigkeits- oder eine Untätigkeitsklage gegen die Kommission unzulässig sein soll. Auch aus Art. 230, 232 EG lässt sich eine diesbezügliche Einschränkung nicht ableiten. Daran ändert auch die Tatsache nichts, dass Art. 228 Abs. 2 EG allein der Kommission als Hüterin der Verträge die Herrschaft über den außergerichtlichen Teil des Sanktionsverfahrens zuweist.[109] Art. 230, 232 EG gestatten die gerichtliche Überprüfung des Handelns oder Unterlassens der EU-Organe unabhängig davon, ob diese für die betroffene Aufgabe allein zuständig sind oder nicht.

Im Ergebnis ist gegen die Entscheidung der Kommission, kein Sanktionsverfahren nach Art. 228 Abs. 2 EG einzuleiten, seitens der anderen Mitgliedstaaten die Nichtigkeitsklage nach Art. 230 EG, gegen das vollständige Untätigbleiben der Kommission die Untätigkeitsklage nach Art. 232 EG statthaft.[110]

3) Informelles Vorverfahren

Die Gründe, die im Rahmen des herkömmlichen Vertragsverletzungsverfahrens zur Herausbildung eines informellen Vorverfahrens geführt haben, greifen auch

---

[106] *Heidig*, Zwangsgelder, S. 90 f.

[107] Eine Ausnahme von diesem Grundsatz gilt, wenn die Kommission zur Einleitung eines Verfahrens nach Art. 228 Abs. 2 EG nicht verpflichtet ist (siehe unten S. 58).

[108] Siehe hierzu die Ausführungen unten S. 61.

[109] So aber *Heidig*, Zwangsgelder, S. 96.

[110] Vgl. *Ortlepp*, Vertragsverletzungsverfahren, S. 84 bezüglich des Erstverfahrens nach Art. 226, 227, 228 Abs. 1 EG.

im Falle eines Sanktionsverfahrens gemäß Art. 228 Abs. 2 EG.[111] Auch hier kann durch ein solches Verfahren unter Umständen bereits eine rasche, außergerichtliche Bereinigung der Situation herbeigeführt bzw. können die streitigen Fragen eingegrenzt und konkretisiert werden.

4) Mahnschreiben

Das Mahnschreiben, welches auf das informelle Vorverfahren folgt, zielt darauf ab, dem betroffenen Mitgliedstaat „Gelegenheit zur Äußerung" zu geben, wie von Art. 228 Abs. 2 Unterabs. 1 EG gefordert.[112] Inhaltlich muss es die Versäumnisse des Mitgliedstaates in Bezug auf das Vertragsverletzungsurteil konkret bestimmen, einen Hinweis auf die Einleitung eines Sanktionsverfahrens nach Art. 228 Abs. 2 EG enthalten sowie die Aufforderung an den Mitgliedstaat, sich zu den erhobenen Vorwürfen zu äußern.[113] Durch das Mahnschreiben wird auch der Verfahrensgegenstand auf die in dem Schreiben enthaltenen Vorwürfe beschränkt. Treten im Laufe des Verfahrens neue Gesichtspunkte hinzu, so bedarf es zur Erweiterung des Verfahrensgegenstandes zwingend eines weiteren Mahnschreibens.[114]

Obwohl von Art. 228 Abs. 2 Unterabs. 1 EG nicht ausdrücklich angeordnet, muss in dem Mahnschreiben – wie im Falle des Art. 226 EG auch – eine angemessene Frist bestimmt sein, innerhalb derer der Mitgliedstaat Gelegenheit zur Stellungnahme hat.[115] Die von Art. 228 Abs. 2 Unterabs. 1 EG vorgeschriebene Anhörung des Mitgliedstaates kann nicht sinnvoll umgesetzt werden, wenn diesem nicht ausreichend Zeit zur Verfügung steht, zu den erhobenen Vorwürfen substantiiert Stellung zu beziehen. Wäre der Mitgliedstaat im Unklaren darüber, zu welchem Zeitpunkt er frühestens mit einer mit Gründen versehenen Stellungnahme der Kommission zu rechnen hat, so würde die Ausarbeitung seiner Gegendarstellung erheblich erschwert.[116] Der Vertrag enthält keinerlei Vorgaben zur Bemessung der Frist. Letztere muss jedoch den Umständen des konkreten Falles angemessen sein. Ggf. kann daher eine Frist von wenigen Tagen ausreichen, etwa wenn dem Mitgliedstaat der Standpunkt der Kommission bereits seit

---

[111] *Heidig*, Zwangsgelder, S. 76; vgl. auch *Ehricke*, in: Streinz (Hrsg.), EUV/EGV, Art. 228 EG Rn. 16; *Gaitanides*, in: Groeben/ Schwarze (Hrsg.), EUV/EGV, Art. 226 EG Rn. 20; *Karpenstein/ Karpenstein*, in: Grabitz/ Hilf (Hrsg.), EUV/EGV, Art. 226 EG Rn. 45.

[112] Vgl. den 14. Jahresbericht der Kommission über die Kontrolle der Anwendung des Gemeinschaftsrechts (1996), ABl. Nr. C 332/10 vom 3.11.1997, in dem der Begriff „Fristsetzungsschreiben" verwendet wird.

[113] Vgl. zu Art. 226 EG *Schwarze*, in: Schwarze (Hrsg.), EU-Kommentar, Art. 226 EG Rn. 15.

[114] *Karpenstein/ Karpenstein*, in: Grabitz/ Hilf (Hrsg.), EUV/EGV, Art. 228 EG Rn. 23.

[115] *Gaitanides*, in: Groeben/ Schwarze (Hrsg.), EUV/EGV, Art. 226 EG Rn. 26.

[116] *Gaitanides*, in: Groeben/ Schwarze (Hrsg.), EUV/EGV, Art. 226 EG Rn. 26.

Längerem bekannt ist.[117] Eigene Nachforschungen des Mitgliedstaates oder eine Beteiligung autonomer öffentlichrechtlicher Rechtssubjekte an der Abstellung des Vertragsverstoßes können unter Umständen eine Fristverlängerung erforderlich machen.[118]

Da Sinn und Zweck des Vorverfahrens darin bestehen, dem betroffenen Mitgliedstaat die Möglichkeit zu geben, vor einer erneuten Anrufung des EuGH das Vertragsverletzungsurteil umzusetzen oder sich gegen die Vorwürfe der Kommission zu verteidigen, hat eine zu kurz bemessene Frist nicht automatisch zur Folge, dass der Kommission nunmehr die Anrufung des EuGH verwehrt bliebe. Vielmehr kann die Kommission einen solchen Formfehler dadurch heilen, dass sie auch solche Äußerungen des betroffenen Mitgliedstaates noch berücksichtigt, die nach Ablauf der zu kurz bestimmten Frist erfolgen. Das Recht des Mitgliedstaates auf rechtliches Gehör ist damit gewahrt, so dass der ursprüngliche Formfehler sich nicht auf den weiteren Verlauf des Verfahrens auswirkt.[119]

Nicht erforderlich und auch in diesem frühen Stadium des Verfahrens kaum möglich ist die Benennung von Art und Höhe der gegebenenfalls zu verhängenden Sanktion bereits in dem Mahnschreiben.[120] Art. 228 Abs. 2 Unterabs. 2 EG verpflichtet die Kommission erst im Zeitpunkt der Klageerhebung zu entsprechenden Angaben. Da erst bei vollständiger Aufklärung des Sachverhalts und nach Würdigung einer etwaigen Gegendarstellung des Mitgliedstaates eine sinnvolle Einschätzung der im konkreten Fall angemessenen Sanktion möglich ist, sprechen auch Sinn und Zweck des Vorverfahrens dagegen, einen Sanktionsvorschlag schon im Mahnschreiben der Kommission zu verlangen.[121]

5) Mit Gründen versehene Stellungnahme der Kommission

Ist die Kommission nach erfolgter Gegendarstellung des betroffenen Mitgliedstaates weiterhin von einem Verstoß gegen Art. 228 Abs. 1 EG überzeugt oder hat sich der Mitgliedstaat innerhalb der in der Mahnung bestimmten Frist nicht zu den Vorwürfen geäußert, so gibt die Kommission gemäß Art. 228 Abs. 2 Unterabs. 1 EG eine mit Gründen versehene Stellungnahme ab. Weiterhin sieht Art. 228 Abs. 2 Unterabs. 1 EG vor, dass die mit Gründen versehenen Stellungnahme konkret bezeichnen muss, inwieweit der Mitgliedstaat dem Vertragsverletzungsurteil nicht nachgekommen ist. Wenngleich also Art. 228 Abs. 2 Unterabs. 1 EG die inhaltlichen Anforderungen an die mit Gründen versehene Stellungnahme konkreter formuliert als Art. 226 EG, ergibt sich hieraus in der Sache

[117] Vgl. *EuGH*, Slg. 1986, 1149 (1165), Rs. 85/85 – Kommission / Belgien.

[118] *Heidig*, Zwangsgelder, S. 81.

[119] Vgl. *EuGH*, Slg. 1988, 305 (352 f.), Rs. 293/85 – Kommission / Belgien zur gleich gelagerten Frage der Fristsetzung bei der begründeten Stellungnahme.

[120] *Karpenstein/ Karpenstein*, in: Grabitz/ Hilf (Hrsg.), EUV/EGV, Art. 228 EG Rn. 24.

[121] *Heidig*, Zwangsgelder, S. 79.

kein Unterschied. In beiden Fällen muss die Stellungnahme eine zusammenhängende Darstellung der Tatsachen, Beweismittel und rechtlichen Erwägungen enthalten, aus denen sich nach Überzeugung der Kommission ein Verstoß des betroffenen Mitgliedstaates gegen seine gemeinschaftsrechtlichen Verpflichtungen ergibt.[122] Im Falle des Art. 228 Abs. 2 Unterabs. 1 EG ist insbesondere von Bedeutung, ob der Mitgliedstaat dem Ersturteil insgesamt oder nur in bestimmten Punkten nicht nachgekommen ist.[123] Wie im Falle des Art. 226 EG ist auch hier der Verfahrensgegenstand bereits durch das Mahnschreiben abschließend festgelegt und kann in der begründeten Stellungnahme allenfalls präzisiert, nicht jedoch erweitert werden.[124]

Wie sich aus Art. 228 Abs. 2 Unterabs. 2 EG ergibt, muss die mit Gründen versehene Stellungnahme eine Frist enthalten, innerhalb derer der betroffene Mitgliedstaat seiner Pflicht gemäß Art. 228 Abs. 1 EG nachkommen und diejenigen Maßnahmen ergreifen muss, welche zur Umsetzung des gegen ihn ergangenen Vertragsverletzungsurteils erforderlich sind. Wie im Falle des Art. 226 EG sowie bei dem Mahnschreiben im Rahmen des Verfahrens nach Art. 228 Abs. 2 ist die Angemessenheit der Frist von den konkreten Umständen des Einzelfalls abhängig. Im Falle der begründeten Stellungnahme im Rahmen des Sanktionsverfahrens ist jedoch zu beachten, dass der betroffene Mitgliedstaat seit dem zuvor ergangenen Vertragsverletzungsurteil regelmäßig bereits über einen langen Zeitraum hinweg die Möglichkeit besaß, den konkret benannten Vertragsverstoß abzustellen. Die Kommission muss folglich dem Mitgliedstaat in ihrer begründeten Stellungnahme nicht die Gelegenheit geben, Maßnahmen zur Umsetzung des Ersturteils erst in die Wege zu leiten, wohl aber bereits eingeleitete Maßnahmen abzuschließen.[125]

Die Kommission ist weder dazu verpflichtet noch berechtigt, in der begründeten Stellungnahme konkrete Maßnahmen zu benennen, die der Mitgliedstaat zur Abstellung des Vertragsverstoßes zu ergreifen hat. Dies korreliert nicht nur mit der Rechtsnatur des Vertragsverletzungsurteils als bloßem Feststellungsurteil, sondern entspricht auch dem Wortlaut der Regelung in Art. 228 Abs. 1 Unterabs. 1 EG. Diese sieht lediglich vor, dass die Kommission in ihrer Stellungnahme konkret benennen muss, in welchen Punkten der Mitgliedstaat dem Vertragsverletzungsurteil nicht nachgekommen ist, nicht dagegen, was der Mitgliedstaat hätte unternehmen müssen. In der Praxis wird freilich die Begründung

---

[122] Vgl. *Ehricke*, in: Streinz (Hrsg.), EUV/EGV, Art. 228 EG Rn. 9; *Heidig*, Zwangsgelder, S. 84; *Karpenstein/ Karpenstein*, in: Grabitz/ Hilf (Hrsg.), EUV/EGV, Art. 228 EG Rn. 22.

[123] *Gaitanides*, in: Groeben/ Schwarze (Hrsg.), EUV/EGV, Art. 228 EG Rn. 13; *Heidig*, Zwangsgelder, S. 85; *Karpenstein/ Karpenstein*, in: Grabitz/ Hilf (Hrsg.), EUV/EGV, Art. 228 EG Rn. 22.

[124] *Heidig*, Zwangsgelder, S. 85; *Karpenstein/ Karpenstein*, in: Grabitz/ Hilf (Hrsg.), EUV/EGV, Art. 228 EG Rn. 23.

[125] *Heidig*, Zwangsgelder, S. 85.

des Vorwurfs, der Mitgliedstaat habe die erforderlichen Umsetzungsmaßnahmen nicht oder nur unzureichend ergriffen, oft nur durch die Benennung konkreter Handlungsalternativen gelingen können.[126] Dies bedeutet weder, dass die Kommission hierzu verpflichtet ist, noch dass einer derartigen Konkretisierung verpflichtende bzw. rechtsgestaltende Wirkung gegenüber dem betroffenen Mitgliedstaat zukäme.[127]

III. Klageerhebung durch die Kommission

Hat der vom Sanktionsverfahren betroffene Mitgliedstaat nach Ablauf der in der Stellungnahme der Kommission bestimmten Frist die erforderlichen Maßnahmen noch immer nicht vorgenommen, so kann die Kommission Klage vor dem EuGH erheben.

1) Pflicht zur Klageerhebung?

Da vorliegend von einer einheitlichen Auslegung der Art. 226 und 228 Abs. 2 EG ausgegangen wird, steht der Kommission – wie auch im Falle des Art. 226 EG – hinsichtlich der Klageerhebung ein grundsätzliches Ermessen zu[128], welches sie jedoch pflichtgemäß unter Beachtung gemeinschaftsrechtlicher Rechtsgrundsätze auszuüben hat.[129] Unter Umständen kann sich demnach das Ermessen der Kommission zu einer Rechtspflicht verdichten. In einem solchen Fall wäre auch in Bezug auf die Entscheidung der Kommission über die Klageerhebung eine Untätigkeits- oder Nichtigkeitsklage seitens eines Mitgliedstaates denkbar.

Es kann festgehalten werden, dass die Frage nach Handlungspflicht oder Ermessen der Kommission im Rahmen von Art. 226 EG und Art. 228 Abs. 2 EG einheitlich zu beantworten ist. In beiden Fällen besteht eine grundsätzliche Pflicht der Kommission zur Einleitung des Vorverfahrens, von der in bestimmten Fällen Ausnahmen zugelassen sind. Eine etwaige Klageerhebung liegt jeweils im Ermessen der Kommission. Dieses Ermessen ist pflichtgemäß unter Berücksichtigung gemeinschaftsrechtlicher Rechtsgrundsätze, der Schwere des Rechtsverstoßes sowie der Auswirkungen eines gerichtlichen Verfahrens auszuüben und kann sich unter bestimmten Umständen auf null reduzieren.

---

[126] *Wägenbaur*, Everling-FS, 1611 (1621).

[127] So aber offenbar *Heidig*, Zwangsgelder, S. 86.

[128] Siehe oben S. 34.

[129] *Gaitanides*, in: Groeben/ Schwarze (Hrsg.), EUV/EGV, Art. 228 EG Rn. 15; *Heidig*, Zwangsgelder, S. 97; *Karpenstein/ Karpenstein*, in: Grabitz/ Hilf (Hrsg.), EUV/EGV, Art. 228 EG Rn. 25; *Schwarze*, in: Schwarze (Hrsg.), EU-Kommentar, Art. 228 EG Rn. 8.

2) Rechtliche Anforderungen im Falle der Beantragung einer Sanktion

Entschließt sich die Kommission zur Anrufung des EuGH, so benennt sie gemäß Art. 228 Abs. 2 Unterabs. 2 S. 2 EG „die Höhe des von dem betreffenden Mitgliedstaat zu zahlenden Pauschalbetrages oder Zwangsgelds, die sie den Umständen nach für angemessen hält". Dies wirft zunächst die Frage nach den allgemeinen Anforderungen an die Entscheidung der Kommission auf (a). Schließlich ist zu prüfen, nach welcher Maßgabe die Kommission ihr Ermessen hinsichtlich des zu beantragenden Sanktionstyps auszuüben hat. Dies wiederum macht es erforderlich, Rechtsnatur und Zweck der beiden zur Verfügung stehenden Sanktionsformen (b und c) sowie deren Verhältnis zueinander (d) zu erörtern. Im Anschluss hieran ist näher darzulegen, welche Kriterien bei der Bemessung der Sanktionshöhe anzulegen sind (e und f). Zu guter Letzt soll der problematischen Frage nach dem Fälligkeitszeitpunkt für Zwangsgelder nachgegangen werden (g).

a) Allgemeine Anforderungen im Falle der Sanktionsbeantragung

Zur Gewährleistung der Transparenz und der Vorhersehbarkeit ihres Vorgehens im Einzelfall veröffentlichte die Kommission in zwei Mitteilungen aus den Jahren 1996 und 1997 Leitlinien zur Durchführung des Verfahrens nach Art. 228 Abs. 2 EG[130], die sie zwischenzeitlich im Hinblick auf die Rechtsprechung des EuGH sowie die jüngste EU-Erweiterung erneuert und durch eine einzige Mitteilung ersetzt hat.[131] Nach den genannten Leitlinien muss die von der Kommission vorgeschlagene Sanktion unter Berücksichtigung rechtsstaatlicher Anforderungen vorhersehbar sein, also in einem klaren und transparenten Verfahren berechnet werden.[132] Weiterhin muss die Entscheidung der Kommission ermessensfehlerfrei getroffen werden. Dies bedeutet, dass die Kommission sich ausschließlich vom Zweck des Art. 228 Abs. 2 EG leiten lassen darf, die wirksame Anwendung des Gemeinschaftsrechts zu gewährleisten.[133] Hierfür stellt die Kommission zur Bestimmung der konkreten Sanktion auf Schwere und Dauer des Verstoßes sowie die erforderliche Abschreckungswirkung ab.[134] Darüber

---

[130] Mitteilung der Kommission über die Anwendung von Artikel 171 EG-Vertrag, ABl. Nr. C 242/6 vom 21.8.1996 (im Folgenden „1. KOM-Mitteilung") sowie Mitteilung der Kommission über das Verfahren für die Berechnung des Zwangsgeldes nach Artikel 171 EG-Vertrag, ABl. Nr. C 63/2 vom 28.2.1997 (im Folgenden „2. KOM-Mitteilung").

[131] Mitteilung der Kommission zur Anwendung von Art. 228 EG-Vertrag, SEK(2005)1658 (im Folgenden „3. KOM-Mitteilung").

[132] 3. KOM-Mitteilung, Nr. 7.

[133] Ebd., Nr. 4 a. E. und Ziff. 8.

[134] Ebd., Nr. 6 und 8.

hinaus hat die Kommission bei ihrer Entscheidung den Grundsatz der Gleichbehandlung sowie der Verhältnismäßigkeit zu beachten.[135]

b) Rechtsnatur und Funktion des Zwangsgeldes

Nach einhelliger Auffassung in Rechtsprechung und Literatur ist das Zwangsgeld seiner Rechtsnatur nach als Beugemittel aufzufassen, welches dem konkreten Zweck dient, den verurteilten Mitgliedstaat innerhalb kürzestmöglicher Zeit zur Abstellung seines Vertragsverstoßes zu bewegen.[136] Wie noch zu zeigen sein wird, kann sich diese Auffassung nicht nur auf den Wortsinn des Begriffes „*Zwangs*geld", sondern auch auf einen systematischen Vergleich mit der Sanktionsform des Pauschalbetrages stützen.[137] Wenngleich dem Zwangsgeld eine abschreckende Wirkung zukommt[138], kann ihm ein Strafcharakter nicht attestiert werden.[139] Dies ergibt sich zwingend daraus, dass der verurteilte Mitgliedstaat das Zwangsgeld nur zahlen muss, solange und sofern der Vertragsverstoß nicht beseitigt wurde.[140] Unter Umständen kann der Mitgliedstaat daher auch nach einem gegen ihn ergangenen Zwangsgeldurteil noch seiner Zahlungspflicht entgehen, wenn er vor Fälligkeit des ersten Teilbetrages alle erforderlichen Maßnahmen trifft, um das Ersturteil umzusetzen.[141] Wurde der Vertragsverstoß sogar schon vor der Entscheidung des EuGH beseitigt, wäre nach dem Sinn und Zweck des Zwangsgeldes die Verurteilung zu einem solchen von vornherein gegenstandlos.[142]

Fraglich ist, welcher Art die sich aus einem Zwangsgeld ergebende Zahlungsverpflichtung sein muss. Da ein einmalig zu entrichtender Betrag keinen

---

135 Ebd., Nr. 7 und 13 ff.; *Heidig,* Zwangsgelder, S. 135 ff.

136 *EuGH,* Slg. 2000, I-5047 (Rn. 90), Rs. C-387/97 – Kommission / Griechenland („Gefährliche Abfälle II"); GA *Ruiz-Jarabo Colomer,* Slg. 2000, I-5047 (Nr. 30), Rs. C-387/97 – Kommission / Griechenland („Gefährliche Abfälle II"); *Bonnie,* ELRev 23 (1998), 537 (547); *Candela Castillo/ Mongin,* RMUE 1997, 9 (20); *Gaitanides,* in: Groeben/ Schwarze (Hrsg.), EUV/EGV, Art. 228 EG Rn. 18; *Heidig,* Zwangsgelder, S. 116; *Mori,* RDI 1994, 58 (78 ff.); *Karpenstein/ Karpenstein,* in: Grabitz/ Hilf (Hrsg.), EUV/EGV, Art. 228 EG Rn. 29; *Tezcan,* REDP 1998, 39 (54, 60).

137 Siehe hierzu sogleich.

138 Vgl. *Heidig,* Zwangsgelder, S. 116; *Kommission* in der 3. KOM-Mitteilung, Nr. 8; GA *Fennelly,* Slg. 2000, I-8609 (Nr. 18), Rs. C-197/98 – Kommission / Griechenland.

139 *Heidig,* Zwangsgelder, S. 116.

140 Vgl. die Definition der Kommission in der 3. KOM-Mitteilung, Nr. 14, nach der das Zwangsgeld „die Summe der Tagessätze" ist, „die ein Mitgliedstaat zu zahlen hat, wenn er einem Urteil des Gerichtshofs nicht nachkommt, und zwar gerechnet ab dem Tag, an dem das zweite Urteil des Gerichtshofs dem betreffenden Mitgliedstaat zur Kenntnis gebracht wird, bis zur Beendigung des Verstoßes".

141 GA *Geelhoed,* Slg. 2005, I-6263 (Nr. 88), Rs. C-304/02 – Kommission / Frankreich („Fischerei II").

142 *Diez-Hochleitner,* RMUE 1994, 111 (140).

beständigen Druck auf den verurteilten Mitgliedstaat ausüben kann, das Ersturteil zügig umzusetzen, und den Mitgliedstaat ferner dazu veranlassen könnte, sich von seiner Pflicht zur Umsetzung des Ersturteils freizukaufen, wäre er als Beugemittel ungeeignet[143], so dass als Zwangsgeld nach dessen Sinn und Zweck ausschließlich eine wiederkehrende Zahlungsverpflichtung in Betracht kommt.[144]

c) Rechtsnatur und Funktion des Pauschalbetrages

Dass es sich bei dem Pauschalbetrag nicht ebenfalls um ein Beugemittel handeln kann, ergibt sich zum einen aus der Überlegung, dass ihm andernfalls neben dem Zwangsgeld keinerlei Bedeutung zukäme.[145] Zum anderen wäre, wie bereits dargelegt, eine einmalige Zahlung als Beugemittel in aller Regel ungeeignet. Die tatsächliche Funktion des Pauschalbetrages erschließt sich nicht zuletzt mit Blick auf den Umstand, dass ein Zwangsgeld sowohl begrifflich als auch seinem Sinn und Zweck nach nur verhängt werden kann, solange und sofern der betroffene Mitgliedstaat im Zeitpunkt der gerichtlichen Entscheidung das Ersturteil noch immer nicht bzw. nur unzureichend umgesetzt hat. Hat der Mitgliedstaat im Zeitpunkt der gerichtlichen Entscheidung den in Frage stehenden Vertragsverstoß abgestellt, so kann nichtsdestotrotz ein rechtliches Interesse der Gemeinschaft daran bestehen, den Vertragsverstoß zu ahnden. Soll das Sanktionsverfahren gemäß Art. 228 Abs. 2 EG seinen Zweck erfüllen, die Respektierung und Anwendung des Gemeinschaftsrechts durch die Mitgliedstaaten zu gewährleisten, so muss es auch die Möglichkeit einräumen, zu Präventivzwecken Sanktionen mit abschreckender Wirkung zu verhängen.[146] Wenngleich auch dem Zwangsgeld, sofern es denn greift, eine gewisse abschreckende Wirkung zuzuschreiben ist, dient dieses doch in erster Linie der Wiederherstellung des rechtmäßigen Zustandes, während das Präventionsziel des Verfahrens nach Art. 228 Abs. 2 EG besser durch ein Instrument erreicht werden kann, welches die Ahndung des Vertragsverstoßes unabhängig von der Sachlage im Zeitpunkt der gerichtlichen Entscheidung sowie der weiteren Vorgehensweise des betreffenden Mitgliedstaates ermöglicht.[147] Während also das Zwangsgeld in erster Linie ein Beugemittel darstellt, ist der Pauschalbetrag vorwiegend ein Präventionsinstru-

---

143 Vgl. *Diez-Hochleitner*, RMUE 1994, 111 (141); zurückhaltender *Heidig*, Zwangsgelder, S. 117 f.

144 Vgl. im Ergebnis *Heidig*, Zwangsgelder, S. 139.

145 *Heidig*, Zwangsgelder, S. 118.

146 Vgl. *GA Geelhoed*, Slg. 2005, I-6263 (Nr. 87), Rs. C-304/02 – Kommission / Frankreich („Fischerei II"); *Diez-Hochleitner*, RMUE 1994, 111 (140); *Gaitanides*, in: Groeben/ Schwarze (Hrsg.), EUV/EGV, Art. 228 EG Rn. 17.

147 Vgl. GA *Geelhoed*, Slg. 2005, I-6263 (Nr. 88), Rs. C-304/02 – Kommission / Frankreich („Fischerei II").

ment und kann daher als eine Art Geldbuße mit strafähnlichem Charakter angesehen werden.[148] Nichtsdestotrotz handelt es sich nicht um eine Maßnahme des Strafrechts im engeren Sinne, da ein Strafrecht der Gemeinschaft gegenüber den Mitgliedstaaten nicht existiert.[149]

d) Verhältnis von Zwangsgeld und Pauschalbetrag zueinander

Mit der Herausarbeitung von Rechtsnatur und Zweck des Zwangsgeldes sowie des Pauschalbetrages sind zugleich die maßgeblichen Wertungen in Bezug auf das Verhältnis der beiden Sanktionsformen zueinander ermittelt. Dem Wortlaut nach sieht Art. 228 Abs. 2 Unterabs. 2 EG vor, dass die Kommission bei Klageerhebung die Höhe des von ihr für angemessen gehaltenen „Pauschalbetrages *oder* Zwangsgelds" benennt. In der Literatur wird daher von einem Exklusivitätsverhältnis der beiden Instrumente zueinander ausgegangen.[150] Vor dem Hintergrund der unterschiedlichen Zielrichtungen kann eine solche Auslegung jedoch nicht durchgreifen. Zunächst ist in grammatikalischer Hinsicht die Auslegung der Formulierung in Art. 228 Abs. 2 Unterabs. 2 EG im Sinne einer Ausschließlichkeit nicht zwingend. Es erscheint unklar, welche alternative Formulierung die Vorschrift hätte erhalten sollen, um zum Ausdruck zu bringen, dass es im Ermessen der Kommission steht, ein Zwangsgeld, einen Pauschalbetrag oder beides zugleich zu beantragen. Würde die Formulierung des Art. 228 Abs. 2 Unterabs. 2 EG lauten, die Kommission müsse die Höhe des zu zahlenden „Pauschalbetrages *und* Zwangsgeldes" benennen, so müsste nach dem Verständnis der herrschenden Meinung konsequenterweise argumentiert werden, die Beantragung beider Sanktionsformen müsse zwingend kumulativ erfolgen. Tatsächlich kann die Exklusivität von Handlungsalternativen nur durch die Formulierung „entweder oder" eindeutig zum Ausdruck gebracht werden, wie dies auch in einer Reihe von Vorschriften des EG-Vertrages geschehen ist.[151] Schon die Systematik spricht daher dafür, die Formulierung „oder" in Art. 228 Abs. 2 Unterabs. 2 EG nicht im Sinne eines Exklusivitätsverhältnisses zu verstehen, sondern als Ausdruck der gesetzgeberischen Entscheidung, die Wahl der zu be-

[148] Vgl. *Bonnie,* ELRev 23 (1998), 537 (547); *Cornils,* Staatshaftungsanspruch, S. 160; *Diez-Hochleitner,* RMUE 1994, 111 (139); *Gaitanides,* in: Groeben/ Schwarze (Hrsg.), EUV/EGV, Art. 228 EG Rn. 17; *Heidig,* Zwangsgelder, S. 119; *Karpenstein/ Karpenstein,* in: Grabitz/ Hilf (Hrsg.), EUV/EGV, Art. 228 EG Rn. 28; *Tezcan,* REDP 1998, 39 (53, 60); *Wägenbaur,* Everling-FS, S. 1611 (1618); a.A.. GA *Ruiz-Jarabo Colomer,* Slg. 2000, I-5047 (Nr. 30), Rs. C-387/97 – Kommission / Griechenland („Gefährliche Abfälle II").

[149] *Candela Castillo/ Mongin,* RMUE 1997, 9 (Fn. 33); *Heidig,* Zwangsgelder, S. 119.

[150] Vgl. *Diez-Hochleitner,* RMUE 1994, 111 (139); *Heidig,* Zwangsgelder, S. 122; *Karpenstein/ Karpenstein,* in: Grabitz/ Hilf (Hrsg.), EUV/EGV, Art. 228 EG Rn. 25; *Tezcan,* REDP 1998, 39 (60); *Wägenbaur,* Everling-FS, S. 1611 (1618).

[151] Siehe etwa Art. 104 Abs. 2 lit. a 1. Spiegelstrich, 107 Abs. 5 und 6, 111 Abs. 2, 139 Abs. 2 EG.

antragenden Sanktionen in das pflichtgemäße Ermessen der Kommission zu stellen. Zudem kann das Verfahren nach Art. 228 Abs. 2 EG angesichts der verschiedenen Zielrichtungen von Pauschalbetrag und Zwangsgeld nur dann seine volle Wirksamkeit entfalten, wenn beide Sanktionsformen gegebenenfalls auch kumulativ verhängt werden können. Dies gilt ungeachtet der Tatsache, dass häufigstes Anwendungsgebiet eines Pauschalbetrages diejenige Fallkonstellation sein wird, in welcher der beklagte Mitgliedstaat den ihm zur Last gelegten Vertragsverstoß zwar nach Ablauf der in der begründeten Stellungnahme der Kommission vorgesehenen Frist, aber noch vor einer Entscheidung des EuGH beseitigt. Nichtsdestotrotz kann ein rechtliches Interesse an der gleichzeitigen Verfolgung beider Ziele bestehen.

Illustriert sei dies am Fall „Fischerei I".[152] In seinem Urteil vom 11. Juni 1991 stellte der EuGH wie bereits erwähnt fest, dass Frankreich dadurch, dass es zwischen 1984 und 1987 keine Kontrollen durchgeführt hatte, welche die Beachtung der vorgeschriebenen gemeinschaftlichen technischen Maßnahmen zur Erhaltung der Fischbestände gewährleisteten, gegen seine Verpflichtungen aus den damaligen Kontrollverordnungen 2057/82 sowie 2241/87 verstoßen hatte[153]. Die Umsetzung des Urteils stand noch im Juli 2005 (!) aus.[154] Damit war ein Zeitraum von über 20 Jahren zu verbuchen, innerhalb dessen Frankreich gegen seine Pflichten aus den genannten Kontrollverordnungen verstoßen hatte. Allein 13 Jahre dieses Zeitraums entfielen auf die Zeit nach der Erstverurteilung. Nun leuchtet es nicht ein, weshalb ein Mitgliedstaat, gegen den ein Sanktionsverfahren gemäß Art. 228 Abs. 2 EG eingeleitet wurde und dessen Vertragsverstoß in seiner Dauer schon beinahe historische Ausmaße angenommen hat, von dem Umstand profitieren soll, dass sein besonders eklatanter Verstoß gegen gemeinschaftsrechtliche Bestimmungen im Zeitpunkt der gerichtlichen Entscheidung noch immer fortbesteht. Würde man die Sanktionierung dieses Rechtsverstoßes auf die Verhängung eines Zwangsgeldes beschränken, welches in derartigen Fallkonstellationen nach teilweise vertretener Auffassung die allein sinnvolle Sanktionsform sein soll, so könnte der beklagte Mitgliedstaat durch die nunmehr rasche Umsetzung des Ersturteils trotz seines langjährigen Rechtsverstoßes seiner Zahlungspflicht entgehen oder jedenfalls besonders kostengünstig davonkommen und auf diese Weise einen sehr fragwürdigen Präzedenzfall schaffen. Würde man sich stattdessen auf die Verhängung eines Pauschalbetrages beschränken, so könnte zwar der lange Zeitraum des Vertragsverstoßes angemessen Berücksichtigung finden, doch hätte der Mitgliedstaat, wie bereits oben dar-

---

[152] *EuGH*, Slg. 1991, I-2727 ff., Rs. C-64/88 – Kommission / Frankreich.

[153] Siehe oben S. 23.

[154] Vgl. Schlussanträge des GA *Geelhoed*, Slg. 2005, I-6263 ff., Rs. C-304/02 – Kommission / Frankreich („Fischerei II").

gelegt, zugleich die Möglichkeit, seinen Vertragsverstoß gegen Zahlung der fälligen Geldsumme beizubehalten.

Aus alledem ist zu schließen, dass das Verfahren nach Art. 228 Abs. 2 EG nur dann zur vollen Wirksamkeit gelangt, wenn Zwangsgeld und Pauschalbetrag in keinem Exklusivitätsverhältnis zueinander stehen. Entgegen der in der Literatur vorherrschenden Auffassung ist daher Art. 228 Abs. 2 Unterabs. 2 S. 2 EG sowohl grammatikalisch als auch systematisch und teleologisch dahingehend auszulegen, dass die Kommission kumulativ die Verhängung eines Pauschalbetrages und eines Zwangsgelds beantragen kann. Dieser Auslegung hat sich nunmehr auch der *EuGH* in seinem jüngst ergangenen Urteil „Fischerei II“[155] angeschlossen, in welchem er gegen Frankreich sowohl einen Pauschalbetrag von 20.000.000 € als auch ein Zwangsgeld in Höhe von 57.761.250 € je Sechsmonatszeitraum ab Verkündung des Urteils verhängte, in welchem das Ersturteil noch nicht umgesetzt war. Wenngleich die Kommission bei Erhebung der Klage lediglich die Verhängung eines Zwangsgeldes vorgeschlagen hatte, hatte GA *Geelhoed* in seinen Schlussanträgen zutreffend darauf hingewiesen, dass es nicht alleiniger Zweck der finanziellen Sanktionen gemäß Art. 228 Abs. 2 EG ist, die letztendliche Pflichterfüllung des beklagten Staates zu bewirken, sondern auch eine Präventivwirkung zu entfalten.[156] Im Fall „Fischerei II“ sollte durch die Verhängung des Pauschalbetrages auf die langjährige Missachtung gemeinschaftsrechtlicher Vorschriften von Seiten Frankreichs reagiert werden, während das Zwangsgeld an den nach wie vor bestehenden rechtswidrigen Zustand anknüpfte und diesen möglichst rasch beenden sollte.[157]

e) Die Berechnung von Zwangsgeldern

Zur Frage der im konkreten Fall angemessenen Sanktionshöhe hat die Kommission in ihrer dritten Mitteilung zur Anwendung von Art. 228 Abs. 2 EG Leitlinien aufgestellt. Mit der Maßgabe, dass das Zwangsgeld sowohl angemessen als auch abschreckend sein muss[158], geht sie von einem Tagessatz aus, welcher durch die Multiplikation vierer Elemente berechnet wird: einem einheitlichen Grundbetrag von derzeit 600,- EUR (G), einem von der Schwere des konkreten Vertragsverstoßes abhängigen Schwerekoeffizienten (Sk), einem entsprechenden Dauerkoeffizienten (Dk) sowie einem festen Länderfaktor (n), der sowohl

[155] *EuGH*, Slg. 2005, I-6263 ff., Rs. C-304/02 – Kommission / Frankreich („Fischerei II“).

[156] GA *Geelhoed*, Slg. 2005, I-6263 (Nr. 87), Rs. C-304/02 – Kommission / Frankreich („Fischerei II“).

[157] *EuGH*, Slg. 2005, I-6263 (Rn. 81), Rs. C-304/02 – Kommission / Frankreich („Fischerei II“); GA *Geelhoed*, Slg. 2005, I-6263 (Nr. 95), Rs. C-304/02 – Kommission / Frankreich („Fischerei II“).

[158] 3. KOM-Mitteilung, Nr. 7 f.

die Zahlungsfähigkeit des betreffenden Mitgliedstaates als auch die Gewichtung seiner Stimmen im Rat berücksichtigt.[159]

Einen weiteren Gesichtspunkt, welcher in die Berechnung des Zwangsgeldes einzubeziehen ist, offenbarte das Urteil des EuGH in der Rechtssache „Badegewässer II".[160] Nachdem die Umsetzung des Ersturteils „Badegewässer I" ausgeblieben war, hatte die Kommission ein Verfahren nach Art. 228 Abs. 2 EG gegen Spanien eingeleitet und die Verhängung eines tageweisen Zwangsgeldes in Höhe von 45 600 Euro beantragt. Bei der Festlegung des beantragten Zwangsgeldes ging die Kommission von etwa 20 % nichtrichtlinienkonformen Badegewässern im spanischen Hoheitsgebiet aus. Jedoch musste die Umsetzung der Verpflichtungen Spaniens aus der RL 76/160 notwendigerweise schrittweise erfolgen, so dass ein Zwangsgeld der Art, wie es die Kommission vorgeschlagen hatte, bei einem Rückgang des genannten Prozentsatzes im Laufe der spanischen Umsetzungsmaßnahmen unverhältnismäßig geworden wäre.[161] Da das Zwangsgeld (ebenso wie der Pauschalbetrag) nach dem Verfahren des Art. 228 Abs. 2 EG einmalig durch den EuGH festgesetzt wird und auch nicht etwa, wie von der Kommission damals vorgeschlagen, auf Antrag des sanktionierten Mitgliedstaates durch die Kommission (!) reduziert werden kann[162], musste die Berechnung so erfolgen, dass ein prozentualer Rückgang etwaiger Umsetzungsdefizite automatisch mit vollzogen wurde. Dementsprechend berechnete der EuGH in seinem Urteil „Badegewässer II" den Tagessatz des verhängten Zwangsgeldes so, dass letzteres für jedes Prozent der spanischen Badegewässer anfiel, welches die Anforderungen der RL 76/160 zum Zeitpunkt der Fälligkeit des Zwangsgeldes[163] nicht erfüllte.[164] Nur auf diese Weise konnte sichergestellt werden, dass das verhängte Zwangsgeld den Anforderungen des Verhältnismäßigkeitsgrundsatzes genügte.

Diese richtungweisende Methode hat sich die Kommission nunmehr zu eigen gemacht und will sie auf alle Fallkonstellationen anwenden, in denen eine ma-

[159] Ebd., Nr. 14 ff. (Punkt 18.2).

[160] *EuGH*, Slg. 2003, I-14141 ff., Rs. C-278/01 – Kommission / Spanien („Badegewässer II").

[161] *EuGH*, Slg. 2003, I-14141 (Rn. 49), Rs. C-278/01 – Kommission / Spanien („Badegewässer II"); GA *Mischo*, Slg. 2003, I-14141 (Nr. 89), Rs. C-278/01 – Kommission / Spanien („Badegewässer II").

[162] Siehe Standpunkt der *Kommission* bei GA *Mischo*, Slg. 2003, I-14141 (Nr. 83 f.), Rs. C-278/01 – Kommission / Spanien („Badegewässer II").

[163] Siehe dazu unten S. 55.

[164] *EuGH*, Slg. 2003, I-14141 (Rn. 62), Rs. C-278/01 – Kommission / Spanien („Badegewässer II"); GA *Mischo*, Slg. 2003, I-14141 (Nr. 89), Rs. C-278/01 – Kommission / Spanien („Badegewässer II").

thematische Anpassung des Zwangsgeldes an die Fortschritte bei der Umsetzung des Ersturteils möglich ist.[165]

f) Die Berechnung von Pauschalbeträgen

Vor dem „Fischerei II-Urteil" des EuGH hielt die Kommission das Zwangsgeld noch für das geeignetste Mittel, um die schnellstmögliche Beendigung eines Vertragsverstoßes zu erreichen[166] und hatte sich die Beantragung eines Pauschalbetrages lediglich vorbehalten, ohne jedoch eine Berechnungsgrundlage für diese Sanktionsform zu entwickeln. Unter Berücksichtigung der jüngsten Rechtsprechung des *EuGH* hat die Kommission diesen Ansatz in ihrer dritten Mitteilung zur Anwendung von Art. 228 Abs. 2 EG zu Recht aufgegeben und neben einem länderabhängigen, festen Mindestpauschalbetrag[167] eine Berechnungsformel für Pauschalbeträge vorgelegt, die im Wesentlichen derjenigen für Zwangsgelder entspricht.[168] Abweichend von letzterer beträgt jedoch der derzeitige Grundbetrag für Pauschalbeträge 200,- EUR; an die Stelle des Dauerkoeffizienten (Dk) tritt die Dauer des Vertragsverstoßes in Tagen (Vd), gerechnet ab dem Zeitpunkt der Verkündung des Ersturteils bis zum Zeitpunkt der Beendigung des Vertragsverstoßes, jedoch nicht länger als bis zum Zeitpunkt der Verkündung des Zweiturteils.[169]

g) Die Fälligkeit von Zwangsgeldern

In aller Regel dürfte die beabsichtigte Beugewirkung des Zwangsgeldes am besten erreicht werden, wenn dieses täglich und nicht in größeren Zeiträumen fällig wird.[170] Dies wird durch den Umstand verstärkt, dass dem Mitgliedstaat bis zur Entscheidung des EuGH in aller Regel genügend Zeit zur Verfügung stand, seinen Vertragsverstoß zu beenden, so dass er an der Einräumung einer weiteren Frist regelmäßig kein schutzwürdiges Interesse hat.

Von diesem Grundsatz ist jedoch abzuweichen, wenn besondere Umstände des Einzelfalls eine tägliche Fälligkeit des Zwangsgeldes als unverhältnismäßig erscheinen lassen. Illustriert sei dies erneut an der Rechtssache „Badegewässer II". Wie bereits erwähnt, beantragte dort die Kommission, gegen Spanien wegen Nichtumsetzung des Urteils „Badegewässer I" ein tägliches Zwangsgeld in Hö-

---

165 3. KOM-Mitteilung, Punkt 13.2.

166 1. KOM-Mitteilung, Nr. 4; siehe auch 3. KOM-Mitteilung, Nr. 10.

167 3. KOM-Mitteilung, Nr. 20.

168 Ebd., Nr. 19 ff. (24).

169 Andernfalls könnte der EuGH keinen Fixbetrag verhängen, so dass es sich nicht mehr um einen Pauschalbetrag handeln würde.

170 Vgl. Auffassung der *Kommission* bei GA *Geelhoed,* Slg. 2005, I-6263 (Nr. 82), Rs. C-304/02 – Kommission / Frankreich („Fischerei II"); *Heidig,* Zwangsgelder, S. 139.

he von 45.600 Euro zu verhängen.[171] Jedoch war und ist bei der RL 76/160, um deren Nichtumsetzung es in der Rechtssache „Badegewässer I" ging, die Besonderheit zu berücksichtigen, dass der mitgliedstaatliche Bericht über die Durchführung der Richtlinie gemäß Art. 13 Unterabs. 1 S. 1 RL 76/160 *jährlich* erfolgt. Der Bericht wird anhand eines Fragebogens erstellt, der den Mitgliedstaaten von der Kommission übersandt wird (Art. 13 Unterabs. 1 S. 2 und 3 RL 76/160). Vor Ablauf des von der Richtlinie vorgegebenen Beurteilungszeitraums ist daher seitens der Kommission keinerlei Feststellung möglich, ob und inwieweit der jeweilige Mitgliedstaat der Richtlinie bereits nachgekommen ist.[172] Ein täglich anfallendes Zwangsgeld wäre demnach zwangsläufig für ein ganzes Jahr zu zahlen. Dies kann jedoch zu der Situation führen, dass Zahlungen auch für einen Zeitraum zu leisten sind, in dem die mit der Richtlinie auferlegten Anforderungen bereits erfüllt waren, was sich nur nachträglich feststellen ließe.[173] In einer derartigen Fallkonstellation kann daher ein verhängtes Zwangsgeld sinnvollerweise nur jährlich nach der Präsentation des Jahresberichts über die Durchführung der Richtlinie durch den betreffenden Mitgliedstaat fällig werden.[174] Entsprechend entschied der EuGH in der Rechtssache „Badegewässer II".[175]

In der Rechtssache „Fischerei II" setzte der EuGH eine halbjährliche Fälligkeit des gegen Frankreich verhängten Zwangsgeldes fest. Dies war dem Umstand geschuldet, dass Frankreich eine Reihe gesetzgeberischer und administrativer Maßnahmen zur verbesserten Anwendung der Kontrollverordnungen getroffen hatte, die allerdings noch so in die Praxis umzusetzen waren, dass sich ihre Wirksamkeit auf das gesamte französische Hoheitsgebiet erstrecken konnte; hinzu kam, dass die Kommission erklärtermaßen zusätzliche Informationen benötigte, um feststellen zu können, ob die französische Verwaltungspraxis den Vorschriften der Kontrollverordnungen mittlerweile genügte, die Überprüfung

---

171 Siehe GA *Mischo,* Slg. 2003, I-14141 (Nr. 11), Rs. C-278/01 – Kommission / Spanien („Badegewässer II").

172 *EuGH,* Slg. 2003, I-14141 (Rn. 44), Rs. C-278/01 – Kommission / Spanien („Badegewässer II").

173 Vgl. Stellungnahme der spanischen Regierung bei GA *Mischo,* Slg. 2003, I-14141 (Nr. 79 f.), Rs. C-278/01 – Kommission / Spanien („Badegewässer II"); *EuGH,* Slg. 2003, I-14141 (Rn. 45), Rs. C-278/01 – Kommission / Spanien („Badegewässer II").

174 GA *Mischo,* Slg. 2003, I-14141 (Nr. 93 ff.), Rs. C-278/01 – Kommission / Spanien („Badegewässer II").

175 *EuGH,* Slg. 2003, I-14141 (Rn. 46), Rs. C-278/01 – Kommission / Spanien („Badegewässer II").

der tatsächlichen Umsetzung des Ersturteils folglich nicht vor Ablauf einer gewissen Zeitspanne erfolgen konnte.[176]

Es bleibt festzuhalten, dass die Beugewirkung des Zwangsgeldes grundsätzlich am besten bei täglicher Fälligkeit erreicht werden kann. Allerdings können die besonderen Umstände des Einzelfalls es rechtfertigen, ein längeres Fälligkeitsintervall zu wählen. Um die Effektivität des Verfahrens nicht zu untergraben und keine weitere Nachlässigkeit des verurteilten Mitgliedstaates zu begünstigen, sollte von diesem Vorgehen jedoch restriktiv und nur dann Gebrauch gemacht werden, wenn der Verhältnismäßigkeitsgrundsatz es erfordert.

h) Pflicht zur Benennung einer Sanktion?

Fraglich ist, ob die Kommission bei einer Anrufung des EuGH in jedem Fall dazu verpflichtet ist, auch die Verhängung einer Sanktion zu beantragen oder ob sie sich damit begnügen kann, die Nichtumsetzung des Ersturteils feststellen zu lassen. Die Kommission zieht einen Verzicht auf die Beantragung einer Sanktion etwa bei minder schweren Verstößen oder einer geringen Wiederholungsgefahr in Betracht.[177] In der Literatur wird überwiegend davon ausgegangen, dass die Kommission, wenn sie sich dazu entschließt, den EuGH anzurufen, auch eine konkrete Sanktion beantragen muss.[178] Für diese Auffassung spricht zunächst der Wortlaut des Art. 228 Abs. 2 Unterabs. 2 S. 2 EG, wonach die Kommission eine konkrete Sanktion *benennt* und nicht etwa benennen *kann.*[179] Wie schon im Falle der Eröffnung des Vorverfahrens gemäß Art. 226 Unterabs. 1 EG bzw. Art. 228 Abs. 2 Unterabs. 1 EG[180] ist jedoch auch hier anzumerken, dass der deskriptive Charakter der Formulierung auch eine Auslegung im Sinne eines Ermessens zuließe, so dass das Wortlautargument der herrschenden Auffassung nicht zwingend ist. Bezüglich der Einleitung des Vorverfahrens wurde oben dargelegt, dass Art. 228 Abs. 2 Unterabs. 1 EG so auszulegen ist, dass die Kommission grundsätzlich zur Verfahrenseinleitung verpflichtet ist, jedoch in begründeten Ausnahmefällen, wie etwa bei Bagatellverstößen oder hochpolitischen Angelegenheiten, davon absehen kann. Dies würde angesichts der vergleichbaren grammatischen Ausgestaltung von Art. 228 Abs. 2 Unterabs. 1 und

176 *EuGH,* Slg. 2005, I-6263 (Rn. 111), Rs. C-304/02 – Kommission / Frankreich („Fischerei II"); GA *Geelhoed,* Slg. 2005, I-6263 (Nr. 105), Rs. C-304/02 – Kommission / Frankreich („Fischerei II").

177 1. KOM-Mitteilung, Nr. 3.

178 *Bonnie,* ELRev 23 (1998), 537 (545 f.); *Diez-Hochleitner,* RMUE 1994, 111 (146, 159); *Gaitanides,* in: Groeben/ Schwarze (Hrsg.), EUV/EGV, Art. 228 EG Rn. 15; *Heidig,* Zwangsgelder, S. 105; *Schwarze,* in: Schwarze (Hrsg.), EU-Kommentar, Art. 228 EG Rn. 8.

179 *Bonnie,* ELRev 23 (1998), 537 (545).

180 Siehe oben S. 29 und 40.

Art. 228 Abs. 2 Unterabs. 2 S. 2 EG dafür sprechen, bezüglich der Beantragung einer Sanktion durch die Kommission dieselbe Auslegung zu wählen.

Ohne Bedeutung ist die Frage dann, wenn schon zur Einleitung des Verfahrens nach Art. 228 Abs. 2 EG keine Pflicht bestand. In einem solchen Fall stünde der Kommission nach wie vor das mildere Vertragsverletzungsverfahren gemäß Art. 226 EG zur Verfügung. Da die Verfahren gemäß Art. 226 EG und Art. 228 Abs. 2 EG bis auf die Beantragung einer Sanktion bei Klageerhebung identisch ausgestaltet sind, muss die Kommission also im Zeitpunkt der Klageerhebung entscheiden können, ob sie Klage gemäß Art. 226 EG oder gemäß Art. 228 Abs. 2 EG erheben will. Will die Kommission keine Sanktion beantragen, so kann sie auf Art. 226 EG zurückgreifen, ohne dass die Auslegung des Art. 228 Abs. 2 EG bemüht werden muss. War die Kommission dagegen zur Einleitung eines Verfahrens gemäß Art. 228 Abs. 2 EG verpflichtet, so muss sie im Falle einer Klage auch zur Beantragung einer Sanktion verpflichtet sein, da andernfalls das gesetzliche Spezialitätsverhältnis zwischen Art. 228 Abs. 2 EG und Art. 226 EG ausgehöhlt[181] und die Wirksamkeit des Verfahrens nach Art. 228 Abs. 2 EG beeinträchtigt würde. Da es sich in diesen Fällen weder um Bagatellverstöße noch um hochpolitische Fälle handelt[182], ist hier auch kein praktisches Bedürfnis dafür ersichtlich, von der Beantragung einer Sanktion abzusehen. Im Ergebnis ist die Kommission bei Klageerhebung zur Beantragung einer Sanktion immer dann verpflichtet, wenn sie auch zur Einleitung des Verfahrens nach Art. 228 Abs. 2 EG verpflichtet war.

i) Fristen

Eine Frist, innerhalb derer die Kommission Klage erheben muss, ist in Art. 228 Abs. 2 Unterabs. 2 S. 1 EG ebenso wenig vorgesehen wie in Art. 226 Unterabs. 2 EG. Es steht daher grundsätzlich im pflichtgemäßen Ermessen der Kommission, wann sie gegen einen Mitgliedstaat Klage gemäß Art. 228 Abs. 2 Unterabs. 2 S. 1 EG erheben will.[183]

---

181 Zum Spezialitätsverhältnis zwischen Art. 226 EG und Art. 228 Abs. 2 EG siehe oben S. 33.

182 Wie bereits oben (S. 47) dargelegt, ist die Kommission in diesen Fällen gerade nicht zur Einleitung eines Verfahrens gemäß Art. 228 Abs. 2 EG verpflichtet.

183 *Heidig*, Zwangsgelder, S. 106; vgl. auch – jeweils zu Art. 226 EG – *EuGH*, Slg. 1995, S. I-1097 (1131), Rs. C-422/92 – Kommission / Deutschland; *Gaitanides*, in: Groeben/ Schwarze (Hrsg.), EUV/EGV, Art. 226 EG Rn. 43; *Karpenstein/ Karpenstein*, in: Grabitz/ Hilf (Hrsg.), EUV/EGV, Art. 226 EG Rn. 68; *Schwarze*, in: Schwarze (Hrsg.), EU-Kommentar, Art. 226 EG Rn. 22.

k) Der maßgebliche Zeitpunkt zur Beurteilung eines Verstoßes gegen Art. 228 Abs. 1 EG

Welcher Zeitpunkt für die Beurteilung der Frage maßgeblich ist, ob der beklagte Mitgliedstaat seinen Verpflichtungen aus dem Ersturteil i. V. m. Art. 228 Abs. 1 EG nachgekommen ist, ergibt sich fast automatisch aus den bereits oben dargelegten Funktionen von Zwangsgeld und Pauschalbetrag. Da das Zwangsgeld als Beugemittel primär auf die tatsächliche Abstellung des Vertragsverstoßes abzielt, muss der maßgebliche Zeitpunkt zwangsläufig derjenige der Entscheidung durch den EuGH bzw. der Schluss der mündlichen Verhandlung sein.[184] Hat der beklagte Mitgliedstaat in diesem Zeitpunkt das Ersturteil bereits umgesetzt, so wäre ein Zwangsgeld von vornherein gegenstandslos und kann daher nicht mehr verhängt werden. Anders stellt sich die Sachlage im Falle eines Pauschalbetrages dar, welcher primär eine Präventivfunktion besitzt. Wie bereits dargelegt, kann an der Ahndung eines Vertragsverstoßes auch dann ein gemeinschaftliches Interesse bestehen, wenn dieser im Zeitpunkt der gerichtlichen Entscheidung nicht mehr vorliegt, so dass auch frühere Zeitpunkte in Betracht kommen. Die zeitliche Untergrenze ergibt sich unmittelbar aus Art. 228 Abs. 2 Unterabs. 2 S. 1 EG. Dort ist vorgesehen, dass die Kommission nur dann Klage erheben kann, wenn nach Ablauf der in der begründeten Stellungnahme bestimmten Frist der Vertragsverstoß des betroffenen Mitgliedstaates noch andauert.[185]

l) Das Urteil des EuGH

Stellt der EuGH fest, dass der beklagte Mitgliedstaat dem Ersturteil tatsächlich nicht oder nur ungenügend nachgekommen ist, kann er den Mitgliedstaat gemäß Art. 228 Abs. 2 Unterabs. 3 EG zur Zahlung eines Pauschalbetrages und/oder eines Zwangsgeldes verurteilen. Einigkeit besteht in Rechtsprechung und Literatur darüber, dass der EuGH bei der Verhängung einer Sanktion nicht strikt an den Antrag der Kommission gebunden ist, sondern über eigenes Ermessen verfügt.[186] Dies entspricht auch dem Wortlaut des Art. 228 Abs. 2 Unterabs. 3 EG,

---

[184] *EuGH*, Slg. 2000, I-5047 (Rn. 44), Rs. C-387/97 – Kommission / Griechenland; GA *Ruiz-Jarabo Colomer*, Slg. 2000, I-5047 (Nr. 58), Rs. C-387/97 – Kommission / Griechenland; *Heidig*, Zwangsgelder, S. 108; *Karpenstein/ Karpenstein*, in: Grabitz/ Hilf (Hrsg.), EUV/EGV, Art. 228 EG Rn. 41.

[185] Vgl. zum maßgeblichen Beurteilungszeitpunkt für die Verhängung eines Pauschalbetrages *Heidig*, Zwangsgelder, S. 108.

[186] *EuGH*, Slg. 2000, I-5047 (Rn. 89), Rs. C-387/97 – Kommission / Griechenland; *EuGH*, Slg. 2003, I-14141 (Rn. 41), Rs. C-278/01 – Kommission / Spanien („Badegewässer II"); GA *Mischo*, Slg. 2003, I-14141 (Nr. 91), Rs. C-278/01 – Kommission / Spanien („Badegewässer II"); GA *Fennelly*, Slg. 2000, I-8609 (Nr. 25), Rs. C-197/98 – Kommission / Griechenland; GA *Geelhoed*, Slg. 2005, I-6263 (Nr. 84), Rs. C-304/02 – Kommission / Frankreich („Fischerei II"); *Diez-Hochleitner*, RMUE 1994, 111 (146); *Gaitanides*, in:

welcher vorsieht, dass der EuGH einen Pauschalbetrag oder ein Zwangsgeld verhängen *kann*. Da der EuGH demzufolge auf die Verhängung einer Sanktion ganz verzichten kann[187], muss er notwendigerweise auch die von der Kommission geforderte Sanktion abmildern können.[188] Umstritten ist jedoch, ob der EuGH über die von der Kommission vorgeschlagene Sanktionshöhe auch hinausgehen oder einen anderen als den vorgeschlagenen Sanktionstyp wählen darf. In der Literatur wird zum Teil vertreten, der EuGH dürfe über den Antrag der Kommission nicht hinausgehen, da er ansonsten gegen den Grundsatz „ne ultra petita" verstoße.[189] Ob jedoch dieser Grundsatz auf das Verfahren gemäß Art. 228 Abs. 2 EG Anwendung finden kann, ist zweifelhaft. Dagegen spricht zunächst der Wortlaut des Art. 228 Abs. 2 Unterabs. 3 EG, der besagt, dass der EuGH „die Zahlung eines Zwangsgelder oder eines Pauschalbetrages verhängen" *kann*. Der Sanktionsvorschlag der Kommission wird hier nicht erwähnt. Weder in Bezug auf die Sanktionshöhe noch auf den Sanktionstyp lässt die Formulierung daher eine Ermessensbeschränkung erkennen. Da sich das Verfahren des Art. 228 Abs. 2 EG auf die Nichtumsetzung des Ersturteils bezieht und nicht auf die Vertragsverletzung, welche dem Ersturteil zugrunde liegt, erscheint es auch sachgerecht, dem Gerichtshof ein weites Ermessen bei der Verhängung einer Sanktion einzuräumen.[190] Der Kommission kommt in Bezug auf die Sanktionsverhängung gerade keine Entscheidungsbefugnis zu, wie dies noch in Art. 88 EGKSV der Fall war.[191] Folglich besteht kein Anlass dazu, eine begrenzte Überprüfungskompetenz des EuGH anzunehmen. Da es sich bei dem Verfahren nach Art. 228 Abs. 2 EG zudem um ein objektives Beanstandungs- und nicht um ein kontradiktorisches Verfahren handelt[192], findet der Grundsatz „ne ultra petita" hier keine Anwendung, so dass es dem EuGH freisteht, eine höhere oder auch eine andere Sanktion als die von der Kommission vorgeschlagene zu ver-

---

Groeben/ Schwarze (Hrsg.), EUV/EGV, Art. 228 EG Rn. 21; *Heidig*, Zwangsgelder, S. 155; *Karpenstein/ Karpenstein*, in: Grabitz/ Hilf (Hrsg.), EUV/EGV, Art. 228 EG Rn. 39; restriktiver GA *Ruiz-Jarabo Colomer*, Slg. 2000, I-5047 (Nr. 87 ff.), Rs. C-387/97 – Kommission / Griechenland („Gefährliche Abfälle II"), der von einem eingeschränkten Ermessen des EuGH ausgeht.

187 *Gaitanides*, in: Groeben/ Schwarze (Hrsg.), EUV/EGV, Art. 228 EG Rn. 21; *Karpenstein/ Karpenstein*, in: Grabitz/ Hilf (Hrsg.), EUV/EGV, Art. 228 EG Rn. 39; *Schwarze*, in: Schwarze (Hrsg.), EU-Kommentar, Art. 228 EG Rn. 10.

188 Ebd.

189 *Ehricke*, in: Streinz (Hrsg.), EUV/EGV, Art. 228 EG Rn. 13; *Gaitanides*, in: Groeben/ Schwarze (Hrsg.), EUV/EGV, Art. 228 EG Rn. 21; *Karpenstein/ Karpenstein*, in: Grabitz/ Hilf (Hrsg.), EUV/EGV, Art. 228 EG Rn. 40; *Middeke/ Szczekalla*, JZ 1993, 284 (287 f.); *Wägenbaur*, Everling-FS, S. 1611 (1620).

190 GA *Fennelly*, Slg. 2000, I-8609 (Nr. 25), Rs. C-197/98 – Kommission / Griechenland.

191 *Ders.*, Nr. 31.

192 Vgl. *Diez-Hochleitner*, RMUE 1994, 111 (146); *Tezcan*, REDP 1998, 39 (59, Fn. 58).

hängen.[193] In den Urteilen „Gefährliche Abfälle II“ und „Badegewässer II“ hat der EuGH jeweils ausdrücklich unterstrichen, dass die Sanktionsvorschläge der Kommission lediglich einen Ausgangspunkt darstellen und den Gerichtshof in keiner Weise binden können.[194] Im Urteil „Fischerei II“ ist er sodann ausdrücklich über den Vorschlag der Kommission hinausgegangen und hat neben dem beantragten Zwangsgeld zugleich auch einen Pauschalbetrag verhängt.[195]

Bei seiner Entscheidung hat der EuGH die Grundsätze der Verhältnismäßigkeit und der Gleichbehandlung zu berücksichtigen. Von den transparenten und fundierten Berechnungen der Kommission[196] wird der EuGH daher faktisch nicht ohne tragfähige Begründung abweichen können.[197]

m) Einleitung des Verfahrens durch einen anderen Mitgliedstaat

Entgegen vereinzelten Stimmen im Schrifttum steht die Möglichkeit der Einleitung eines Sanktionsverfahrens gemäß Art. 228 Abs. 2 EG ausschließlich der Kommission offen, nicht dagegen einem anderen Mitgliedstaat.[198] Dies ergibt sich zum einen aus dem klaren Wortlaut des Art. 228 Abs. 2 Unterabs. 1 und 2 EG, welcher ausschließlich auf die Kommission Bezug nimmt.[199] Des Weiteren sieht Art. 228 Abs. 2 Unterabs. 4 EG vor, dass Art. 228 Abs. 2 EG den Art. 227 EG unberührt lässt. Dies bedeutet zum einen, dass Art. 228 Abs. 2 EG lex specialis ausschließlich gegenüber Art. 226 EG und nicht auch gegenüber Art. 227 EG ist und dass zudem die Mitgliedstaaten ein Zweitverfahren ausschließlich gemäß Art. 227 EG initiieren, also keine Sanktion beantragen können.[200]

---

193 Ebenso *EuGH,* Slg. 2005, I-6263 (Rn. 91), Rs. C-304/02 – Kommission / Frankreich („Fischerei II“); Slg. 2000, I-5047 (Rn. 89), Rs. C-387/97 – Kommission / Griechenland („Gefährliche Abfälle II“); *EuGH,* Slg. 2003, I-14141 (Rn. 41), Rs. C-278/01 – Kommission / Spanien („Badegewässer II“); GA *Mischo,* Slg. 2003, I-14141 (Nr. 91), Rs. C-278/01 – Kommission / Spanien („Badegewässer II“); GA *Fennelly,* Slg. 2000, I-8609 (Nr. 25), Rs. C-197/98 – Kommission / Griechenland; GA *Geelhoed,* Slg. 2005, I-6263 (Nr. 84), Rs. C-304/02 – Kommission / Frankreich („Fischerei II“); *Cornils,* Staatshaftungsanspruch, S. 160; *Diez-Hochleitner,* RMUE 1994, 111 (146); *Heidig,* Zwangsgelder, S. 155 ff.; *Mori,* RDI 1994, 58 (76); a. A. *Karpenstein/ Karpenstein,* in: Grabitz/ Hilf (Hrsg.), EUV/EGV, Art. 228 EG Rn. 40 m. w. N.

194 *EuGH,* Slg. 2000, I-5047 (Rn. 89), Rs. C-387/97 – Kommission / Griechenland („Gefährliche Abfälle II“); *EuGH,* Slg. 2003, I-14141 (Rn. 41), Rs. C-278/01 – Kommission / Spanien („Badegewässer II“).

195 *EuGH,* Slg. 2005, I-6263 ff., Rs. C-304/02 – Kommission / Frankreich („Fischerei II“).

196 Siehe oben S. 53 ff.

197 Vgl. auch *Diez-Hochleitner,* RMUE 1994, 111 (146); *Heidig,* Zwangsgelder, S. 159.

198 So auch *Heidig,* Zwangsgelder, S. 89 f.; *Karpenstein/ Karpenstein,* in: Grabitz/ Hilf (Hrsg.), EUV/EGV, Art. 228 EG Rn. 2.

199 *Heidig,* Zwangsgelder, S. 90.

200 *Ders.,* S. 90 f.

n) Anwendbarkeit des Art. 228 Abs. 2 EG auf die Sonderverfahren

Ohne Probleme anwendbar ist Art. 228 Abs. 2 EG auf die modifizierten Vertragsverletzungsverfahren gemäß Art. 88 Abs. 2, 95 Abs. 9 und 298 Unterabs. 2 EG, da diese bis auf die Ausschaltung des Vorverfahrens strukturell mit dem Vertragsverletzungsverfahren gemäß Art. 226 bis 228 Abs. 1 EG identisch sind.[201] Schwierigkeiten bereitet dagegen die Frage, ob Art. 228 Abs. 2 EG auch auf die echten Sonderverfahren in Art. 237 lit. a und d EG Anwendung findet.

Bezüglich des Verfahrens nach Art. 237 lit. a EG wird dies von einem Teil der Literatur angenommen.[202] Dies wird damit begründet, dass Art. 237 lit. a EG dem Verwaltungsrat der EIB „die der Kommission im Verfahren nach Art. 226 zustehenden Befugnisse" in einem Verfahren gegen Mitgliedstaaten zuweise. Damit ergebe sich ohne weiteres auch die Geltung des mit Art. 226 EG untrennbar verbundenen Art. 228 EG in seiner Gesamtheit, so dass in Art. 237 lit. a EG eine Verweisung auf Art. 228 EG überflüssig sei.[203] Ferner wird vorgebracht, aus der Tatsache, dass durch den Maastrichter Vertrag Art. 180 EWGV (jetzt Art. 237 EG) ebenso wie Art. 171 EWGV geändert worden sei, Art. 180 lit. a EWGV jedoch gerade keine Modifizierung erfahren habe, lasse sich der Schluss ziehen, dass für Art. 180 lit. a EGV gerade weiterhin die Geltung des gesamten Art. 171 EGV gewollt war.[204] Entgegen dieser Auffassung ist jedoch die Anwendung des heutigen Art. 228 Abs. 2 EG auf das Verfahren nach Art. 237 lit. a EG abzulehnen.[205] Zwar ist einzuräumen, dass auch vor der Einfügung des Art. 171 Abs. 2 durch den Maastrichter Vertrag Art. 180 lit. a EWGV keinen Verweis auf Art. 171 EWGV enthielt und letzterer dennoch unzweifelhaft zur Anwendung kam[206]; eine ausdrückliche Bezugnahme auf Art. 171 EWGV war jedoch deshalb entbehrlich, weil Art. 180 lit. a EWGV lediglich auf die Befugnisse der Kommission im Verfahren nach Art. 169 EWGV (jetzt Art. 226 EG) verwies, Art. 171 EWGV (jetzt Art. 228 Abs. 1 EG) dagegen das Urteil des EuGH und seine Rechtswirkungen regelte. Dass letztere Vorschrift mangels einer abweichenden Regelung auch auf Art. 180 lit. a Anwendung finden musste, liegt auf der Hand. Damit ist zugleich nach heutiger Rechtslage auch Art. 228 Abs. 1 EG auf Art. 237 lit. a EG anzuwenden. Dies gilt allerdings nicht automa-

201 *Ders.*, S. 172 f.

202 *Gaitanides*, in: Groeben/ Schwarze (Hrsg.), EUV/EGV, Art. 237 EG Rn. 6; *Heidig*, Zwangsgelder, S. 174; *Schwarze*, in: Schwarze (Hrsg.), EU-Kommentar, Art. 237 EG Rn. 3, 10; *Wegener*, in: Calliess/ Ruffert (Hrsg.), EUV/EGV, Art. 237 EG Rn. 2.

203 *Schwarze*, in: Schwarze (Hrsg.), EU-Kommentar, Art. 226 EG Rn. 10.

204 *Heidig*, Zwangsgelder, S. 174.

205 So auch *Borchardt*, in: Lenz (Hrsg.), EUV/EGV, Art. 237 EG Rn. 8; *Ehricke*, in: Streinz (Hrsg.), EUV/EGV, Art. 237 EG Rn. 9; *Karpenstein*, in: Grabitz/ Hilf (Hrsg.), EUV/EGV, Art. 237 EG Rn. 11; *Krück*, in: GTE, Art. 180 EGV Rn. 6; *Waelbroeck*, in: Mégret u. a. (Hrsg.), CEE, Art. 180 EGV, Nr. 2 (S. 375).

206 *Heidig*, Zwangsgelder, S. 174.

tisch auch für Art. 228 Abs. 2 EG, wo auch Handlungsbefugnisse der Kommission festgelegt werden. Da Art. 237 lit. a EG dem Verwaltungsrat der EIB ausdrücklich nur „die der Kommission *in Artikel 226* übertragenen Befugnisse" zuweist, kann Art. 228 Abs. 2 EG nicht erfasst sein. Zwar hätte es nicht der Aufnahme einer Parallelregelung zu Art. 228 Abs. 2 EG in Art. 237 lit. a EG bedurft, um entsprechende Befugnisse zu begründen, doch hätte gemäß dem Prinzip der begrenzten Einzelermächtigung die Formulierung etwa dahingehend lauten müssen, dass dem Verwaltungsrat der EIB die der Kommission in Art. 226 sowie Art. 228 Abs. 2 EG übertragenen Befugnisse zustehen. Da eine derartige Modifizierung des Art. 180 lit. a EWGV bei der Aufnahme des Art. 171 Abs. 2 in den Vertrag nicht stattgefunden hat, ist Art. 228 Abs. 2 EG auf das Sonderverfahren nach Art. 237 lit. a EG nicht anwendbar.[207]

Im Verfahren nach Art. 237 lit. d S. 2 EG stehen dem Rat der EZB gegenüber den nationalen Zentralbanken diejenigen Befugnisse zu, „die der Kommission in Artikel 226 gegenüber den Mitgliedstaaten eingeräumt werden". Im Gegensatz zu Art. 237 lit. a EG enthält Art. 237 lit. d S. 3 EG eine dem Art. 228 Abs. 1 EG entsprechende Regelung. Da jedoch nicht gleichzeitig auch ein inhaltliches Pendant zu Art. 228 Abs. 2 EG in die Regelung aufgenommen wurde, ist hieraus zu schließen, dass Art. 228 Abs. 2 EG auf das Verfahren gemäß Art. 237 lit. d EG keine Anwendung finden sollte.[208] Angesichts dieses bewussten Verzichts auf eine entsprechende Ausgestaltung des Art. 237 lit. d EG kann von einer planwidrigen Regelungslücke nicht gesprochen werden, so dass auch eine analoge Anwendung von Art. 228 Abs. 2 EG ausscheidet.[209]

§ 2 Die Verhängung von Geldbußen durch den Rat im Rahmen des Haushaltsdefizitverfahrens

Art. 104 Abs. 11 Spiegelstrich 4 EG ermächtigt den Rat, im Rahmen eines bestimmten Verfahrens und unter bestimmten Voraussetzungen die Verhängung einer Geldbuße gegen einen Mitgliedstaat zu beschließen, der gegen seine Ver-

[207] Vgl. *Ehricke*, in: Streinz (Hrsg.), EUV/EGV, Art. 237 EG Rn. 9; *Karpenstein*, in: Grabitz/ Hilf (Hrsg.), EUV/EGV, Art. 237 EG Rn. 11; *Schwarz*, in: Rengeling/ Middeke/ Gellermann (Hrsg.), Rechtsschutz, § 13 Rn. 30.

[208] *Heidig*, Zwangsgelder, S. 176; *Krück*, in: GTE, Art. 180 EGV Rn. 25.

[209] Vgl. im Ergebnis *Borchardt*, in: Lenz (Hrsg.), EUV/EGV, Art. 237 EG Rn. 8; *Heidig*, Zwangsgelder, S. 177; *Krück*, in: GTE, Art. 180 EGV Rn. 25; *Schwarze*, in: Schwarze (Hrsg.), EU-Kommentar, Art. 226 EG Rn. 10; *Waelbroeck*, in: Mégret u. a. (Hrsg.), CEE, Art. 180 EGV, Nr. 2 (S. 375).

pflichtung zur Vermeidung eines übermäßigen öffentlichen Defizits gemäß Art. 104 Abs. 1 EG verstoßen hat.[210]

Das Verfahren nach Art. 104 EG dient dazu, eine solide Haushaltspolitik der Mitgliedstaaten als wesentlichen Baustein der Wirtschafts- und Währungsunion sicherzustellen.[211] Konkretisiert und ergänzt wird Art. 104 EG durch das Protokoll Nr. 20 über das Verfahren bei einem übermäßigen Defizit (Defizitprotokoll), die VO 3605/93[212] sowie diejenigen Rechtsakte, die zusammen den Stabilitäts- und Wachstumspakt bilden[213]; letzteres sind neben der rechtlich unverbindlichen Entschließung des Rates über den Stabilitäts- und Wachstumspakt[214] die VO 1466/97[215] sowie die VO 1467/97[216].

Die aus Art. 104 Abs. 1 EG resultierende Verpflichtung der Mitgliedstaaten zur Vermeidung eines übermäßigen öffentlichen Defizits kann gemäß Art. 104 Abs. 10 EG nicht Gegenstand eines Vertragsverletzungsverfahrens nach Art. 226, 227 EG sein. Die Überwachung der Haushaltsdisziplin der Mitgliedstaaten ist stattdessen durch Art. 104 Abs. 1 bis 9 EG spezialgesetzlich geregelt und erfolgt außergerichtlich unter Beteiligung von Rat und Kommission. Gemäß Art. 104 Abs. 2 EG überwacht die Kommission die Entwicklung öffentlicher Defizite sowie des öffentlichen Schuldenstandes in den Mitgliedstaaten anhand von Referenzkriterien, welche im Defizitprotokoll näher festgelegt sind. Nach gegenwärtiger Rechtslage darf gemäß Art. 1 1. Spiegelstrich Defizitprotokoll das (geplante oder tatsächliche) öffentliche Defizit 3 % des Bruttoinlandsprodukts, gemäß Art. 1 2. Spiegelstrich Defizitprotokoll der öffentliche Schuldenstand

---

210 Auch hier kann auf nationaler Ebene – wie im Falle eines Verfahrens gemäß Art. 228 Abs. 2 EG – eine staatliche Untergliederung für den Verstoß verantwortlich sein (siehe oben S. 28), der allerdings aus gemeinschaftsrechtlicher Sicht wiederum dem Mitgliedstaat als solchem zugerechnet wird. Zur Möglichkeit eines Haftungsregresses des Bundes gegenüber den Ländern siehe die Nachweise bei Fn. 27.

211 *Kempen,* in: Streinz (Hrsg.), EUV/EGV, Art. 104 EG Rn. 3.

212 Verordnung (EG) Nr. 3605/93 des Rates vom 22. November 1993 über die Anwendung des dem Vertrag zur Gründung der Europäischen Gemeinschaft beigefügten Protokolls über das Verfahren bei einem übermäßigen Defizit, ABl. Nr. L 332/7 vom 31.12.1993, zuletzt geändert durch Verordnung (EG) Nr. 2103/2005 des Rates vom 12. Dezember 2005, ABl. Nr. L 337/1 vom 22.12.2005.

213 Die Bezeichnung als „Pakt" suggeriert fälschlicherweise die Vorstellung eines völkerrechtlichen Vertrages zwischen den Mitgliedstaaten. Tatsächlich handelt es sich jedoch um eine sekundärrechtliche Ergänzung zu Art. 104 EG (siehe sogleich).

214 Entschließung des Europäischen Rates vom 17. Juni 1997 über den Stabilitäts- und Wachstumspakt, ABl. Nr. C 236/1 vom 2.8.1997.

215 Verordnung (EG) Nr. 1466/97 des Rates vom 7. Juli 1997 über den Ausbau der haushaltspolitischen Überwachung und der Überwachung und Koordinierung der Wirtschaftspolitiken, ABl. Nr. L 209/1 vom 2.8.1997.

216 Verordnung (EG) Nr. 1467/97 des Rates vom 7. Juli 1997 über die Beschleunigung und Klärung des Verfahrens bei einem übermäßigen Defizit, ABl. Nr. L 209/6 vom 2.8.1997.

60 % des Bruttoinlandsprodukts nicht überschreiten. Sofern ein Mitgliedstaat mindestens einen der beiden Referenzwerte überschreitet und die Kommission infolgedessen zu der Überzeugung gelangt, dass in dem Mitgliedstaat ein übermäßiges Defizit besteht oder droht, legt sie dem Rat gemäß Art. 104 Abs. 5 EG eine Stellungnahme vor, nachdem sie zuvor den Wirtschafts- und Finanzausschuss mit dem Sachverhalt befasst hat (Art. 104 Abs. 3 und 4 EG). Sofern der Rat mit qualifizierter Mehrheit entscheidet, dass in dem betroffenen Mitgliedstaat tatsächlich ein übermäßiges Defizit besteht (Art. 104 Abs. 6 EG), so gibt er dem Mitgliedstaat gegenüber Empfehlungen zur Korrektur dieses Zustandes ab (Art. 104 Abs. 7 EG), die er nach Ablauf einer von ihm gesetzten Frist veröffentlichen kann (Art. 104 Abs. 8 EG), um nötigenfalls weiteren Druck auf den Mitgliedstaat auszuüben. Kommt der Mitgliedstaat den Empfehlungen des Rates weiterhin nicht nach, so kann er gemäß Art. 104 Abs. 9 Unterabs. 1 EG durch Beschluss des Rates in Verzug gesetzt und dazu verpflichtet werden, innerhalb einer bestimmten Frist Abhilfemaßnahmen zum Abbau des öffentlichen Defizits zu ergreifen.

Kommt der Mitgliedstaat dem Ratsbeschluss gemäß Art. 104 Abs. 9 EG nicht oder nur in evident unzureichender Weise nach (Art. 10 Abs. 1 VO 1467/97) oder gelingt es ihm nicht, das übermäßige Defizit innerhalb der gesetzten Frist abzubauen (Art. 10 Abs. 3 VO 1467/97), so kann der Rat auf Empfehlung der Kommission und mit Zweidrittelmehrheit (Art. 104 Abs. 13 EG) beschließen, eine oder mehrere der in Art. 104 Abs. 11 EG vorgesehenen Sanktionen über den Mitgliedstaat zu verhängen bzw. zu verschärfen. Da Art. 104 Abs. 12 EG vorsieht, dass der Rat alle Entscheidungen im Rahmen des Defizitverfahrens nach Art. 104 EG stets insoweit wieder aufhebt, als das übermäßige Defizit in dem betreffenden Mitgliedstaat korrigiert worden ist, ergibt sich hieraus, dass es sich bei den in Art. 104 Abs. 11 EG genannten Maßnahmen nicht um Strafsanktionen, sondern um Beugemittel handelt, die allein auf die Wiederherstellung einer soliden Haushaltslage in dem sanktionierten Mitgliedstaat abzielen.[217] Leitlinien bei der Auswahl der zu verhängenden Sanktion stellen Art. 11-13 VO 1467/97 zur Verfügung. Gemäß Art. 11 VO 1467/97 soll in der Regel die Leistung einer unverzinslichen Einlage gemäß Art. 104 Abs. 11 Spiegelstrich 3 EG verlangt werden, die durch Maßnahmen gemäß Art. 104 Abs. 11 Spiegelstrich 1 und 2 EG ergänzt werden können. Letztere umfassen zum einen die Verpflichtung des Mitgliedstaates, bei der Emission von Wertpapieren ihm ungünstige, vom Rat näher zu bezeichnende Mitteilungen über seine Haushaltslage zu machen (Art. 104 Abs. 11 Spiegelstrich 1 EG), was dazu führen soll, dass die Kapitalmärkte diesen Staat mit Zinsaufschlägen belegen. Zum anderen kann die EIB ersucht, aber nicht verpflichtet werden, eine restriktivere Darle-

[217] *Kempen*, in: Streinz (Hrsg.), EUV/EGV, Art. 104 EG Rn. 37.

henspolitik gegenüber dem Mitgliedstaat zu verfolgen (Art. 104 Abs. 11 Spiegelstrich 2 EG).

Die Höhe der von dem Mitgliedstaat zu leistenden Einlage wird in Art. 12 VO 1467/97 konkretisiert. Sie setzt sich im ersten Jahr der Sanktionierung aus einem festen Bestandteil in Höhe von 0,2% des Bruttoinlandsproduktes (BIP) und einer variablen Komponente in Höhe von 10% der Differenz zwischen dem im Vorjahr erreichten tatsächlichen Defizitwert und dem Referenzwert von 3% zusammen, wobei die Einlage eine absolute Obergrenze in Höhe von 0,5% des BIP nicht überschreiten darf. Für zusätzliche Einlagen, die in den Folgejahren zur Sanktionsverschärfung verlangt werden können, entfällt der feste Bestandteil der ersten Einlage. Auch hier gilt die Obergrenze von 0,5% des BIP.

Hat der Mitgliedstaat zwei Jahre nach dem Beschluss des Rates, von dem Mitgliedstaat die Leistung einer Einlage zu verlangen, das übermäßige Defizit noch nicht korrigiert, so wird die Einlage gemäß Art. 13 VO 1467/97 in der Regel in eine Geldbuße gemäß Art. 104 Abs. 11 Spiegelstrich 4 EG umgewandelt. Das vorliegend untersuchte Szenario der Zahlungsverweigerung eines finanziell sanktionierten Mitgliedstaates kann folglich nach der Konzeption der VO 1467/97 nicht bei der Verhängung einer Geldbuße, sondern nur bei der Verpflichtung zur Leistung einer Einlage eintreten.

Teil 2: Die Durchsetzung finanzieller Sanktionen gegen Mitgliedstaaten

Nachdem der Gang der Sanktionsverfahren nach Art. 228 Abs. 2 EG sowie Art. 104 Abs. 11 EG beleuchtet wurde, ist nunmehr der Frage nachzugehen, wie eine im Rahmen der dargestellten Verfahren verhängte finanzielle Sanktion im Falle der Zahlungsunwilligkeit des betroffenen Mitgliedstaates durchgesetzt werden kann.

§ 1 Zwangsvollstreckung

Zu denken ist zunächst an eine Eintreibung im Wege der Zwangsvollstreckung. Ob eine solche Maßnahme im Rahmen des EG-Vertrages möglich ist, soll im Folgenden untersucht werden.

A. Sanktionen des Rates gemäß Art. 104 Abs. 11 EG

Die einschlägige Bestimmung in Bezug auf die Frage der Vollstreckbarkeit von Sanktionen des Rates gemäß Art. 104 Abs. 11 EG ist die Vorschrift des Art. 256 EG. Gemäß Art. 256 Abs. 1 Hs. 1 EG stellen Entscheidungen des Rates oder der Kommission, die eine Zahlung auferlegen, vollstreckbare Titel dar. Dies gilt jedoch gemäß Art. 256 Abs. 1 Hs. 2 EG nicht gegenüber Staaten. Sofern demnach der Rat im Rahmen eines Defizitverfahrens gemäß Art. 104 EG von dem betroffenen Mitgliedstaat die Leistung einer unverzinslichen Einlage verlangt, steht der Gemeinschaft das Mittel der Zwangsvollstreckung nach der insofern eindeutigen Regelung des Art. 256 Abs. 1 EG nicht zur Verfügung. Dieses Ergebnis kann auch nicht mit dem Hinweis auf die Grundsätze „lex posterior derogat legi priori" sowie „lex specialis derogat legi generali" überwunden werden.[218] Es sind keinerlei grammatikalischen oder systematischen Anhaltspunkte ersichtlich, welche die Regelung des Art. 104 Abs. 11 EG als Spezialregelung gegenüber Art. 256 EG erscheinen lassen. Auch die Tatsache, dass Art. 104 Abs. 11 EG

---

[218] So aber *Blumenwitz/ Schöbener*, Stabilitätspakt, S. 40, der eine Vollstreckungskompetenz der Gemeinschaft aus den Gesichtspunkten der „implied powers" sowie des „effet utile" ableitet.

neueren Datums ist, kann nicht zu der Annahme führen, die Vertragsstaaten hätten in Kenntnis der zentralen Regelung des Art. 256 EG ohne eine entsprechende Klarstellung eine Sonderregelung einführen wollen. Vielmehr ist Art. 104 Abs. 11 EG geradezu ein Paradebeispiel für den Anwendungsbereich von Art. 256 Abs. 1 Hs. 2 EG. Somit ist an dem Ergebnis festzuhalten, dass die Eintreibung unverzinslicher Einlagen gemäß Art. 104 Abs. 11 EG im Wege der Zwangsvollstreckung durch Art. 256 Abs. 1 Hs. 2 EG ausgeschlossen wird.

B. Sanktionsurteile des EuGH gemäß Art. 228 Abs. 2 EG

Unklar ist jedoch, ob dies auch für Sanktionsurteile des EuGH gemäß Art. 228 Abs. 2 EG gilt. Ausgangspunkt für die Frage der Vollstreckbarkeit von Urteilen des EuGH ist die Vorschrift des Art. 244 EG. Dieser bestimmt, dass Urteile des EuGH gemäß Art. 256 EG vollstreckbar sind, verweist also auf die Vorschriften über die Vollstreckbarkeit von Entscheidungen des Rates oder der Kommission. Wie bereits erwähnt, bestimmt Art. 256 Abs. 1 EG, dass nur solche Rats- und Kommissionsentscheidungen vollstreckbare Titel darstellen, die eine Zahlung auferlegen und die sich nicht gegen Staaten richten. Während also Art. 256 Abs. 1 EG die Frage regelt, welche Zahlungsverpflichtungen überhaupt der Vollstreckung unterliegen, regelt Art. 256 Abs. 2 bis 4 EG das Vollstreckungsverfahren. Fraglich ist nun, ob sich die Verweisung des Art. 244 EG lediglich auf die in Art. 256 Abs. 2-4 EG geregelten Vollstreckungsmodalitäten bezieht oder auch auf Art. 256 Abs. 1 EG. Letzteres hätte gemäß Art. 256 Abs. 1 Hs. 2 EG zur Folge, dass die Zwangsvollstreckung von Urteilen des EuGH gegen Mitgliedstaaten und damit insbesondere auch von Sanktionsurteilen gemäß Art. 228 Abs. 2 EG grundsätzlich unzulässig wäre, wovon die in der Literatur vorherrschende Auffassung ausgeht.[219]

---

[219] Vgl. *Amphoux,* in: Ganshof van der Meersch (Hrsg.), Droit des C.E., Nr. 1085 (S. 388); *Basse*, Gerichtsbarkeit, S. 384; *Bérie/ Miller*, Gemeinsamer Markt, Anm. zu Art. 192 EWGV, S. 140; *Bieber/ Epiney/ Haag*, Europäische Union, § 9 Rn. 52, 184; *Böhm*, JZ 2000, 382 (384, Fn. 15); *dies.*, Haftung, 89 (91); *Daig,* AöR 83 (1958), 132 (163); *ders.*, in: GBTE, Art. 187 EWGV Rn. 3; *Diehr*, Staatshaftung, S. 28; *Dietz-Hochleitner*, RMUE 1994, 111 (147); *Furrer/ Epiney*, JZ 1995, 1025 (1029); GA *Mayras*, Schlussanträge Slg. 1977, 934 (935), Rs. 31/77 R und 55/77 R – Kommission / Grossbritannien; *Gedschold*, Zwangsgelder, S. 12 f.; *Gutsche*, Bindungswirkung, S. 48; *Heidig*, EuR 2000, 782 (790); *ders.*, Zwangsgelder, S. 182 f.; *Henrichs*, Haftung, S. 49 f.; *Hölscheidt*, BayVBl. 1997, 459 (461); *Ipsen*, Gemeinschaftsrecht, 26/12 (S. 535); *Karl*, RIW 1991, 745 (748); *Koenig/ Pechtsein/ Sander*, EU-/ EG-Prozessrecht, Rn. 298 f.; *Oppermann*, Europarecht, Rn. 697; *Plouvier*, Décisions, Ziff. 49 (S. 52); *Ritleng,* in: TUE, Art. 171 EGV Ziff. 19; *Schniewind*, Vollstreckung, S. 43; *Schweitzer/ Hummer*, Europarecht, Rn. 582; *Steinhauer*, Auslegung, S. 230; *Teske*, EuR 1992, 265 (279); *ders.*, Deutscher Landesbericht FIDE, S. 111 (121); *Wägenbaur*, Everling-FS, S. 1611 (1621); *Wivenes*, Luxemburgischer Landesbericht FIDE, S. 277 (283); *Wohlfarth u.a. (Hrsg.)*, EWGV, Art. 187 EWGV Ziff. 1;

I. Wortlautaspekte des Art. 244 EG

Wörtlich spricht Art. 244 EG nur von einer Vollstreckbarkeit der Urteile des EuGH „gemäß Art. 256" und lässt insofern auf den ersten Blick keine Beschränkung auf bestimmte Teile des Art. 256 EG erkennen. Aus diesem Grund wird verschiedentlich angenommen, angesichts des „klaren Wortlauts" von Art. 244 EG, der ohne jede Einschränkung auf Art. 256 EG verweise, müsse für die Vollstreckbarkeit von EuGH-Urteilen auch die Einschränkung des Art. 256 Abs. 1 Hs. 2 EG zugunsten von Staaten gelten.[220]

II. Systematik

1) Entscheidungen des Rates oder der Kommission (Art. 256 Abs. 1 EG)

Unter systematischen Gesichtspunkten ist jedoch gegen eine Einbeziehung von Art. 256 Abs. 1 Hs. 2 EG in die Verweisung des Art. 244 EG einzuwenden, dass Art. 256 Abs. 1 Hs. 2 EG entgegen dem äußeren Anschein eine untrennbare Sinneinheit mit Art. 256 Abs. 1 Hs. 1 EG bildet, so dass sich Art. 244 EG allenfalls auf Art. 256 Abs. 1 EG insgesamt beziehen könnte.[221] Demnach wären nicht nur Urteile des EuGH gegen Staaten von der Zwangsvollstreckung ausgenommen, sondern auch solche, die keinen Zahlungstitel enthalten. Letzteres wird jedoch auch von der herrschenden Auffassung zu Recht abgelehnt, da kein plausibler Grund dafür ersichtlich ist, weshalb Urteile, die zwar keine Zahlung auferlegen, jedoch einen vollstreckungsfähigen Inhalt in Form einer sonstigen

---

Zuleeg, Recht der EG, S. 386; siehe auch die amtlichen Erläuterungen zu Art. 187 EWGV, BTDrucks. 1957, Nr. 3440 Anlage C, S. 149.

220 Vgl. *Gedschold*, Zwangsgelder, S. 12 f.; *Härtel*, EuR 2001, 617 (621); *Heidig*, EuR 2000, 782 (790); *ders.*, Zwangsgelder, S. 180 f.; im Ergebnis auch *Bieber/ Epiney/ Haag*, Europäische Union, § 9 Rn. 52; *Dietz-Hochleitner*, RMUE 1994, 111 (147); *Furrer/ Epiney*, JZ 1995, 1025 (1029); *Gutsche*, Bindungswirkung, S. 48; *Hölscheidt*, BayVBl. 1997, 459 (461); *Ipsen*, Gemeinschaftsrecht, 26/12 (S. 535); *Karl*, RIW 1991, 745 (748); *Schniewind*, Vollstreckung, S. 43; *Schweitzer/ Hummer*, Europarecht, Rn. 582; *Steinhauer*, Auslegung, S. 230; *Teske*, EuR 1992, 265 (279); *Wägenbaur*, Everling-FS, S. 1611 (1621); *Wohlfarth u.a. (Hrsg.)*, EWGV, Art. 187 EWGV Ziff. 1, die ebenso auf Art. 244 (ex-Art. 187), 256 EG (ex-Art. 192) abstellen.

221 Schwer nachzuvollziehen daher die Differenzierung von *Daig*, AöR 83 (1958), 132 (163), der die Nichtvollstreckbarkeit gegen Mitgliedstaaten aus Art. 256 Abs. 1 EG (ex-Art. 192) ableitet, bezüglich der Beschränkung auf Zahlungsanordnung aber von der Unanwendbarkeit des Art. 256 Abs. 1 EG (ex-Art. 192) ausgeht; vgl. auch den Standpunkt der Bundesregierung in den amtlichen Erläuterungen zu Art. 187 EWGV, BT-Drucks. 1957, Nr. 3440 Anlage C, S. 149; *Wohlfarth u.a. (Hrsg.)*, EWGV, Art. 187 EWGV Ziff. 1.

Leistungspflicht besitzen, generell nicht der Zwangsvollstreckung unterliegen sollten.[222]

Wenn demnach die herrschende Auffassung in der Literatur die Verweisung des Art. 244 EG auf Art. 256 Abs. 1 Hs. 2 EG, inkonsequenterweise jedoch nicht auf Art. 256 Abs. 1 Hs. 1 EG erstrecken will, so mag dies unter anderem auf die redaktionell verunglückte deutschen Sprachfassung des Art. 256 Abs. 1 EG zurückzuführen sein, die durch den zwischen Hs. 1 und Hs. 2 eingefügten Strichpunkt eine inhaltliche Zäsur suggeriert. Dass eine solche Zäsur nicht beabsichtigt war, zeigt ein Vergleich mit anderen Sprachfassungen des Art. 256 Abs. 1 EG. Die englische Fassung spricht hier von „decisions [...] which impose a pecuniary obligation on persons other than States", die französische von „décisions [...] qui comportent, à la charge des personnes autres que les États, une obligation pécuniaire", die italienische von „decisioni [...] che importano, a carico di persone che non siano gli Stati, un obbligo pecuniario", die spanische von „decisiones [...] que impongan una obligación pecuniaria a personas distintas de los Estados". In Übereinstimmung hiermit ist die deutsche Fassung von Art. 256 Abs. 1 EG daher folgendermaßen zu lesen: „Die Entscheidungen des Rates oder der Kommission, die eine Zahlung auferlegen und sich nicht an Staaten richten, sind vollstreckbare Titel".[223] Da die Unterteilung in Halbsätze nur in der deutschen Fassung existiert, bildet hier Art. 256 Abs. 1 Hs. 2 EG eine untrennbare Sinneinheit mit Art. 256 Abs. 1 Hs. 1 EG[224], so dass die Frage der Einbeziehung von Art. 256 Abs. 1 Hs. 1 und 2 EG in die Verweisung des Art. 244 EG nur einheitlich beantwortet werden kann.

Dass sich Art. 244 EG nicht auf Art. 256 Abs. 1 EG bezieht, ergibt sich in systematischer Hinsicht daraus, dass Art. 256 Abs. 1 EG speziell in Bezug auf die Entscheidungen des Rates oder der Kommission den Kreis vollstreckbarer Titel definiert[225] („Die Entscheidungen des Rates oder Kommission, *die eine*

---

[222] Im Ergebnis einhellige Meinung, vgl. *Borchardt,* in: Lenz (Hrsg.), EUV/EGV, Art. 244 EG Rn. 4; *Wegener,* in: Calliess/ Ruffert (Hrsg.), EUV/EGV, Art. 244 EG Rn. 2; *Gaitanides,* in: Groeben/ Schwarze (Hrsg.), EUV/EGV, Art. 228 EG Rn. 22, Art. 244 EG Rn. 2, 4; *Heidig,* Zwangsgelder, S. 180; *Ehricke,* in: Streinz (Hrsg.), EUV/EGV, Art. 244 EG Rn. 3; *Schwarze,* in: Schwarze (Hrsg.), EU-Kommentar, Art. 244 EG Rn. 2 f.

[223] In demselben Sinne wohl auch *EuGH,* Slg. 1977, 445 (462), verb. Rs. 41, 43, 44/73 – SA Générale Sucrière.

[224] Vgl. *Cornils,* Staatshaftungsanspruch, S. 164; *Daig,* in: GBTE, Art. 187 EWGV Rn. 3; *Krück,* in: GTE, Art. 187 EGV Rn. 7; *Lasok,* European Court of Justice, S. 321; *Waelbroeck,* in: Mégret u. a. (Hrsg.), CEE, Art. 187 EGV, Nr. 1, 3 (S. 409 f.).

[225] Zumindest in Bezug auf Art. 256 Abs. 1 Hs. 1 EG ist dies praktisch einhellige Meinung, vgl. *Cornils,* Staatshaftungsanspruch, S. 163; *Daig,* in: GBTE, Art. 187 EWGV Rn. 3; *Krück,* in: GTE, Art. 187 EGV Rn. 3; *Ehle,* EWG-Prozessrecht, Art. 187 EWGV Rn. 1; *Heidig,* Zwangsgelder, S. 180; *Lasok,* European Court of Justice, S. 321; *Waelbroeck,* in: Mégret u. a. (Hrsg.), CEE, Art. 187 EGV, Nr. 1, 3 (S. 409 f.); a. A. *Dauses,* in : Dauses

Zahlung auferlegen [...]"), während Art. 244 EG lediglich das Verfahren im Auge hat, welches auf die Zwangsvollstreckung von Urteilen des EuGH Anwendung finden soll. Dass es hier nicht ebenso wie in Art. 256 Abs. 1 EG um eine Definition vollstreckbarer Titel geht, legen zunächst die unterschiedlichen Formulierungen beider Vorschriften nahe: Während Art. 256 Abs. 1 Hs.1 EG bestimmt, dass Zahlungsanordnungen von Rat oder Kommission vollstreckbare Titel „*sind*", bezeichnet Art. 244 EG die Urteile des EuGH als „*gemäß Art. 256 vollstreckbar*". In der französischen Textversion des EG[226] heißt es zu den Urteilen des EuGH „ont force exécutoire *dans les conditions* de l'article 256", während Art. 256 EG bezüglich der Entscheidungen von Rat und Kommission die Formulierung „*forment* titre exécutoire" wählt.[227] Gleiches gilt etwa für die italienische[228] (Art. 244: „forza esecutiva *alle condizioni* fissate dall'articolo 256"; Art. 256 Abs. 1: „*costituiscono* titolo esecutivo") sowie die spanische Textversion[229] (Art. 244: „fuerza ejecutiva *en las condiciones* que establece el artículo 256"; Art. 256 Abs. 1: „*serán* títulos ejecutivos"). Demnach geben die anderen sprachlichen Fassungen des Art. 244 EG die deutsche Formulierung „*gemäß*" etwa mit „*dans les conditions*", „*under the conditions*", „*alle condizioni*" bzw. „*en las condiciones*" wieder, sprechen also wörtlich übersetzt von den „Bedingungen" der Zwangsvollstreckung. Letztere haben jedoch mit der Definition vollstreckbarer Titel, wie sie in Art. 256 Abs. 1 EG vorgenommen wird, nichts zu tun[230], so dass Art. 256 Abs. 1 EG von Art. 244 EG insgesamt nicht erfasst sein kann.

2) Kostenfestsetzungsbeschlüsse des EuGH (Art. 74 § 2 VerfO-EuGH)

Ein weiteres systematisches Argument dafür, dass Art. 244, 256 EG die Vollstreckbarkeit von Urteilen des EuGH gegen Mitgliedstaaten nicht ausschließen, ergibt sich aus Art. 74 § 2 VerfO-EuGH. Dieser Vorschrift kann entnommen werden, dass auch Kostenfestsetzungsbeschlüsse des EuGH gegen Mitgliedstaaten vollstreckbar sind. Hieran zeigt sich, dass die Gemeinschaftsrechtsordnung

---

(Hrsg.), EU-Wirtschaftsrecht, P IV Rn. 82; wohl auch GA *Mayras*, Slg. 1977, 934 (935), Rs. 31/77 R und 55/77 R – Kommission / Grossbritannien.

[226] http://europa.eu.int/eur-lex/fr/treaties/dat/EC_consol.pdf.

[227] Demgegenüber wählt die englische Fassung (http://europa.eu.int/eur-lex/en/treaties/dat/EC_consol.pdf) in beiden Vorschriften die Formulierung „shall be enforceable", bleibt insofern also unklar.

[228] http://europa.eu.int/eur-lex/it/treaties/dat/EC_consol.pdf.

[229] http://europa.eu.int/eur-lex/es/treaties/dat/EC_consol.pdf.

[230] So auch die Bundesregierung in den amtlichen Erläuterungen zu Art. 187 EWGV, BT-Drucks. 1957, Nr. 3440 Anlage C, S. 149; *Daig*, in: GBTE, Art. 187 EWGV Rn. 3; *Wohlfarth u.a. (Hrsg.)*, EWGV, Art. 187 EWGV Ziff. 1.

eine Vollstreckung gegen Mitgliedstaaten durchaus kennt.[231] Allerdings wird dem wertenden Vergleich mit der Vorschrift des Art. 74 § 2 VerfO-EuGH teilweise entgegengehalten, aus dem gemeinschaftsrechtlich verankerten Prinzip der begrenzten Einzelermächtigung ergebe sich, dass jede Vollstreckungsmaßnahme, welche nicht ausdrücklich im Gemeinschaftsrecht festgeschrieben sei, einen unzulässigen Eingriff in die mitgliedstaatliche Souveränität darstelle.[232] Die Zwangsvollstreckung aus Kostenfestsetzungsbeschlüssen nach Art. 74 § 2 VerfO-EuGH sei daher nur ausnahmsweise zulässig.[233] Nach dieser Argumentation würde jedoch eine Norm des Sekundärrechts (Art. 74 § 3 VerfO-EuGH) eine Ausnahme von Normen des Primärrechts (Art. 244, 256 EG), also von höherrangigen Normen bilden, ohne dass das Primärrecht den Gemeinschaftsgesetzgeber zu einer derartigen Ausnahme ermächtigen würde. Eine derartige sekundärrechtliche Norm müsste aber als gemeinschaftsrechtswidrig betrachtet werden. Die besseren Gründe sprechen daher dafür, Art. 74 § 2 VerfO-EuGH als verfahrensrechtliche Konkretisierung der Art. 244, 256 EG – bezogen auf Kostenfestsetzungsbeschlüsse des EuGH – zu verstehen und somit als Indiz dafür anzusehen, dass Art. 244, 256 EG die Vollstreckung von Entscheidungen des EuGH gegenüber Mitgliedstaaten prinzipiell zulassen.

3) Parallelvorschriften des EAG

Vergleicht man die Regelungen der Art. 228, 244, 256 EG mit den entsprechenden Vorschriften des strukturell gleichen EAG-Vertrages, so fallen Unterschiede in der Ausgestaltung auf, aus der sich Rückschlüsse bezüglich der Reichweite von Art. 244 EG und damit der Frage der Zwangsvollstreckung gegen Mitgliedstaaten im Anwendungsbereich des EG-Vertrages ziehen lassen. So enthält der EAG-Vertrag in Art. 143 Abs. 2 eine praktisch wortgleiche Parallelvorschrift zu Art. 228 Abs. 2 EG[234], die es ebenso ermöglicht, einen Mitgliedstaat, der ein gegen ihn ergangenes Vertragsverletzungsurteil nicht beachtet, in einem Sanktionsverfahren zur Zahlung eines Pauschalbetrages oder eines Zwangsgeldes zu verurteilen. Des Weiteren deckt sich die Vorschrift des Art. 159 EAG, welche

[231] Vgl. *Cornils*, Staatshaftungsanspruch S. 164; *Ehle*, EWG-Prozessrecht, Art. 187 EWGV Rn. 6; *Klinke*, Gerichtshof, Rn. 211; *Krück*, in: GTE, Art. 187 EGV Rn. 8; *Schniewind*, Vollstreckung, S. 29 f.; *Schwarze*, in: Schwarze (Hrsg.), EU-Kommentar, Art. 244 EG Rn. 3.

[232] *Härtel*, EuR 2001, 617 (621); *Heidig*, EuR 2000, 782 (790); *ders.*, Zwangsgelder, S. 181; *Klinke*, Gerichtshof, Rn. 211; *Schwarze*, in: Schwarze (Hrsg.), EU-Kommentar, Art. 244 EG Rn. 1.

[233] *Klinke*, Gerichtshof, Rn. 211.

[234] Der einzige Unterschied besteht darin, dass nach Art. 164 EAG die Mitgliedstaaten die national für die Erteilung der Vollstreckungsklausel zuständige Behörde nicht nur der Kommission und dem Gerichtshof, sondern auch dem EAG-Schiedsausschuss mitteilen müssen.

für die Vollstreckbarkeit der Urteile des EuGH auf Art. 164 EAG verweist, mit der Verweisung in Art. 244 EG. Demgegenüber enthält Art. 164 EAG, die Parallelvorschrift des EAG-Vertrages zu Art. 256 EG, keine dem Art. 256 Abs. 1 EG entsprechende Regelung, erklärt also weder Entscheidungen des Rates oder der Kommission, welche eine Zahlung auferlegen, für vollstreckbar, noch schließt sie Staaten als potentielle Vollstreckungsgegner aus. Da auch die Verweisungsnorm des Art. 159 EAG keine Einschränkung der Vollstreckbarkeit zugunsten von Staaten enthält, muss jedenfalls im Geltungsbereich des EAG-Vertrages eine Zwangsvollstreckung gegen Staaten möglich sein.[235] Fraglich ist, ob die Auslegung von Art. 159 EAG für die Auslegung von Art. 244 EG von Bedeutung sein kann.

In der Literatur hat insbesondere *Bleckmann* die Existenz einer einheitlichen Europäischen Rechtsordnung aufgezeigt, deren Trägerin eine „Europäische Gemeinschaft im weiteren Sinne" ist.[236] Zwischen den Normenkomplexen des EG- und des EAG-Vertrages besteht eine funktionelle Einheit[237], welche sich in einer strukturellen Gleichheit, insbesondere aber auch in der gemeinsamen organisationsrechtlichen Grundlage niederschlägt.[238] Demzufolge sind die Gründungsverträge als Teile eines umfassenden Gesamtvertrages aufzufassen[239], so dass zwischen ihnen die Regeln der systematischen Auslegung zur Anwendung gelangen können.[240] Diese intervertragliche systematische Auslegung rechtfertigt sich aus der engen institutionellen und materiellen Verknüpfung zwischen den drei Gemeinschaften sowie aus der erkennbaren Gesamtkonzeption ähnlicher Funktionsmodelle für die Gemeinschaftsorgane und die in den Verträgen vorgenommene Begründung paralleler Freiheiten.[241] Wegen der strukturellen Gemeinsamkeiten ist auch der Analogieschluss zwischen den Verträgen prinzipiell möglich.[242]

Angesichts der wörtlichen Übereinstimmung der Verweisungsnormen in Art. 159 EAG und Art. 244 EG erscheint es zweifelhaft, ob letzterem allein deshalb ein abweichender Regelungsinhalt zuerkannt werden kann, weil der in Bezug

---

[235] In diesem Sinne auch *Lasok*, European Court of Justice, S. 320.

[236] *Bleckmann*, EuR 1978, 95 (102).

[237] Vgl. *EuGH*, Slg. 1960, 823 (849), verb. Rs. 27 u. 39/59 – Campolongo.

[238] Vgl. *Constantinesco*, Recht der EG, S. 165.

[239] Vgl. *Bieber*, Verfassungsentwicklung, S. 63; *Carstens*, ZaöRVR 18 (1957/58), 459 (459); Constantinesco, Recht der EG, S. 165.

[240] *EuGH*, Slg. 1958, 9 (27), Rs. 9/56 – Meroni & Co; Slg. 1960, 1163 (1184 f.), Rs. 6/60 – Humblet; Slg. 1964, 417 (431 f.), Rs. 101/63 – Wagner; *Bieber/ Epiney/ Haag*, Europäische Union, § 6 Rn. 14; *Bleckmann*, Europarecht, Rn. 172 f.; *ders.*, EuR 1978, 95 (103).

[241] *Bieber/ Epiney/ Haag*, Europäische Union, § 6 Rn. 14; *Bleckmann*, Europarecht, Rn. 172 ff.

[242] Vgl. etwa *EuGH*, Slg. 1964, 417 (432 f.), Rs. 101/63 – Wagner; *Kokott*, in: Streinz (Hrsg.), EUV/EGV, Art. 305 EG Rn. 4; *Bleckmann*, Europarecht, Rn. 173.

genommene Art. 256 EG gegenüber Art. 164 EAG eine zusätzliche Regelung enthält, welche den Kreis der vollstreckbaren Titel um Zahlungsanordnungen des Rates oder der Kommission erweitert. Systematische Gesichtspunkte sprechen vielmehr dafür, den Regelungsinhalt der Verweisungsnormen in Art. 159 EAG und Art. 244 EG als identisch anzusehen. Art. 244 EG verweist demnach ebenso wie Art. 159 EAG lediglich auf Vorschriften des Vollstreckungsverfahrens, also lediglich auf Art. 256 Abs. 2 bis 4 EG.

Nicht überzeugen kann demgegenüber die Auffassung *Oppermanns*, der (ohne nähere Begründung) umgekehrt davon ausgeht, Art. 256 Abs. 1 EG gelte entsprechend im EAG-Vertrag.[243] Zwar schließt Art. 305 Abs. 2 EG, welcher bestimmt, dass die Vorschriften des EG-Vertrages diejenigen des EAG-Vertrages unberührt lassen, die Möglichkeit einer entsprechenden Anwendung von Vorschriften des EG-Vertrages auf den EAG-Vertrag nicht aus; diese Bestimmung resultiert jedoch aus dem Grundsatz „lex specialis derogat legi generali“[244], woraus zu folgern ist, dass eine entsprechende Anwendung von Vorschriften des EG-Vertrages jedenfalls dort ausscheidet, wo das Vertragswerk des EAG-Vertrages eine abschließende Regelung getroffen hat. Letzteres ist durch Auslegung der entsprechenden Vorschriften des EAG-Vertrages zu ermitteln.[245] Da EAG- und EG-Vertrag zeitgleich unterzeichnet wurden, kann angesichts des praktisch identischen Wortlauts von Art. 164 EAG und Art. 256 Abs. 2 bis 4 EG kaum davon ausgegangen werden, dass im Vollstreckungsrecht des EAG-Vertrages eine ausfüllbare Regelungslücke besteht. Vielmehr erscheint es nahe liegend, dass die Vertragsstaaten für die Vollstreckungsregelung des EAG-Vertrages bewusst auf eine Parallelvorschrift zu Art. 256 Abs. 1 EG verzichtet haben. Da in Art. 164 EAG Zahlungsanordnungen des Rates oder der Kommission nicht in den Kreis der vollstreckbaren Titel aufgenommen wurden, erübrigte sich auch eine dem Art. 256 Abs. 1 HS. 2 EG entsprechende Klausel, welche Staaten hiervon ausnahm. In systematischer Hinsicht spricht daher die Regelung der Art. 159, 164 EAG dafür, dass Art. 244 EG nur auf Art. 256 Abs. 2 bis 4 EG verweist, die Zwangsvollstreckung aus Entscheidungen des EuGH gegenüber Mitgliedstaaten im Allgemeinen und Sanktionsurteilen gemäß Art. 228 Abs. 2 EG im Besonderen also prinzipiell möglich ist.

4) Regelungsziel des Art. 228 EG

Demgegenüber wird verbreitet angenommen, Art. 228 EG überlasse es dem im Rechtsstreit unterlegenen Mitgliedstaat, eigenverantwortlich die zur Umsetzung

---

243 Vgl. *Oppermann*, Europarecht, Rn. 697.

244 Vgl. *Wegener*, in: Calliess/ Ruffert (Hrsg.), EUV/EGV, Art. 305 EG Rn. 3.

245 Vgl. *Wegener*, in: Calliess/ Ruffert (Hrsg.), EUV/EGV, Art. 305 EG Rn. 5.

des Urteils erforderlichen Maßnahmen zu treffen.[246] Die Gründungsväter der Gemeinschaften seien davon ausgegangen, eine mit Autorität des Gerichtshofs festgestellte Gemeinschaftsrechtsverletzung werde unverzüglich abgestellt.[247] Angesichts der Einigung auf gemeinsame Ziele sei kein Grund dafür ersichtlich, diese Ziele später zu sabotieren.[248] Infolgedessen sei eine Vollstreckbarkeit der EuGH-Urteile nicht vorgesehen gewesen.[249]

Hierbei gilt es allerdings zu bedenken, dass das Verfahren gegen einen Mitgliedstaat wegen einer Vertragsverletzung bis zur Einführung des Sanktionsverfahrens nach Art. 228 Abs. 2 EG nicht über ein Feststellungsurteil hinausging. Ein solches verfügt jedoch bereits seiner Rechtsnatur nach über keinerlei vollstreckungsfähigen Inhalt. Infolgedessen war die Frage nach der Vollstreckung von EuGH-Urteilen lange Zeit weitgehend akademischer Natur.[250] Seit der Einführung des Sanktionsverfahrens nach Art. 228 Abs. 2 EG mündet jedoch das Vertragsverletzungsverfahren des EG-Vertrages – bei entsprechendem Verfahrensverlauf – in ein echtes Leistungsurteil[251], das seiner Rechtsnatur nach grundsätzlich auch einer Vollstreckung zugänglich ist. Zwar hat nach dem Wortlaut des unverändert gebliebenen Art. 228 Abs. 1 EG der im Vertragsverletzungsverfahren unterlegene Staat „die Maßnahmen zu ergreifen, die sich aus dem Urteil des Gerichtshofs ergeben", was im Ergebnis einen Ermessensspielraum hinsichtlich der Umsetzung des Vertragsverletzungsurteils bedeutet; jedoch ergibt sich aus einem im Rahmen eines Zweitverfahrens ausgesprochenen Sanktionsurteil nach Art. 228 Abs. 2 EG ohne weiteres die Pflicht des verurteilten Mitgliedstaates, die ihm auferlegte Zahlung zu leisten. Mangels Ermessensspielraums des Mitgliedstaates kann hier der Inhalt eines solchen EuGH-Urteils nicht mehr als Indiz gegen seine Vollstreckbarkeit gewertet werden. Da sich zudem Art. 228 Abs. 1 EG ausschließlich auf das Urteil im Rahmen eines Vertragsverletzungsverfahrens gemäß Art. 226 EG bzw. Art. 227 EG bezieht, kann hieraus nicht auf die Nichtvollstreckbarkeit von Sanktionsurteilen gemäß Art. 228 Abs. 2 EG geschlossen werden.

---

[246] So *Borchardt/Klinke*, in: Grabitz/ Hilf (Hrsg.), EUV/EGV, Altband II, Art. 187 EGV Rn. 8; *Daig*, in: GBTE, Art. 187 EWGV Rn. 3; *Schwarze*, in: Schwarze (Hrsg.), EU-Kommentar, Art. 244 EG Rn. 1.

[247] Vgl. *Daig*, in: GBTE, Art. 169 EWGV Rn. 2; *Karl*, RIW 1991, 745 (746); *Nicolaysen*, Europarecht I, S. 237.

[248] *Nicolaysen*, Europarecht I, S. 237.

[249] Vgl. *Daig*, in: GBTE, Art. 169 EWGV Rn. 2; *Karl*, RIW 1991, 745 (746); *Nicolaysen*, Europarecht I, S. 237.

[250] Vgl. *Krück*, in: GTE, Art. 187 EGV Rn. 2; *Lasok*, European Court of Justice, S. 321.

[251] Vgl. *Gedschold*, Zwangsgelder, S. 12; *Härtel*, EuR 2001, 617 (620).

5) Zwischenergebnis

Die systematische Auslegung von Art. 244, 256 EG spricht dafür, dass Art. 256 Abs. 1 EG von der Verweisung in Art. 244 EG nicht erfasst ist.

III. Teleologische Aspekte

1) Die Regelungsgegenstände der Art. 244, 256 EG

In teleologischer Hinsicht spricht hierfür ferner, dass eine Vollstreckbarkeitsanordnung bei Urteilen des EuGH, anders als bei Kommissions- oder Ratsentscheidungen, entbehrlich ist, da Urteile des EuGH bereits ihrer Natur nach vollstreckbare Titel darstellen, sofern sie einen vollstreckbaren Inhalt besitzen.[252] Art. 256 Abs. 1 EG bezweckt demgegenüber, Entscheidungen des Rates und der Kommission, welche nicht bereits per definitionem vollstreckbar sind, in bestimmten Fällen in den Kreis der vollstreckbaren Titel aufzunehmen. Gegenüber Staaten wird dies lediglich mit Rücksicht auf deren besonderen Rang im System der Gemeinschaftsrechtsordnung ausgeschlossen und in diesem Verhältnis eine Letztentscheidung durch den Gerichtshof gesichert.[253] Da folglich der Regelungsgegenstand des Art. 244 EG ein anderer ist als derjenige des Art. 256 Abs. 1 EG[254], muss eine Erstreckung der Verweisung in Art. 244 EG auf Art. 256 Abs. 1 EG auf teleologische Bedenken stoßen.[255]

2) Die Effektivität des Sanktionsverfahrens

Letzteres muss umso mehr gelten, als eine generelle Ausklammerung der Mitgliedstaaten aus dem Adressatenkreis vollstreckbarer EuGH-Entscheidungen die im Maastrichter Vertrag neu aufgenommenen Sanktionsmöglichkeiten des Art. 228 Abs. 2 EG erheblich schwächen würde, wenn nicht gar leer laufen ließe.[256]

---

[252] Vgl. *Ehle*, EWG-Prozessrecht, Art. 187 EWGV Rn. 1; *Borchardt/Klinke*, in: Grabitz/ Hilf (Hrsg.), EUV/EGV, Altband II, Art. 187 EGV Rn. 2; *Gaitanides*, in: Groeben/ Schwarze (Hrsg.), EUV/EGV, Art. 228 EG Rn. 22; *Krück*, in: GTE, Art. 187 EGV Rn. 2.

[253] *Borchardt/Klinke*, in: Grabitz/ Hilf (Hrsg.), EUV/EGV, Altband II, Art. 187 EGV Rn. 2; *Wegener*, in: Calliess/ Ruffert (Hrsg.), EUV/EGV, Art. 244 EG Rn. 1; vgl. auch *Teske*, EuR 1992, 265 (278) mit dem Hinweis auf die Position der Bundesregierung in der Regierungskonferenz zur Politischen Union, die Verhängung einer Sanktion solle nicht ohne Feststellung des Vertragsverstoßes durch den Gerichtshof möglich sein.

[254] *Borchardt/Klinke*, in: Grabitz/ Hilf (Hrsg.), EUV/EGV, Altband II, Art. 187 EGV Rn. 2; *Gaitanides*, in: Groeben/ Schwarze (Hrsg.), EUV/EGV, Art. 228 EG Rn. 22.

[255] *Borchardt/Klinke*, in: Grabitz/ Hilf (Hrsg.), EUV/EGV, Altband II, Art. 187 EGV Rn. 2.

[256] Vgl. *Cornils*, Staatshaftungsanspruch, S. 164; *Dauses*, in : Dauses (Hrsg.), EU-Wirtschaftsrecht, P IV Rn. 85; *Häde*, in: Calliess/ Ruffert (Hrsg.), Art. 104 EG Rn. 60; *Middeke/ Szczekalla*, JZ 1993, 285 (288); *Rinze*, JuS 1993, 264; *Spannowsky*, JZ 1994, 326 (331).

In ständiger Rechtsprechung legt der EuGH seiner Auslegung der Gemeinschaftsverträge das auf teleologischer Auslegung beruhende Prinzip des „effet utile" zugrunde, welches die volle Sinnentfaltung der Vorschriften der Gemeinschaftsrechtsordnung bzw. die Erzielung ihrer „praktischen Wirksamkeit" gewährleisten soll.[257] Der Sinn und Zweck des Sanktionsverfahrens nach Art. 228 Abs. 2 EG besteht darin, die Anwendung des Gemeinschaftsrechts in den Mitgliedstaaten besser zu gewährleisten und das bis zum Maastrichter Vertrag bestehende Durchsetzungsdefizit des Gemeinschaftsrechts durch ein wirkungsvolles Instrumentarium zu reduzieren. Wollte man eine Vollstreckbarkeit eines in diesem Rahmen ergangenen Sanktionsurteils von vornherein ausschließen, wären Ziel und Effektivität dieses Sanktionsverfahrens erheblich in Frage gestellt.[258] Hiergegen wird zum Teil eingewendet, bereits das Inaussichtstellen einer solch empfindlichen Sanktion wie dem Zwangsgeld bzw. dem Pauschalbetrag entfalte eine starke psychologische Wirkung. Der drohende Imageschaden für den betroffenen Mitgliedstaat veranlasse diesen in der Regel, einer Verurteilung durch die letztendliche Umsetzung des zunächst unbeachteten EuGH-Urteils zuvorzukommen. In der Tat entfaltet das Sanktionsverfahren des Art. 228 Abs. 2 EG auch ohne Vollstreckung eine erhebliche Abschreckungswirkung, wie sich den im ersten Teil der Arbeit angeführten statistischen Zahlen entnehmen lässt.[259] Dennoch kann nicht angenommen werden, dass die Mitgliedstaaten im Maastrichter Vertrag bewusst von einer Änderung der Art. 244, 256 EG abgesehen haben, um die Vollstreckbarkeit eines EuGH-Urteils im Einzelfall umgehen zu können.[260] Im Gegenteil hatten sie erklärtermaßen das Ziel, das neu eingeführte Sanktionsmittel auch einzusetzen.[261] Dass sie den sich hieraus ergebenden Konsequenzen durch die unveränderte Übernahme der Art. 244, 256 EG haben ausweichen wollen, erscheint zweifelhaft.[262] Ferner ist zu bedenken, dass auch das herkömmliche Vertragsverletzungsverfahren lange Zeit eine befriedigende Effektivität aufwies, bevor in den Achtziger Jahren die Zahl der von den Mitgliedstaaten begangenen Vertragsverstöße sprunghaft anstieg und

257 Vgl. etwa *EuGH, Slg.* 1970, 825 (838), Rs. 9/70 – Leberpfennig; *EuGH, Slg.* 1979, 1629 (1642), Rs. 148/78 – Ratti, st. Rspr. Vgl. aus der Literatur *Dauses,* in : Dauses (Hrsg.), EU-Wirtschaftsrecht, P IV Rn. 85; *Oppermann,* Europarecht, Rn. 686. Zur Bedeutung des „effet utile"-Gedankens als Auslegungskriterium *Streinz,* Everling-FS, S. 1491 (1492 ff.).

258 Vgl. *Cornils*, Staatshaftungsanspruch, S. 164; *Dauses,* in: Dauses (Hrsg.), EU-Wirtschaftsrecht, P IV Rn. 85; *Gaitanides,* in: Groeben/ Schwarze (Hrsg.), EUV/EGV, Art. 228 EG Rn. 22; *Rinze,* JuS 1993, 264; *Spannowsky,* JZ 1994, 326 (331); vgl. ferner *Blumenwitz/ Schöbener*, Stabilitätspakt, S. 40 f. mit vergleichbaren Überlegungen zu Sanktionen gemäß Art. 104 Abs. 11 EG (ex-Art. 104c).

259 Siehe oben S. 20 f.

260 *Middeke/ Szczekalla*, JZ 1993, 285 (288).

261 Vgl. *Cornils*, Staatshaftungsanspruch, S. 164.

262 *Cornils*, Staatshaftungsanspruch, S. 164; *Middeke/ Szcekalla*, JZ 1993, 285 (288).

man sich schließlich dazu veranlasst sah, das Vertragsverletzungsverfahren um ein drastischeres Sanktionsmittel zu ergänzen.[263] Man wird nicht annehmen können, dass die Mitgliedstaaten bei dieser verschärfenden Neuregelung wiederum nur auf die disziplinierende Wirkung einer möglichen Verurteilung gesetzt haben.

IV. Entstehungsgeschichtliche Aspekte

Aus der nur fragmentarisch über Sekundärquellen dokumentierten Entstehungsgeschichte der Römischen Verträge[264] sowie des Maastrichter Vertrages[265] ergeben sich keinerlei Anhaltspunkte für oder gegen eine Zulässigkeit der Vollstreckung von EuGH-Urteilen gegen Mitgliedstaaten im Allgemeinen sowie von Sanktionsurteilen gemäß Art. 228 Abs. 2 EG im Besonderen. Neben den Fragen des zu implementierenden Sanktionstypus, der zuständigen Organe sowie der verfahrensrechtlichen Ausgestaltung haben sich die Vertragsparteien des Maastrichter Vertrages mit der Vollstreckung der neuartigen Sanktionsurteile offenbar nicht auseinandergesetzt.[266]

V. Unzulässigkeit der Zwangsvollstreckung mangels entsprechender Regelung in manchen Mitgliedstaaten?

Gegen die Zulässigkeit der Vollstreckung von Urteilen gegen Mitgliedstaaten wird zuweilen eingewendet, es sei umso weniger anzunehmen, dass die Mitgliedstaaten die Möglichkeit einer Zwangsvollstreckung gegen sich selbst vorgesehen hätten, als in vielen innerstaatlichen Rechtsordnungen eine Zwangsvollstreckung gegen den Staat nicht vorgesehen sei.[267] Indem jedoch Art. 256 Abs. 2 S. 1 EG auf das nationale Zivilprozessrecht desjenigen Staates verweist, in dessen Hoheitsgebiet die Vollstreckung stattfinden soll, nimmt er Vollstreckungshindernisse durch nationalrechtliche Unterschiede und Besonderheiten ausdrücklich in Kauf. Sollte das Zivilprozessrecht eines Mitgliedstaates, in dessen Hoheitsgebiet die Vollstreckung stattfinden soll, eine Vollstreckung gegen den Staat nicht vorgesehen, so ändert dies nichts an der grundsätzlichen gemein-

---

[263] Vgl. *Heidig*, Sanktionsverfahren, S. 205; *Karpenstein/ Karpenstein*, in: Grabitz/ Hilf (Hrsg.), Art. 228 EG Rn. 19 f.

[264] Die Mitgliedstaaten haben die Vorarbeiten der Römischen Verträge unter Verschluss genommen und so bewusst einer dynamisch-evolutiven Interpretation den Weg geebnet. Vgl. hierzu *Bleckmann*, Europarecht, Rn. 554; *Klein*, in: Graf Vitzthum (Hrsg.), Völkerrecht, 4. Abschnitt Rn. 40.

[265] Vgl. zum Maastrichter Vertrag *Weidenfeld*, Maastricht, S. 91 ff.

[266] Vgl. *Tesauro*, Sanctions, S. 17 (21); *ders.*, FIDE, S. 121 (150).

[267] Vgl. *Dietz-Hochleitner*, RMUE 1994, 111 (147, Fn. 135); *Ritleng*, in: TUE, Art. 171 EGV Ziff. 21; *Schniewind*, Vollstreckung, S. 41; *Vercougstraete*, Belgischer Landesbericht, FIDE, S. 57 (63); *Wivenes*, Luxemburgischer Landesbericht, FIDE 1992, S. 277 (283).

schaftsrechtlichen Zulässigkeit einer Zwangsvollstreckung gegen Mitgliedstaaten[268], sondern stellt aus gemeinschaftsrechtlicher Sicht ein faktisches Vollstreckungshindernis dar. In einem solchen Fall wäre die Gemeinschaft auf andere Mittel und Wege angewiesen, um ein Sanktionsurteil gemäß Art. 228 Abs. 2 EG zwangsweise durchzusetzen.

VI. Unzulässigkeit der Zwangsvollstreckung gegen Mitgliedstaaten aus Geist und Grundhaltung der Verträge?

Für die Unzulässigkeit der Vollstreckung gegen Mitgliedstaaten wird verbreitet angeführt, der Ausschluss der Vollstreckbarkeit von EuGH-Urteilen gegen Mitgliedstaaten folge nicht aus Art. 256 Abs. 1 EG, der in Art. 164 EAG keine Entsprechung habe, sondern vielmehr aus Geist und Grundhaltung der Verträge, mit denen ein so weitreichender Eingriff in die Souveränität der Mitgliedstaaten nicht vereinbar sei.[269] Ein solcher müsse, wenn er denn gewollt sei, ausdrücklich geregelt werden.[270] Das Beharren der Mitgliedstaaten auf der Schonung ihrer Souveränität vermeide auch die Gefährdung des gemeinschaftlichen Integrationskonsenses seitens der Mitgliedstaaten durch Zwangsmaßnahmen.[271] Darüber hinaus fehle es den Gemeinschaften an einer „starken Hand" sowie an einem eigenen Vollstreckungsapparat.[272]

Letzteres ist jedoch auf die strukturellen Eigenarten der Gemeinschaftsrechtsordnung zurückzuführen, die weitestgehend vom mittelbaren Vollzug durch die Mitgliedstaaten geprägt ist.[273] Die Tatsache, dass es nicht die Gemeinschaft selbst ist, welche die Befolgung ihrer Rechtsnormen sicherstellt, ändert nichts an deren Verbindlichkeit. Die Zwangsvollstreckung erfolgt zudem gemäß Art. 256 Abs. 2 und 3 EG im Rahmen der mitgliedstaatlichen Zivilprozessordnungen und durch die innerstaatlich zuständigen nationalen Behörden.[274] Da es sich hier um einen Fall des mittelbaren Gemeinschaftsrechtsvollzuges durch die Mitgliedstaaten handelt[275], erscheint der Eingriff in die mitgliedstaatliche Souveränität schon von seiner Intensität her nicht als mit dem Geist der Gemein-

---

268 Vgl. *Karpenstein/ Karpenstein*, in: Grabitz/ Hilf (Hrsg.), EUV/EGV, Art. 228 EG Rn. 43.

269 *Basse*, Gerichtsbarkeit, S. 384; *Cornils*, Staatshaftungsanspruch, S. 164; *Heidig*, EuR 2000, 782 (790); *ders.*, Zwangsgelder, S. 181; *Schoo*, in: Schwarze (Hrsg.), EU-Kommentar, Art. Art. 256 EG Rn. 6.

270 *Härtel*, EuR 2001, 617 (621); *Heidig*, EuR 2000, 782 (790); *ders.*, Zwangsgelder, S. 181; *Klinke*, Gerichtshof, Rn. 211; *Schwarze*, in: Schwarze (Hrsg.), EU-Kommentar, Art. 244 EG Rn. 1.

271 *Koenig/ Pechtsein/ Sander*, EU-/ EG-Prozessrecht, Rn. 299.

272 Vgl. *Basse*, Gerichtsbarkeit, S. 385; *Bohl*, EuZW 1998, 762 (763); *Ipsen*, Gemeinschaftsrecht, 26/13 (S. 535).

273 Vgl. *Spannowsky*, JZ 1994, 326 (330)

274 Zum gemeinschaftsrechtlichen Vollstreckungsverfahren siehe unten S. 82.

275 Vgl. *Spannowsky*, JZ 1994, 326 (331).

schaftsverträge schlechterdings unvereinbar.[276] Des Weiteren sind, wie bereits gezeigt, etwa auch Kostenfestsetzungsbeschlüsse des EuGH (Art. 74 § 2 VerfO-EuGH), darüber hinaus aber auch Urteile auf Grund einer Schiedsklausel (Art. 238 EG) sowie solche aus Schiedsverträgen (Art. 239 EG) gegen Mitgliedstaaten vollstreckbar[277]. Ist jedoch in diesen Fällen eine Zwangsvollstreckung mit den Prinzipien des EG-Vertrages vereinbar, so erscheint es zweifelhaft, dass sie im Falle eines Sanktionsurteils nach Art. 228 Abs. 2 EG einen unzulässigen Eingriff in die Souveränität der Mitgliedstaaten darstellen soll.

Die Theorie eines vertragsimmanenten Prinzips der Eigenverantwortlichkeit scheint maßgeblich auf eine Überinterpretation des Art. 171 EWGV zurückzugehen, die auf die Interpretation des jetzigen Art. 228 EG durchschlägt. Da Art. 171 EWGV nur die Bestimmung enthielt, dass der im Vertragsverletzungsverfahren unterlegene und verurteilte Mitgliedstaat von sich aus alle Maßnahmen zu treffen hatte, welche zur Umsetzung des Urteils erforderlich waren, hielt man dies offenbar für den Ausfluss eines umfassenden Freiwilligkeitsprinzips. Dieser Eindruck mag noch dadurch verstärkt worden sein, dass, soweit ersichtlich, andere gegen Mitgliedstaaten gerichtete EuGH-Entscheidungen als Vertragsverletzungsurteile nach Art. 171 EWGV (später Art. 171 Abs. 1 EGV bzw. 228 Abs. 1 EG) in der Praxis kaum vorkamen und infolgedessen die Vorschrift des Art. 171 EWGV für die Beurteilung der Vollstreckbarkeit gegen Mitgliedstaaten zentrale Bedeutung besaß. Allerdings lässt die systematische Stellung des jetzigen Art. 228 EG daran zweifeln, dass dieser einen allgemeinen Rechtsgedanken der Nichtvollstreckbarkeit von Titeln gegenüber Mitgliedstaaten verkörpern soll. Die Vorschrift bezieht sich sowohl ihrem Wortlaut als auch ihrer systematischen Stellung nach ausschließlich auf die unmittelbar vorhergehenden Bestimmungen über das Vertragsverletzungsverfahren nach Art. 226, 227 EG. Die mangelnde Vollstreckbarkeit eines Vertragsverletzungsurteils nach Art. 228 Abs. 1 EG beruht weder auf einem in Art. 228 EG zum Ausdruck kommenden Prinzip der Freiwilligkeit, noch auf Art. 256 Abs. 1 EG, sondern schlicht auf seiner Rechtsnatur als Feststellungsurteil.[278] Dies lässt jedoch keinerlei Rückschlüsse auf die Vollstreckbarkeit anderer EuGH-Entscheidungen zu.

Auch ohne eine Verankerung in Art. 228 EG erscheint es fragwürdig, ob die Theorie vom Prinzip der Freiwilligkeit vor dem Hintergrund der fortschreitenden Integration Bestand haben kann. Als Rechtsgemeinschaft ohne elementare Attribute der Staatlichkeit ist die Gemeinschaft zwar in der Tat regelmäßig auf den Willen der Mitgliedstaaten angewiesen, den Normen der Gemeinschafts-

276 So auch im Ergebnis *Lasok*, European Court of Justice, S. 321.
277 *Klinke*, Gerichtshof, Rn. 211.
278 Vgl. *Ehle*, EWG-Prozessrecht, Art. 187 EWGV Rn. 6; *Krück*, in: GTE, Art. 187 EGV Rn. 8; *Gutsche*, Bindungswirkung, S. 48; *Lasok*, European Court of Justice, S. 321.

rechtsordnung Geltung zu verschaffen.[279] Bereits das *BVerfG* charakterisierte jedoch in einer grundlegenden Entscheidung die EG als eine „im Prozess fortschreitender Integration stehende Gemeinschaft eigener Art"[280] und hob damit den bis auf weiteres prozesshaften, in fortschreitender Entwicklung stehenden Wesenszug der Gemeinschaftsgewalt hervor.[281] Infolgedessen müssen ebenso Geist und Grundhaltung der Gemeinschaftsverträge einer dynamischen Entwicklung unterworfen sein, welche zunächst bestehende Grundsätze und strukturelle Eigenheiten durchbrechen oder modifizieren kann. Die Zunahme an Sanktionsregelungen im Vertragswerk lässt einen gemeinschaftlichen Konsens erkennen, die Durchsetzung des Gemeinschaftsrechts gerade nicht mehr der freien Entscheidung der Mitgliedstaaten zu unterstellen. So wurde eine Reihe von Sanktionsmechanismen geschaffen, welche das ehemals vorherrschende Prinzip der Eigenverantwortlichkeit grundlegend modifiziert haben. Neben dem Sanktionsverfahren des Art. 228 Abs. 2 EG betrifft dies etwa die Aussetzung bestimmter Vertragsrechte nach Art. 7 EU, 309 EG sowie die vom EuGH rechtsfortbildend entwickelte gemeinschaftsrechtliche Staatshaftung.[282] Durch die Erweiterung des Vertragsverletzungsverfahrens nach Art. 226, 227 EG um das Sanktionsverfahren gemäß Art. 228 Abs. 2 EG hat das Vertragsverletzungsverfahren insgesamt eine neue Qualität erhalten. Setzte der EWG-Vertrag mit Art. 171 Abs. 1 EG noch ganz auf die Eigenverantwortlichkeit der Mitgliedstaaten, so kann nicht übersehen werden, dass der EG-Vertrag diese Akzentuierung bereits in der Fassung von Maastricht durch die Aufnahme konkreter Sanktionsmaßnahmen aufgegeben hat. Insofern muss dem EG-Vertrag mittlerweile eine grundlegend modifizierte Grundhaltung attestiert werden, welche auch auf die Frage der Vollstreckbarkeit von Urteilen des EuGH durchschlägt. Eine solche steht folglich entgegen der herrschenden Meinung dem Geist und der Grundhaltung der Verträge nicht entgegen.

VII. Das Kriterium der materiellen Vollstreckbarkeit

Entscheidend für die Zulässigkeit der Vollstreckung einer Entscheidung des EuGH nach Art. 244 EG kann nach alledem nur deren materielle Vollstreckbarkeit sein, unabhängig davon, ob sie ein staatliches oder nichtstaatliches Rechtssubjekt zum Adressaten hat.[283] Voraussetzung für die materielle Vollstreckbar-

[279] Vgl. *Oppermann*, Europarecht, Rn. 689.

[280] *BVerfGE* 22, 293 (296).

[281] *Oppermann*, Europarecht, Rn. 891.

[282] Vgl. *Karpenstein/ Karpenstein*, in: Grabitz/ Hilf (Hrsg.), EUV/EGV, Art. 228 EG Rn. 43 (14. EL Oktober 1999); zum Themenkomplex der gemeinschaftsrechtlichen Staatshaftung siehe *Böhm*, Gemeinschaftsrechtliche Staatshaftung.

[283] Vgl. *Jakobs*, in: Rengeling u. a. (Hrsg.), Rechtsschutz, § 30 Rn. 4; *Borchardt/Klinke*, in: Grabitz/ Hilf (Hrsg.), EUV/EGV, Altband II, Art. 187 EGV Rn. 8; *Krück*, in: GTE, Art.

keit einer Entscheidung ist, dass sie eine unbedingte und endgültige Leistungsverpflichtung enthält, die hinsichtlich ihres Inhalts, ihrer Höhe und ihres Adressaten eindeutig und klar ist.[284] Vollstreckbar sind demnach grundsätzlich nur Leistungs-, nicht dagegen Feststellungs- oder Gestaltungsurteile.[285] Da ein Sanktionsurteil nach Art. 228 Abs. 2 EG eine unbedingte, endgültige und inhaltlich klare Leistungsverpflichtung an den betroffenen Mitgliedstaat enthält, ist es folglich materiell vollstreckbar.

VIII. Ergebnis

Festzuhalten bleibt, dass weder die Auslegung der für die Vollstreckung von EuGH-Urteilen einschlägigen Normen noch Geist und Grundhaltung der Verträge die herrschende Auffassung zu stützen vermögen, nach der die Vollstreckung eines EuGH-Urteils gegen einen Mitgliedstaat im Allgemeinen sowie eines Sanktionsurteils gemäß Art. 228 Abs. 2 EG im Besonderen gemeinschaftsrechtlich unzulässig sein soll. Vielmehr ist die Verweisungsnorm des Art. 244 EG dahingehend zu interpretieren, dass sie sich nur auf die Vorschriften über die Vollstreckungsmodalitäten, also auf Art. 256 Abs. 2 bis 4 EG bezieht. Infolgedessen sind auch EuGH-Entscheidungen gegen Mitgliedstaaten grundsätzlich vollstreckbar. Die Zwangsvollstreckung eines Sanktionsurteils gemäß Art. 228 Abs. 2 EG ist demnach in Übereinstimmung mit Art. 244, 256 EG gemeinschaftsrechtlich zulässig.[286]

C. Das gemeinschaftsrechtliche Vollstreckungsverfahren

Die Durchführung der Zwangsvollstreckung richtet sich, wie bereits erwähnt, nach Art. 256 Abs. 2-4 EG.

---

187 EGV Rn. 4; *Schmidt*, in: GTE, Art. 192 EGV Rn. 5; *Ortlepp*, Vertragsverletzungsverfahren, S. 131; *Waelbroeck*, in: Mégret u. a. (Hrsg.), CEE, Art. 187 EGV, Nr. 1, 3 (S. 409 f.); *Wegener*, in: Calliess/ Ruffert (Hrsg.), EUV/EGV, Art. 244 EG Rn. 2.

[284] Vgl. *EuGH*, Slg. 1977, 445 (455), verb. Rs. 41, 43, 44/73 – SA Générale Sucrière ; *Jakobs*, in: Rengeling u. a. (Hrsg.), Rechtsschutz, § 30 Rn. 8.

[285] Vgl. *Ehle*, EWG-Prozessrecht, Art. 187 EWGV Rn. 6; *Heidig*, Zwangsgelder, S. 180; *Ortlepp*, Vertragsverletzungsverfahren, S. 131; *Waelbroeck*, in: Mégret u. a. (Hrsg.), CEE, Art. 187 EGV, Nr. 3 (S. 409 f.).

[286] So im Ergebnis auch *Binia*, Francovich-Urteil, S. 11; *Borchardt*, in: Lenz (Hrsg.), EUV/EGV, Art. 228 EG Rn. 14, Art. 244 EG Rn. 8; *Gaitanides*, in: Groeben/ Schwarze (Hrsg.), EUV/EGV, Art. 228 EG Rn. 22; *Gündisch*, Rechtsschutz, S. 76; *Jakobs*, in: Rengeling/ Middeke/ Gellermann (Hrsg.), Rechtsschutz, § 30 Rn. 12 ff.; *Lasok*, European Court of Justice, S. 321; *Middeke/ Szczekalla*, JZ 1993, 285 (288); *Rinze*, JuS 1993, 264; *Ruffert*, in: Calliess/ Ruffert (Hrsg.), Art. 256 EG Rn. 2; *Spannowsky*, JZ 1994, 326 (331); *Waelbroeck*, in: Mégret u. a. (Hrsg.), CEE, Art. 187 EGV Nr. 1, 3 (S. 409 f.); *Wegener*, in: Calliess/ Ruffert (Hrsg.), EUV/EGV, Art. 244 EG Rn. 3.

I. Vollstreckungsgläubiger

Im Falle der Verhängung einer finanziellen Sanktion gegen einen Mitgliedstaat durch den EuGH gemäß Art. 228 Abs. 2 EG ist Vollstreckungsgläubiger die Gemeinschaft, vertreten durch die Kommission. Diese leitet als Hüterin der Verträge (Art. 211 erster Spiegelstrich EG) das Zwangsgeldverfahren gegen den vertragsbrüchigen Mitgliedstaat ein (Art. 228 Abs. 2 EG) und ist infolgedessen auch für die Eintreibung des fälligen Zwangsgeldes zuständig.[287]

II. Vollstreckungsklausel

Die Betreibung der Zwangsvollstreckung durch die Gemeinschaft – vertreten durch die Kommission (s. o.) – setzt gemäß Art. 256 Abs. 2 S. 2 EG die Erteilung einer Vollstreckungsklausel durch die zuständige staatliche Behörde voraus.

1) Zuständige Behörde

Welche Behörde für die Erteilung der Vollstreckungsklausel zuständig ist, bestimmt jeder Mitgliedstaat selbst und teilt dies der Kommission und dem Gerichtshof mit, Art. 256 Abs. 2 S. 2 EG a.E. In der Bundesrepublik Deutschland ist der Bundesminister der Justiz zuständige Behörde.[288] Problematisch an dieser Zuständigkeitsregelung ist freilich, dass damit im Falle der Zahlungsverweigerung der Bundesrepublik Deutschland die deutsche Regierung an einer Zwangsvollstreckung gegen sich selbst mitwirken müsste. Sollte tatsächlich der Fall eintreten, dass die deutsche Regierung sich weigert, einem Zwangsgeldurteil des EuGH nachzukommen, nachdem schon das Ersturteil im Vertragsverletzungsverfahren nicht umgesetzt wurde, erscheint fraglich, ob der Bundesjustizminister als Regierungsmitglied zugleich für die Gemeinschaft als Vollstreckungsorgan agieren wird.[289] Mag sich seine Tätigkeit auch in einer bloßen Formalie erschöpfen[290], so stellt sie doch eine notwendige Voraussetzung der Zwangsvollstreckung dar. Zur Vermeidung derartiger Komplikationen würde es sich anbieten, in Art. 256 EG die Erteilung der Vollstreckungsklausel den mitgliedstaatlichen Gerichten zuzuweisen, deren Unabhängigkeit in der Regel einen reibungslosen Ablauf des Klauselerteilungsverfahrens gewährleisten dürfte.

---

[287] Vgl. Arbeitsdokument der Kommission C(2002)5048/3, S. 1 ff. (nicht veröffentlicht).

[288] Vgl. die Bekanntmachung über die Zuständigkeit für die Erteilung der Vollstreckungsklausel zu Entscheidungen von Organen der Europäischen Wirtschaftsgemeinschaft und der Europäischen Atomgemeinschaft vom 3. Februar 1961, BGBl. II, S. 50.

[289] Zweifelnd auch *Middeke/ Szczekalla*, JZ 1993, 284 (288).

[290] Siehe hierzu sogleich.

2) Echtheitsprüfung

Art. 256 Abs. 2 S. 2 EG bestimmt, dass die ausfertigende Behörde lediglich die Echtheit des Titels nachprüfen darf. Echtheit bedeutet hier zunächst, dass die Urkunde, welche den zu vollstreckenden Titel verbrieft, tatsächlich von der Person oder Behörde stammt, von der sie zu stammen vorgibt.[291] Gemäß Art. 64 § 2 VerfO-EuGH werden die Urteile des EuGH vom Präsidenten, den übrigen Richtern, die an der Beratung teilgenommen haben und vom Kanzler unterzeichnet und mit einem amtlichen Siegel versehen. Die Echtheitsprüfung durch die innerstaatlich zuständige Behörde wird sich regelmäßig hierauf beschränken. Formfehler, selbst solche wesentlicher Art, sind dagegen nicht Gegenstand der Prüfung.[292] Im Rahmen der Echtheitsprüfung ist nach alldem jede Form der Rechtmäßigkeitskontrolle ausgeschlossen.[293]

3) Überprüfung der gemeinschaftsrechtlichen Vollstreckbarkeit des Titels?

Demgegenüber gesteht *Schmidt* der zuständigen Behörde über die Echtheitsprüfung hinaus das Recht zu, zu überprüfen, ob es sich tatsächlich um einen nach Gemeinschaftsrecht vollstreckbaren Titel handelt.[294] Das erscheint im Falle eines Zwangsgeldurteils gegen einen Mitgliedstaat nicht unproblematisch, da die Frage nach der Zwangsvollstreckung gegen Mitgliedstaaten ungeachtet der hier vertretenen Auffassung umstritten ist. Eine Entscheidung dieser Frage kann der nationalen Behörde im Rahmen ihrer Echtheitsprüfung nicht zustehen, da für die Auslegung des Vertrages gemäß Art. 234 Abs. 1 lit. a EG ausschließlich der EuGH zuständig ist. Sollte also der verurteilte Mitgliedstaat – unzutreffenderweise – der Auffassung sein, die Zwangsvollstreckung aus dem Urteil sei gemeinschaftsrechtlich nicht zulässig, so muss er gemäß Art. 256 Abs. 4 S. 1 EG die Aussetzung der Zwangsvollstreckung beantragen und gemäß Art. 230 EG Nichtigkeitsklage gegen die Betreibung der Zwangsvollstreckung durch die Kommission erheben.[295]

---

291 *Schmidt,* in: GTE, Art. 192 EGV Rn. 18.

292 *EuGH,* Slg. 1994, I-2555 (2643), Rs. C-137/92 – BASF.

293 *Ipsen*, Gemeinschaftsrecht, 26/13 (S. 535); *Ruffert,* in: Calliess/ Ruffert (Hrsg.), Art. 256 EG Rn. 3; *Schmidt,* in: GTE, Art. 192 EGV Rn. 18; *Schoo,* in: Schwarze (Hrsg.), EU-Kommentar, Art. 256 EG Rn. 11; a. A. *Schütze*, NJW 1963, 2204 (2205).

294 *Schmidt,* in: GTE, Art. 192 EGV Rn. 18.

295 Freilich würde es sich anbieten, das Verfahren durch Zahlung des geschuldeten Zwangsgeldes abzukürzen.

III. Anrufung der zuständigen Stelle

Gemäß Art. 256 Abs. 3 EG kann die die Vollstreckung betreibende Partei – im Falle eines Zwangsgeldurteils gemäß Art. 228 Abs. 2 EG also die Kommission – nach Erteilung der Klausel die nach innerstaatlichem Recht zuständige Behörde unmittelbar anrufen, um die Zwangsvollstreckung in Gang zu setzen. Sofern nicht ein Antrag auf Aussetzung der Zwangsvollstreckung gemäß Art. 256 Abs. 4 EG gestellt wird, läuft das Verfahren sodann nach den Vorschriften des jeweiligen Zivilprozessrechts ab.

IV. Aussetzung der Zwangsvollstreckung

Art. 256 Abs. 4 S. 1 EG sieht vor, dass die Zwangsvollstreckung durch Entscheidung des Gerichtshofs ausgesetzt werden kann. Das Aussetzungsverfahren wird in den Art. 83 ff. VerfO-EuGH konkretisiert. Nach Art. 83 § 1 i. V. m. Art. 89 VerfO-EuGH ist ein Antrag auf Aussetzung des Vollzugs einer Maßnahme nur zulässig, wenn der Antragsteller die Maßnahme durch Klage bei der Europäischen Gerichtsbarkeit angefochten hat. Es handelt sich folglich um eine Maßnahme, welche subsidiären Charakter gegenüber dem Hauptsacheverfahren hat.[296] Im Falle der Vollstreckung eines Zwangsgeldurteils gegen einen Mitgliedstaat durch die Kommission müsste also der betroffene Mitgliedstaat zunächst oder zumindest zeitgleich mit dem Antrag auf Aussetzung der Zwangsvollstreckung die Betreibung derselben im Rahmen einer Nichtigkeitsklage vor dem EuGH angefochten haben. Neben dem Einwand der gemeinschaftsrechtlichen Unzulässigkeit der Zwangsvollstreckung, welcher nach der hier vertretenen Auffassung rechtlich unzutreffend wäre, kann das eventuelle Erlöschen des materiellen Zahlungsanspruchs (etwa durch Zahlung oder Verzicht)[297] Grundlage eines solchen Vorgehens sein.

V. Einwände gegen die Art und Weise der Zwangsvollstreckung

Kein zulässiger Einwand im Rahmen eines Aussetzungsantrages vor dem EuGH ist ein solcher gegen die Art und Weise der Zwangsvollstreckung. Für diesen sind gemäß Art. 256 Abs. 4 S. 2 EG die nationalen Rechtsprechungsorgane desjenigen Staates zuständig, in welchem die Zwangsvollstreckung betrieben wird.

VI. Ergebnis

Die Ausgestaltung des gemeinschaftsrechtlichen Vollstreckungsverfahrens vermag die Möglichkeit und Effektivität der Zwangsvollstreckung gegen einen Mitgliedstaat unter Umständen erheblich einzuschränken. Zum einen setzt die

[296] *Schmidt*, in: GTE, Art. 192 EGV Rn. 25.
[297] Vgl. *Schmidt*, in: GTE, Art. 192 EGV Rn. 28.

Zwangsvollstreckung voraus, dass nach der Zivilprozessordnung desjenigen Staates, in dessen Hoheitsgebiet vollstreckt werden soll, eine Vollstreckung gegen den Staat überhaupt zugelassen ist. Zum anderen kann auch, wie im Falle Deutschlands, ein Regierungsmitglied zuständige Behörde für die Erteilung der erforderlichen Vollstreckungsklausel sein, was im Falle der Zahlungsunwilligkeit eines verurteilten Mitgliedstaates ein erhebliches faktisches Hindernis darstellen kann. Zu guter Letzt bleibt die Gemeinschaft zur Durchführung der Zwangsvollstreckung mangels eigener Vollstreckungsorgane und angesichts der Kompetenzzuweisung an die Mitgliedstaaten durch Art. 256 EG auf die Kooperation der innerstaatlichen Behörden angewiesen.

§ 2 Aufrechnung

Als weniger aufwendiges Mittel zur Durchsetzung einer finanziellen Sanktion kommt eine Aufrechnung der Gemeinschaft in Betracht. Diesbezüglich ist zunächst die gemeinschaftsrechtliche Zulässigkeit einer solchen Aufrechnung zu klären (A). Im Anschluss hieran sollen die komplexen Rechtsbeziehungen zwischen der Gemeinschaft und den Mitgliedstaaten auf mögliche Ansatzpunkte für eine eventuelle Aufrechnung untersucht werden (B). Zu guter Letzt ist der Frage nachzugehen, unter welchen gesetzlichen Voraussetzungen eine Aufrechnung stattfinden kann (C).

A. Zulässigkeit

In der Literatur wird eine Aufrechnung der Gemeinschaft gegenüber den Mitgliedstaaten verbreitet als unzulässig abgelehnt.[298] Ob die Rechtsquellen des Gemeinschaftsrechts der Aufrechnung gegenüber Mitgliedstaaten tatsächlich keine rechtliche Grundlage liefern, soll im Folgenden untersucht werden.

---

[298] Vgl. *Diez-Hochleitner*, RMUE 1994, 111 (147); *Gaitanides*, in: Groeben/ Schwarze (Hrsg.), EUV/EGV, Art. 228 EG Rn. 23; *Häde*, in: Calliess/ Ruffert (Hrsg.), EUV/EGV, Art. 104 Rn. 60; *Härtel*, EuR 2001, 617 (622); *Heidig*, Zwangsgelder, S. 186; *Mori*, RDI 1994, 58 (77); *Spannowsky*, JZ 1994, 326 (331); *Tesauro*, FIDE, S. 150; *ders.*, Sanktionen, S. 17 (21); a. A. GA *Léger*, Slg. 2003, 7617 (Nr. 73), Rs. C-87/01 P – CCRE; *Blumenwitz/ Schöbener*, Stabilitätspakt, S. 39 ff.; *Borchardt*, in: Lenz (Hrsg.), EUV/EGV, Art. 228 Rn. 15; *Karpenstein/ Karpenstein*, in: Grabitz/ Hilf (Hrsg.), EUV/EGV, Art. 228 EG Rn. 44; *Karpenstein*, EuZW 2000, 537 (538); *Krück*, in: GTE, Art. 171 Rn. 12, *Schoo*, in: Schwarze (Hrsg.), EU-Kommentar, Art. 256 EG Rn. 6f.; mit der Möglichkeit einer Aufrechnung sympathisierend *Bohl*, EuZW 1998, 762 (763); *Böhm*, JZ 2000, 382 (384, Fn. 15); *Cornils*, Staatshaftungsanspruch, S. 164; *Jakobs*, in: Rengeling/ Middeke/ Gellermann (Hrsg.), Rechtsschutz, § 30 Rn. 15.

I. Aufrechnung als stille Zwangsvollstreckung

Eine Aufrechnung der oben genannten Art wird verbreitet mit dem Hinweis in Frage gestellt, die Aufrechnung komme einer stillen Zwangsvollstreckung gleich und stelle somit eine unzulässige Umgehung des gemeinschaftsrechtlich verankerten Verbotes der Zwangsvollstreckung gegen Mitgliedstaaten dar.[299]

Ungeachtet der Tatsache, dass nach der hier vertretenen Auffassung eine Zwangsvollstreckung gegen Mitgliedstaaten prinzipiell zulässig ist, stellt sich die Frage, ob eine Aufrechnung überhaupt als Maßnahme des Zwangsvollstreckungsrechts oder zumindest als zwangsvollstreckungsähnliche Maßnahme qualifiziert werden kann. Sollte dies nicht der Fall sein, so kann eine Unzulässigkeit der Aufrechnung nicht mit dem Argument begründet werden, es handele sich hierbei um eine Umgehung des gemeinschaftsrechtlichen „Zwangsvollstreckungsverbotes" gegenüber Mitgliedstaaten. Selbst die Bejahung eines prinzipiellen Vollstreckungsverbotes gegen Mitgliedstaaten würde dann der Zulässigkeit einer Aufrechnung nicht entgegenstehen.

Zu klären ist daher die Rechtsnatur der Aufrechnung. Diese weist eine Mehrzahl verschiedener Funktionen auf: Zum einen ermöglicht sie es dem Aufrechnenden, die eigene Verbindlichkeit auf einfache Weise ohne reale Leistungserbringung durch die Aufopferung einer eigenen, gegenläufigen Forderung zu tilgen[300] und ist für ihn insofern ein Erfüllungssurrogat.[301] Zum anderen kann der Aufrechnende den wirtschaftlichen Wert seiner eigenen Forderungen ohne langwierige Klage- und Vollstreckungsverfahren realisieren und auf diese Weise ihre Durchsetzung erleichtern[302], so dass in der Aufrechnung auch die Möglichkeit eines außergerichtlichen Selbsthilfezugriffs auf die Hauptforderung liegt.[303] Insofern erfüllt die Aufrechnung auch eine Sicherungsfunktion, da der Aufrechnungsberechtigte schon bei Bestehen der Aufrechnungslage die Möglichkeit hat, sich jederzeit Befriedigung zu verschaffen.[304] Zu guter Letzt erfüllt die Aufrechnung auch eine Verrechnungsfunktion, die verhindert, dass Befriedigungsmittel in unwirtschaftlicher Weise ausgetauscht werden müssen.[305] Die genannten Funktionen bestehen nicht nur im deutschen Recht, sondern ebenso in ausländischen Rechtsordnungen.[306]

---

299 *Häde*, in: Calliess/ Ruffert (Hrsg.), EUV/EGV, Art. 104 Rn. 60; *Härtel*, EuR 2001, 617 (622); *Heidig*, Zwangsgelder, S. 186; *Spannowsky*, JZ 1994, 326 (331).

300 *Gursky*, in: Staudinger, Vorbem zu §§ 387 ff. Rn. 5.

301 *Reiterer*, Aufrechnung, S. 18; *Schlüter*, in: MünchKomm BGB, § 387 Rn. 1.

302 *Gursky*, in: Staudinger, Vorbem zu §§ 387 ff. Rn. 5.

303 *Gursky*, in: Staudinger, Vorbem zu §§ 387 ff. Rn. 5; *Reiterer*, Aufrechnung, S. 18; *Schlüter*, in: MünchKomm BGB, § 387 Rn. 1.

304 *Reiterer*, Aufrechnung, S. 18.

305 *Reiterer*, Aufrechnung, S. 18.

306 Vgl. etwa für Österreich: *Gschnitzer*, Österreichisches Schuldrecht, S. 228; *Koziol/ Welser*, Bürgerliches Recht, S. 90. England: *Hapgood*, Set-off, S. 32 ff. (37 f.); *Janert*, Auf-

Nach alledem ist die Aufrechnung jedenfalls *auch* ein Instrument zur Forderungsdurchsetzung. Ob sie deshalb auch als vollstreckungsähnliche Maßnahme, als „stille Zwangsvollstreckung" zu qualifizieren ist[307], erscheint jedoch fraglich. Bei näherer Betrachtung verdichtet sich der Eindruck, dass die Vertreter der Theorie von der „stillen Zwangsvollstreckung" aus vergleichbaren Rechtswirkungen von Zwangsvollstreckung und Aufrechnung folgern wollen, die Unzulässigkeit beider Instrumente könne auf dieselben Wertungsgesichtspunkte zurückgeführt werden. Wenn *Heidig* daher meint, auch die Aufrechnung stelle einen Eingriff in die mitgliedstaatliche Souveränität dar und widerspreche ebenso wie die Zwangsvollstreckung dem Grundsatz, dass die Befolgung von Urteilen des Gerichtshofs in den Händen der Mitgliedstaaten liege[308], so ist dem in mehrerlei Hinsicht zu widersprechen. Zum einen kann, wie bereits gezeigt, das von *Heidig* postulierte Freiwilligkeitsprinzip im Gemeinschaftsrecht keine uneingeschränkte Geltung beanspruchen. Zum anderen kann die Aufrechnung nicht allein deshalb als Eingriff in die mitgliedstaatliche Souveränität qualifiziert werden, weil sie in ihren Rechtswirkungen gewisse Parallelen zur Zwangsvollstreckung aufweist. So kann zwar etwa nach deutschem Recht der Aufrechnende mit seiner Aufrechnungserklärung die gleichen Wirkungen herbeiführen, die eintreten würden, wenn er die Hauptforderung pfänden und sich an Zahlungs Statt zum Nennwert überweisen ließe (§ 835 Abs. 2 ZPO).[309] Im Gegensatz zur Zwangsvollstreckung begründet aber bei der Aufrechnung nicht hoheitliche Exekutivgewalt das „Zugriffsrecht". Vielmehr befreit das Gesetz den Aufrechnenden von seiner Leistungspflicht gerade deshalb, weil er seinerseits seine Gegenforderung geopfert hat[310], so dass insofern von einer Verfügung über die Hauptforderung keine Rede sein kann.[311] Die Aufrechnung kann folglich nicht einem einseitigen Zugriff auf die Vermögensgegenstände des Schuldners gleichgesetzt werden, wie dies bei der Zwangsvollstreckung der Fall ist. Dies zeigt sich auch daran, dass bei Bestehen einer Aufrechnungslage die Möglichkeit der Aufrechnung beiden beteiligten Parteien gleichermaßen offen steht. Hinzu kommt, dass etwa im französischen Recht die Rechtswirkungen der Aufrechnung ipso iure eintreten, also ohne die entsprechende Willenserklärung ei-

rechnung, S. 160; *Kannengießer,* Aufrechnung, S. 58. Frankreich: *Marty/ Renaud/ Jestaz,* Droit civil, Nr. 245 (S. 07 f.); *Starck,* Droit civil, Nr. 257 (S. 107 f.); *Weill/ Terré,* Droit civil, Nr. 1066, S. 1018 ff. Italien: *Ragusa-Maggiore,* Compensazione, S. 17 ff.; *Schlesinger,* Compensazione, S. 722.

307 In diesem Sinne GA *Fennelly,* Slg. 1998, I-2975 (Nr. 39), Rs. C-132/95 – Jensen („Maßnahme der Zwangsvollstreckung"); *Blumenwitz/ Schöbener,* Stabilitätspakt, S. 39 („Vollstreckungsfunktion").

308 *Heidig,* Zwangsgelder, S. 185.

309 *Gursky,* in: Staudinger, Vorbem. zu §§ 387 ff. Rn. 5.

310 Vgl. *Bötticher,* Schima-FS, S. 95 (97).

311 Vgl. *Bötticher,* Schima-FS, S. 95 (96 f.); *Schlüter,* in: MünchKomm-BGB, § 387 Rn. 2.

nes Beteiligten[312], was nicht zu der Vorstellung eines Eingriffs in die mitgliedstaatliche Souveränität passt.[313] So charakterisiert denn auch der *EuGH* in seinem Urteil in der Rechtssache „CCRE" die Aufrechnung wertungsneutral als einen „Modus des Erlöschens zweier gegenseitiger Forderungen".[314] Trotz gewisser Parallelen zwischen Zwangsvollstreckung und Aufrechnung handelt es sich folglich nicht um qualitativ gleichartige Rechtsinstitute, für deren Zulässigkeit dieselben Wertungsgesichtspunkte maßgeblich wären.

Auch auf verwaltungsrechtlicher Ebene ergibt sich keine andere Bewertung. So kann insbesondere die Aufrechnung einer Behörde nicht als Maßnahme des Verwaltungszwangs qualifiziert werden, denn im Gegensatz zum Verwaltungszwang erlaubt die Aufrechnung keine einseitige Befriedigung, sondern nur eine Tilgung der Schuld unter Preisgabe der eigenen Forderung.[315] Die Aufrechnung gibt ferner nicht nur einer Behörde, sondern jedermann die Möglichkeit der Forderungsdurchsetzung im Wege der Selbsthilfe, so dass der aufrechnenden Behörde hier also gerade kein rechtlicher Mehrwert zukommt.[316]

Aus dem oben Gesagten ist daher zu schließen, dass die Aufrechnung gegenüber einem verurteilten Mitgliedstaat nicht als „stille Zwangsvollstreckung" anzusehen ist[317], so dass selbst die Befürwortung eines prinzipiellen Vollstreckungsverbotes gegen Mitgliedstaaten die Unzulässigkeit einer Aufrechnung nicht zu begründen vermag.

II. Exklusivitätsverhältnis zwischen Zwangsvollstreckung und Aufrechnung?

Cornils geht davon aus, die Bejahung der Zwangsvollstreckungsmöglichkeit gegen Mitgliedstaaten schließe den Rückgriff auf das Rechtsinstitut der Aufrechnung aus.[318] Die Begründung für dieses vermeintliche Exklusivitätsverhältnis sieht er darin, dass bei Bejahung der Zwangsvollstreckung Art. 256 EG (ex-Art. 192) zur Anwendung gelange, so dass gemäß Art. 256 Abs. 2 bis 4 EG (ex-Art. 192) nur eine „ordentliche Vollstreckung" nach nationalem Vollstreckungsrecht in Betracht komme. Zu Unrecht verweist er dabei auf *Middeke* und *Szczekalla*, die eine „Durchsetzung auf europäischer Ebene" wegen der Verweisung auf na-

---

312 Art. 1290 Code civil.

313 Vgl. *Karl*, RIW 1991, 745 (749), der von einer „weitgehenden Schonung" der Souveränität der Mitgliedstaaten spricht.

314 *EuGH*, Slg. 2003, 7617 (7661, Rn. 62), Rs. C-87/01 P – CCRE; vgl. auch *Weill/ Terré*, Droit civil, Nr. 1066 (S. 1018).

315 *Ehlers*, JuS 1990, 777 (778).

316 *Ehlers*, JuS 1990, 777 (778).

317 Vgl. auch GA *Léger*, Slg. 2003, I-7617 (Nr. 106 f.), Rs. C-87/01 P – CCRE; *Osterheld*, Vollstreckung, S. 20.

318 *Cornils*, Staatshaftungsanspruch, S. 164 mit Fn. 122.

tionales Recht in Art. 256 Abs. 2 bis 4 EG (ex-Art. 192) generell und nicht nur im Falle der Bejahung der Zwangsvollstreckung ausschließen.[319] Beide Auffassungen begründen aber letztlich den Ausschluss der Aufrechnung[320] mit Art. 256 EG und gehen demzufolge davon aus, dass die Aufrechnung den Maßnahmen des Vollstreckungsrechts zuzuordnen ist. Dass diese Wertung nicht zutrifft, wurde bereits oben gezeigt. Art. 256 Abs. 2 bis 4 EG kann demnach für die Aufrechnung keinerlei Relevanz besitzen und sie folglich auch nicht ausschließen. Somit steht die prinzipielle Bejahung der Zwangsvollstreckung gegen Mitgliedstaaten dem Rückgriff auf das Institut der Aufrechnung nicht entgegen.

III. Rechtsgrundlage einer Aufrechnung

Selbst wenn die soeben diskutierten Einwände gegen die Zulässigkeit einer Aufrechnung nicht greifen, stellt sich die Frage, ob sich ein solches Vorgehen auf eine im Gemeinschaftsrecht verankerte Rechtsgrundlage stützen kann. Da die Aufrechnung nach der oben getroffenen Charakterisierung trotz bestimmter Einwirkungen auf Rechtspositionen des Aufrechnungsgegners ein Instrument der Gleichordnung ist, stellt sich freilich die Frage, inwiefern hier eine Rechtsgrundlage überhaupt erforderlich ist. Nach dem in Art. 5 Abs. 1 EG niedergelegten Prinzip der begrenzten Einzelermächtigung darf die Gemeinschaft nur auf der Grundlage einer gemeinschaftsrechtlichen Befugnisnorm tätig werden.[321] Dieser Grundsatz ist durchgängige und unumstößliche Voraussetzung jeglichen rechtlichen Handelns der Gemeinschaft.[322] Auch eine Aufrechnung der Gemeinschaft bedarf daher ungeachtet ihrer Rechtsnatur einer rechtlichen Grundlage. Zu untersuchen ist also, ob sich eine derartige Rechtsgrundlage aus dem gemeinschaftsrechtlichen Primärrecht (1), aus sekundärrechtlichen Bestimmungen (2) oder aus allgemeinen Rechtsgrundsätzen des Gemeinschaftsrechts (3) ableiten lässt.

1) Primärrechtliche Bestimmungen

Im europäischen Primärrecht wird die Aufrechnung nicht ausdrücklich erwähnt. Fraglich ist daher, ob sich aus Einzelbestimmungen oder Prinzipien des Primärrechts eine Befugnis zur Aufrechnung indirekt ableiten lässt.

[319] *Middeke/ Szczekalla*, JZ 1993, 284 (288).

[320] *Middeke* und *Szczekalla* stellen bei der „Durchsetzung auf europäischer Ebene“ nicht auf die Aufrechnung, sondern auf eine Zurückhaltung von Fördermitteln ab. Die Argumentation müsste freilich auch für die Aufrechnung gelten, so dass sich in der Sache kein Unterschied ergibt.

[321] *Callies*, in: Calliess/ Ruffert (Hrsg.), EUV/EGV, Art. 5 EG Rn. 12; *Lienbacher*, in: Schwarze (Hrsg.), EU-Kommentar, Art. 5 Rn. 7; *von Bogdandy/Nettesheim* in: Grabitz/ Hilf (Hrsg.), EUV/EGV, Altband I, Art. 3b EGV Rn. 3.

[322] *EuGH*, Slg. 1982, 2545 (2573), verb. Rs. 188-190/80 – Frankreich / Kommission.

a) Art. 88 Abs. 3 EGKSV

Als Rechtsgrundlage für eine Aufrechnung der Gemeinschaft gegenüber einem Mitgliedstaat wurde bislang teilweise eine Analogie zu Art. 88 Abs. 3 des mittlerweile außer Kraft getretenen EGKSV vorgeschlagen.[323] Art. 88 EGKSV eröffnete die Möglichkeit, Zwangsmaßnahmen gegen vertragsbrüchige Mitgliedstaaten zu ergreifen. Zunächst musste die Kommission mittels einer Entscheidung feststellen, dass der betreffende Mitgliedstaat ihrer Auffassung nach gegen seine Verpflichtungen aus dem EGKSV verstoßen hatte. Kam der Mitgliedstaat seinen Verpflichtungen nicht nach oder wurde mit einer ihm zustehenden Klage abgewiesen, konnte die Kommission nach einer mit Zweidrittelmehrheit erteilten Zustimmung des Rates Zwangsmaßnahmen nach Art. 88 Abs. 3 EGKSV ergreifen. So konnte sie etwa abweichend von den in Art. 4 EGKSV niedergelegten Diskriminierungsverboten die anderen Mitgliedstaaten zur Festsetzung von Ein- oder Ausfuhrzöllen zu Lasten des sanktionierten Mitgliedstaates ermächtigen, um die Wirkungen der festgestellten Vertragsverletzung auszugleichen. Daneben konnte sie insbesondere Zahlungen aussetzen, auf die der Mitgliedstaat einen Anspruch hatte.

Allerdings regelte die Vorschrift unmittelbar nur die Zurückhaltung von Zahlungen an den betroffenen Mitgliedstaat. Es erscheint fraglich, ob die Befugnis zur Aufrechnung dem Rechtsgedanken einer Vorschrift entnommen werden kann, welche die Zurückhaltung von Zahlungen regelt. Dagegen spricht, dass der Schuldner die Aufrechnung (auch) als Erfüllungssurrogat nutzt, während er sich im Falle der Zurückbehaltung zunächst rein passiv verhält, um auf diese Weise die Erfüllung seiner eigenen, gegenläufigen Forderung zu erzwingen.[324] Im Gegensatz zur Aufrechnung ist die Zurückhaltung von Zahlungen also als Zwangsmittel zu qualifizieren und daher gegenüber der Aufrechnung ein qualitativ andersartiger Rechtsbehelf. Ungeachtet der Frage, inwiefern die Rechtsnorm eines außer Kraft getretenen Vertragswerkes analog herangezogen werden kann, kommt Art. 88 Abs. 3 EGKSV daher jedenfalls als Rechtsgrundlage für eine Aufrechnung nicht in Betracht.

Da Aufrechnung und Zurückhaltung von Zahlungen, wie bereits dargestellt, verschiedenen Rechtskategorien zuzuordnen sind, kann allerdings aus der Tatsache, dass der EG-Vertrag eine dem Art. 88 Abs. 3 EGKSV entsprechende Regelung nicht enthält, nicht geschlossen werden, dass eine Aufrechnung unzulässig ist.[325]

---

[323] *Karpenstein/ Karpenstein* in: Grabitz/ Hilf (Hrsg.), Art. 228 Rn. 44; *Osterheld*, Vollstreckung, S. 20.

[324] *Gursky* in: Staudinger, Vorbem zu den §§ 387 ff. Rn. 11.

[325] So aber *Heidig*, Zwangsgelder, S. 185 f.

b) Befugnis zur Aufrechnung aus „implied powers"

Zu prüfen ist, ob im Sinne der implied powers-Lehre trotz Fehlens einer ausdrücklichen primärrechtlich geregelten Aufrechnungsbefugnis der Gemeinschaft eine solche Ermächtigung stillschweigend in einer geschriebenen Norm des EG-Vertrages enthalten ist. Dabei ist es unumgänglich, zunächst den rechtlichen Inhalt der implied powers-Doktrin sowie ihre Anwendbarkeit im Gemeinschaftsrecht zu skizzieren (aa). Sodann ist zu untersuchen, ob auf dieser Grundlage aus dem Primärrecht eine Aufrechnungsbefugnis der Gemeinschaft abgeleitet werden kann (bb).

aa) Anwendbarkeit der „implied powers"-Lehre

Die Lehre von den „implied powers" stammt ursprünglich aus dem anglo-amerikanischen Rechtskreis, findet aber insbesondere auch im Völkerrecht Anwendung.[326] Es handelt sich dabei um eine Auslegungsmethode, die davon ausgeht, dass in einer geschriebenen Kompetenznorm immer auch diejenigen Befugnisse eingeschlossen sind, die zwar nicht ausdrücklich erwähnt werden, ohne die jedoch die ausdrücklich zugewiesene Kompetenz nicht sinnvoll ausgeübt werden kann.[327] Ob eine Aufgabe nur bei Bestehen einer bestimmten, ungeschriebenen Befugnis sinnvoll wahrgenommen werden kann, ist durch Auslegung der in Bezug genommenen Kompetenznorm zu ermitteln. Hauptsächlicher Zweck der „implied powers"-Lehre ist es somit, eine ausdrücklich eingeräumte Kompetenz vollständig und wirksam zur Anwendung zu bringen.[328] Letztlich ähnelt die Doktrin damit den aus dem deutschen Recht bekannten ungeschriebenen Zuständigkeiten kraft Sachzusammenhangs.[329]

Umstritten war lange Zeit, ob die Lehre von den „implied powers" auch innerhalb der Gemeinschaftsrechtsordnung Anwendung finden kann.[330] Vielfach wurde angenommen, dass Art. 308 EG (ex-Art. 235) die Anwendung der implied powers-Lehre ausschließe. Art. 308 EG ist eine Auffangvorschrift, die subsidiär immer dann zum Tragen kommt, wenn die Verwirklichung der Ziele des EG-Vertrages ein Tätigwerden der Gemeinschaft erfordert, die erforderlichen Kompetenzen im EG jedoch nicht enthalten sind. In diesem Fall kann der Rat auf Vorschlag der Kommission einstimmig die geeigneten Vorschriften erlassen. Bei zutreffender Auslegung sind die Anwendungsbereiche von Art. 308 EG und der Lehre von den „implied powers" jedoch grundverschieden.[331] Art.

[326] *Ipsen*, Völkerrecht, § 6 Rn. 8 f.
[327] *Jakob*, Sanktionen, S. 26.
[328] *Klein*, in: Graf Vitzthum (Hrsg.), Völkerrecht, 4. Abschnitt Rn. 39.
[329] *Grabitz*, in: Grabitz/ Hilf (Hrsg.), EUV/EGV, Altband II, Art. 189 EWGV Rn. 6.
[330] Nachweise bei *Ipsen*, Gemeinschaftsrecht, 20/43 (S. 436) Fn. 25.
[331] Vgl. *Jakob*, Sanktionen, S. 31.

308 EG setzt voraus, dass der EG-Vertrag zur Erreichung eines seiner Ziele keine hinreichenden Befugnisse enthält, also lückenhaft ist. Insofern stellt die Vorschrift in Verbindung mit Art. 2 bis 4 EG, in welchen die Vertragsziele niedergelegt sind, eine originäre Kompetenzvorschrift zum Erlass der notwendigen Regelungen dar.[332] Dagegen knüpfen „implied powers" an bereits vorhandene Ermächtigungsnormen an. Während Art. 308 EG ein Kompetenztitel ist, stellt die Lehre von den „implied powers" eine Auslegungsregel dar. Folglich kann Art. 308 EG von seinem Anwendungsbereich her die Anwendung der „implied powers"-Lehre nicht ausschließen, sondern ist letzterer gegenüber subsidiär.[333] Auch der Wortlaut des Art. 308 EG lässt nichts Gegenteiliges erkennen.

Dementsprechend hat der EuGH bereits in einer frühen Entscheidung die Geltung der „implied powers"-Regel auch im Gemeinschaftsrecht angenommen[334] und diese Rechtsprechung in einer Reihe von Folgeentscheidungen bestätigt.[335] Insofern kann davon ausgegangen werden, dass die Lehre von den „implied powers" heute ein fester Bestandteil des Gemeinschaftsrechts ist.[336]

bb) Ansatzpunkte für „implied powers" im EG-Vertrag

Fraglich ist nun, ob bezogen auf die vorliegende Fallkonstellation tatsächlich konkrete Normen des EG-Vertrages ersichtlich sind, aus denen sich kraft „implied powers" eine allgemeine Aufrechnungsbefugnis der Gemeinschaft ableiten lässt.

Zu untersuchen wäre hier zunächst Art. 228 Abs. 2 EG, dessen Regelungsinhalt bereits oben erläutert wurde. Da sich mit Hilfe von „implied powers" bestehende Ermächtigungsnormen nicht auf fremde Regelungsmaterien übertragen lassen, könnte sich eine Aufrechnungsbefugnis auf der Grundlage von Art. 228 Abs. 2 EG nur auf Zwangsgeld- oder Pauschalbetragesforderungen erstrecken, nicht dagegen etwa auf Einlageforderungen gemäß Art. 104 Abs. 11 EG. Fraglich ist, ob eine Befugnisnorm, die den EuGH zur Auferlegung von Zwangsgeldern und Pauschalbeträgen ermächtigt, der Kommission als Rechtsgrundlage für eine Aufrechnung dienen kann. Dies ist schon insofern zweifelhaft, als hier eine Ermächtigungsnorm nicht nur in sachlicher, sondern auch in organisationsrechtlicher Hinsicht ausgeweitet würde, indem ein Gemeinschaftsorgan zur Ergrei-

---

332 *Schreiber*, in: Schwarze (Hrsg.), EU-Kommentar, Art. 308 EG Rn. 4; *Streinz*, in: Streinz (Hrsg.), EUV/EGV, Art. 308 EG Rn. 1, 3.

333 *Schreiber*, in: Schwarze (Hrsg.), EU-Kommentar, Art. 308 EG Rn. 19; *Streinz*, in: Streinz (Hrsg.), EUV/EGV, Art. 308 EG Rn. 6.

334 *EuGH*, Slg. 1955/56, 297 (312), Rs. 8/55 – Fédération Charbonnière de Belgique.

335 Vgl. nur *EuGH*, Slg. 1960, 681 (708), Rs. 20/59 – Italien / Hohe Behörde; *EuGH*, Slg. 1960, 743 (788), Rs. 20/59 – Niederlande / Hohe Behörde; *EuGH*, Slg. 1971, 263 (275), Rs. 20/70 – AETR.

336 *Köck*, Seidl-Hohenveldern-FS, S. 279 (299).

fung bestimmter Maßnahmen auf die Ermächtigungsgrundlage eines anderen Organs zurückgriffe. Auch im Völkerrecht tritt häufig die Frage auf, welches Organ eine sich aus „implied powers" ergebende Befugnis auszuüben hat.[337] Im Zweifel muss von dem kompetenznächsten Organ ausgegangen werden.[338] Da dies vorliegend der EuGH wäre, erschiene schon deshalb eine Aufrechnung durch die Kommission auf der Grundlage von Art. 228 Abs. 2 EG fragwürdig.

Ferner verlangt eine Normeninterpretation im Sinne von „implied powers", wie bereits oben dargelegt, dass die Ermächtigungsnorm nicht sinnvoll zur Anwendung gelangen könnte, ohne dass zugleich eine nicht ausdrücklich genannte Materie mitgeregelt wird. Im konkreten Fall müsste also begründet werden, dass die Verhängung von Zwangsgeldern oder Pauschalbeträgen sinnlos wäre, wenn die Gemeinschaft nicht zugleich eine Aufrechnungskompetenz besäße. Eine solche Wertung kann aber letztlich nicht durchgreifen. Angesichts der nicht unbedingt vielversprechenden Zwangsvollstreckungsmöglichkeit würde zwar die Effektivität des Sanktionsverfahrens nach Art. 228 Abs. 2 EG durch Zulassung der Aufrechnung erheblich gesteigert; Inhalt der „implied powers"-Lehre ist es jedoch nicht, die Effektivität zur Verfügung stehender Handlungsinstrumente zu verbessern, sondern vielmehr zu gewährleisten, dass letztere überhaupt sinnvoll zur Anwendung gelangen können. Dass ohne die Möglichkeit der Aufrechnung das Sanktionsverfahren nach Art. 228 Abs. 2 EG nicht in sinnvoller Weise zur Anwendung gelangen könnte, kann aber trotz bestehender Durchsetzungsschwierigkeiten nicht gesagt werden, zumal die statistischen Zahlen dem Verfahren gemäß Art. 228 Abs. 2 EG selbst ohne einen effektiven Durchsetzungsmechanismus eine beachtliche Abschreckungswirkung bescheinigen.[339] Folglich können aus Art. 228 Abs. 2 EG keine „implied powers" in Gestalt einer Aufrechnungsbefugnis abgeleitet werden.

Aus denselben Gründen kann eine Aufrechnungsbefugnis kraft „implied powers" in Bezug auf Sanktionsurteile des EuGH auch nicht aus Art. 244 i. V. m. 256 EG abgeleitet werden.

Auch auf Sanktionsbeschlüsse des Rates im Rahmen des Haushaltsdefizitverfahrens lassen sich die genannten Wertungsgesichtspunkte übertragen. Hier käme Art. 104 Abs. 11 EG als Grundlage einer auf „implied powers" gestützten Aufrechnungsbefugnis der Gemeinschaft in Betracht. Angesichts des Imageverlustes für den betroffenen Mitgliedstaat sowie des immensen öffentlichen Drucks kommt jedoch auch dem Sanktionsverfahren nach Art. 104 EG eine nicht unerhebliche Abschreckungswirkung zu, so dass es trotz bestehender

[337] Ebd., S. 281.
[338] Vgl. *Klein*, in: Graf Vitzthum (Hrsg.), Völkerrecht, 4. Abschnitt Rn. 191.
[339] Siehe oben S. 20 ff.

Durchsetzungsschwierigkeiten noch sinnvoll zur Anwendung gelangen kann.[340] Folglich ist auch eine Aufrechnungsbefugnis aus Art. 104 Abs. 11 EG i. V. m. „implied powers" abzulehnen.

c) Effet utile-Grundsatz

Anhaltspunkte für eine primärrechtlich verankerte Aufrechnungsbefugnis der Gemeinschaft könnten sich aus dem bereits angesprochenen Gesichtspunkt des „effet utile"[341] ergeben. Zu unterscheiden ist diesbezüglich zwischen der Auslegungsregel, welche auf die volle Sinnentfaltung der Vorschriften der Gemeinschaftsrechtsordnung abzielt, und einer ebenfalls auf den Gesichtspunkt des „effet utile" gestützten (richterlichen) Rechtsfortbildung, die hier nicht zu thematisieren ist. Sofern der Gesichtspunkt des „effet utile" im Hinblick auf die Auslegung konkreter Normen des EG-Vertrages im Raume steht, ist er inhaltsgleich mit der Lehre von den „implied powers".[342] Auch letztere hat zum Inhalt, die geschriebenen Kompetenznormen im Sinne ihrer vollständigen Wirksamkeit zu interpretieren.[343] Da sich „implied powers"-Lehre und „effet utile"-Gedanke insofern also decken, ergeben sich hier gegenüber den Ausführungen zu den „implied powers" keine zusätzlichen Wertungsgesichtspunkte.[344]

In Übereinstimmung mit den bereits erfolgten Ausführungen zu den „implied powers" ergibt sich auch mit Blick auf den Grundsatz des „effet utile" keine Aufrechnungsbefugnis der Gemeinschaft.[345]

d) Zwischenergebnis

Aus dem EG-Vertrag lässt sich weder unmittelbar noch unter Rückgriff auf „implied powers" bzw. den Grundsatz des „effet utile" eine Aufrechnungsbefugnis der Gemeinschaft ableiten.

2) Sekundärrechtliche Bestimmungen

Nachdem im Primärrecht keine Rechtsgrundlage für eine Aufrechnung der Gemeinschaft gefunden werden konnte, ist nunmehr das Sekundärrecht näher zu

---

340 A. A. *Blumenwitz/ Schöbener*, Stabilitätspakt, S. 40, der zu einer Aufrechnungsbefugnis der Gemeinschaft aus „implied powers" gelangt..

341 Siehe oben S. 77.

342 So auch *Klein*, in: Graf Vitzthum (Hrsg.), Völkerrecht, 4. Abschnitt Rn. 39.

343 Siehe oben S. 92.

344 Vgl. *Blumenwitz/ Schöbener*, Stabilitätspakt, S. 40, der beide Rechtsfiguren gleichrangig gebraucht; vgl. ferner *BVerfG*, E 89, 155 (210) – Maastricht; *Klein* in: Graf Vitzthum (Hrsg.), Völkerrecht, 4. Abschnitt Rn. 39; *Streinz*, Everling-FS, S. 1491 (1502).

345 A. A. in Bezug auf Bußgeldsanktionen gemäß Art. 104 Abs. 11 EG *Blumenwitz/ Schöbener*, Stabilitätspakt, S. 40.

beleuchten. Einen Ansatzpunkt für eine Aufrechnungsbefugnis der Gemeinschaft bietet die seit dem 1. Januar 2003 gültige Haushaltsordnung für den Gesamthaushaltsplan der Europäischen Gemeinschaften[346] (im Folgenden: HO-EG). Gemäß Art. 73 Abs. 1 S. 2 HO-EG werden Forderungen der Gemeinschaften gegenüber einem Schuldner, der selbst gegenüber den Gemeinschaften eine einredefreie, auf Geld gehende und fällige Forderung geltend macht, bei ihrer Einziehung vom Rechnungsführer verrechnet. Dies könnte eine sekundärrechtliche Rechtsgrundlage für eine Aufrechnung der Gemeinschaft gegenüber zahlungsunwilligen Mitgliedstaaten sein. Um überhaupt Handlungsbefugnisse der Gemeinschaft gegenüber anderen Rechtssubjekten einräumen zu können, müsste der Haushaltsordnung jedoch zunächst Außenwirkung zukommen (a). Daneben stellt sich die Frage, ob sich Art. 279 EG, auf dessen Grundlage die Haushaltsordnung erlassen wurde, auf den Erlass einer Vorschrift erstreckt, welche die Gemeinschaft zur Aufrechnung gegenüber Dritten und insbesondere auch gegenüber Mitgliedstaaten ermächtigt (b). Zu guter Letzt ist zu klären, ob die Regelung des Art. 73 Abs. 1 S. 2 HO-EG auch Mitgliedstaaten erfasst oder ob sie sich lediglich auf nichtstaatliche Rechtssubjekte bezieht (c).

a) Außenwirkung der EG-Haushaltsordnung

In Deutschland hat das Bundeshaushaltsgesetz in erster Linie Wirkungen innerhalb der Bundesexekutive, welche zu den im Haushaltsplan vorgesehenen Ausgaben ermächtigt wird.[347] Fraglich ist, ob in vergleichbarer Weise auch die EG-Haushaltsordnung als bloßes Innenrecht zu qualifizieren ist. Die Vorschrift des Art. 73 Abs. 1 S. 2 HO-EG wäre dann als Verwaltungsvorschrift zu verstehen, die den Rechnungsführer unter den genannten Voraussetzungen gegenüber der Kommission zur Einziehung durch Aufrechnung verpflichtet, dies allerdings unter dem Vorbehalt, dass eine Aufrechnung im konkreten Fall gemeinschaftsrechtlich zulässig ist. Die Vorschrift wäre demnach nicht selbst Rechtsgrundlage für eine Aufrechnung, sondern würde eine solche Rechtsgrundlage voraussetzen.

Lange Zeit schien unklar, ob es sich bei der Haushaltsordnung um eine Verordnung im Sinne von Art. 249 Unterabs. 2 EG handelt.[348] Während die ursprüngliche Haushaltsordnung von 1977 ohne nähere Bezeichnung ihrer Rechtsnatur erging, wurden ihre Änderungen jeweils als Verordnungen erlassen. Deshalb erschien es schon damals sachgerecht, die Haushaltsordnung insgesamt als

[346] Verordnung (EG, Euratom) Nr. 1605/2002 des Rates vom 25. Juni 2002 über die Haushaltsordnung für den Gesamthaushaltsplan der Europäischen Gemeinschaften, ABl. Nr. L 248/1 vom 16.9.2002.

[347] *Heun*, in: Dreier (Hrsg.), Grundgesetz, Art. 110 Rn. 31; *Jarass*, in: Jarass/Pieroth, Grundgesetz, Art. 110 Rn. 15.

[348] Vgl. *Schoo*, in: Schwarze (Hrsg.), EU-Kommentar, Art. Art. 279 Rn. 3; *Magiera*, in: Grabitz/ Hilf (Hrsg.), EUV/EGV, Altband II, Art. 209 EG Rn. 2.

Verordnung im materiellen Sinn aufzufassen.[349] Durch die Neufassung der Haushaltsordnung ist diese Frage nunmehr entschieden worden.[350] Zum einen wurde die Haushaltsordnung ausdrücklich als Verordnung erlassen. Zum anderen bestimmt der letzte Satz der Haushaltsordnung, dass sie „in allen ihren Teilen verbindlich" ist und „unmittelbar in jedem Mitgliedstaat gilt". Damit zitiert sie wörtlich Art. 249 Unterabs. 2 EG, der die gleiche Formulierung für die Definition einer Verordnung wählt. Handelt es sich bei der Haushaltsordnung demnach um eine Verordnung i. S. v. Art. 249 Unterabs. 2 EG, so ist sie grundsätzlich in der Lage, Rechtwirkungen über den rein innerorganisatorischen Rechtskreis hinaus zu entfalten. Ob einer Regelung der Haushalsordnung nicht nur potentiell, sondern auch tatsächlich Außenwirkung zukommt und welche Reichweite diese Außenwirkung hat, ist eine Frage ihres materiellen Inhalts.[351] An dieser Stelle genügt zunächst die Feststellung, dass die Haushaltsordnung nicht per se als Innenrecht zu qualifizieren, sondern grundsätzlich geeignet ist, Außenwirkung zu entfalten.

b) Reichweite der Ermächtigung in Art. 279 EG

Fraglich ist, ob eine in der Haushaltsordnung normierte Aufrechnungsbefugnis der Gemeinschaft zu Lasten (auch) der Mitgliedstaaten von der Verordnungsermächtigung des Art. 279 EG gedeckt ist, auf deren Grundlage die Haushaltsordnung ergangen ist. Gemäß Art. 279 EG legt der Rat einstimmig auf Vorschlag der Kommission und nach Anhörung des Europäischen Parlaments und Stellungnahme des Rechnungshofes insbesondere die Haushaltsordnung (Art. 279 lit. a EG) sowie die Vorschriften über die Verantwortung der Finanzkontrolleure, der anweisungsbefugten Personen und der Rechnungsführer (Art. 279 lit. c EG) fest. Im Rahmen der Haushaltsordnung wird gemäß Art. 279 lit. a EG insbesondere auch die Ausführung des Haushaltsplans geregelt. In Anlehnung an die Regelung in Art. 274 EG, die ebenfalls von der Ausführung des Haushaltsplans spricht[352], kann unter dieser Formulierung der Erlass aller Rechtshandlungen und sonstigen Maßnahmen verstanden werden, die erforderlich sind, um die im Haushaltsplan vorgesehenen Ausgaben zu Lasten der EG-Vertrag zu leisten und die zu ihren Gunsten vorgesehenen Einnahmen zu erheben.[353] Dies schließt ein, dass durch den Haushaltsplan Rechtswirkungen begründet werden, die gemäß Art. 249 EG mit anderen Handlungsformen, z. B. Entscheidungen,

---

349 *Bieber* in: GTE, Art. 209 EGV Rn. 4; *Magiera,* in: Grabitz/ Hilf (Hrsg.), EUV/EGV, Altband II, Art. 209 EGV Rn. 2; *Schoo,* in: *Schwarze,* EUV/EGV, Art. 279 Rn. 3.

350 *Niedobitek,* in: Streinz (Hrsg.), EUV/EGV, Art. 279 EG Rn. 8.

351 Siehe dazu unten S. 97.

352 Art. 274 S. 1 EG: „Die Kommission führt den Haushaltsplan [...] in eigener Verantwortung aus."

353 *Bieber,* in: GTE, Art. 205 EGV Rn. 1.

verbunden sind.[354] Dementsprechend müssen auch Handlungsbefugnisse, welche mit den Rechtsfolgen einer Aufrechnung verbunden sind, durch die Haushaltsordnung begründet werden können. Da Art. 279 EG als Spezialvorschrift gegenüber den allgemeinen Rechtssetzungsvorschriften aufzufassen ist[355], kommen Einschränkungen, welche es dem Verordnungsgeber untersagen, Aufrechnungsbefugnisse gegenüber den Mitgliedstaaten zu normieren, nicht in Betracht[356]. Eine Aufrechnungsbefugnis, welche auch die Mitgliedstaaten erfasst, wäre folglich von der Verordnungsermächtigung des Art. 279 EG grundsätzlich gedeckt.

c) Der Schuldnerbegriff des Art. 73 HO-EG

Unklar ist jedoch, ob die Mitgliedstaaten von der Aufrechnungsregelung in Art. 73 Abs. 1 S. 2 HO-EG auch tatsächlich erfasst sind. Art. 73 Abs. 1 S. 2 HO-EG spricht allgemein von „Schuldnern" der Gemeinschaft, ohne dies in Richtung etwa auf natürliche und juristische Personen sowie Staaten oder andere Hoheitsträger zu konkretisieren. Mit Blick auf das besondere institutionelle Verhältnis zwischen der Gemeinschaft und den Mitgliedstaaten werden diese in den Befugnisnormen des Gemeinschaftsrechts in der Regel ausdrücklich genannt, was dafür sprechen könnte, Mitgliedstaaten als vom Schuldnerbegriff des Art. 73 Abs. 1 S. 2 HO-EG nicht erfasst anzusehen. Im Vergleich zu Art. 73 Abs. 1 S. 2 HO-EG spricht jedoch etwa Art. 72 Abs. 2 HO-EG, der die Formalisierung der Forderungsfeststellung in bestimmten Fällen regelt, von Forderungen „gegenüber anderen Schuldnern als Staaten".[357] Da Art. 73 Abs. 1 S. 2 HO-EG demgegenüber nur von Schuldnern im Allgemeinen spricht, führt eine systematische Auslegung zu dem Ergebnis, dass der Schuldnerbegriff des Art. 73 Abs. 1 S. 2 HO-EG auch Mitgliedstaaten erfassen muss.[358]

d) Zwischenergebnis

Das europäische Sekundärrecht stellt in Gestalt von Art. 73 Abs. 1 S. 2 HO-EG eine Rechtsgrundlage für die Aufrechnung der Gemeinschaft gegenüber zahlungsunwilligen Mitgliedstaaten zur Verfügung.

---

[354] *Bieber*, in: GTE, Art. 209 EGV Rn. 4.

[355] *Bieber*, in: GTE, Art. 209 EGV Rn. 1.

[356] Soweit ersichtlich, wurde diese Frage in Rechtsprechung und Literatur bislang noch nicht aufgegriffen.

[357] Art. 72 Abs. 2 HO-EG: „Das Organ kann die Feststellung einer Forderung gegenüber anderen Schuldnern als Staaten durch eine Entscheidung formalisieren, die ein vollstreckbarer Titel gemäß Artikel 256 EG-Vertrag ist."

[358] Vgl. auch die Mitteilung der *Kommission* in KOM(2002) 671 endg., S. 19 f.

3) Aufrechnung als allgemeiner Rechtsgrundsatz

Selbst wenn man für eine Aufrechnung die haushaltsrechtliche Regelung des Art. 73 Abs. 1 S. 2 HO-EG nicht als ausreichende Rechtsgrundlage qualifizieren wollte, könnte dem Gemeinschaftsrecht ein allgemeiner Rechtsgrundsatz immanent sein, nach dem eine Aufrechnung zulässig ist. Ein solcher allgemeiner Rechtsgrundsatz des Gemeinschaftsrechts könnte auch für die Auslegung des Art. 73 Abs. 1 S. 2 HO-EG sowie für die nähere inhaltliche Konkretisierung der Aufrechnungsregelung, insbesondere auch für die Frage etwaiger Aufrechnungsverbote von Bedeutung sein. Methodisch sind hier zunächst der Geltungsgrund allgemeiner Rechtsgrundsätze des Gemeinschaftsrechts sowie die Ermittlungsmethode zu ihrer Herleitung zu erörtern (a). Sodann soll die Rechtsprechung des EuGH auf eine Anerkennung der Aufrechnung als allgemeinen Rechtsgrundsatz hin untersucht werden (b), bevor auf der Grundlage der dargestellten Ermittlungsmethode der Frage nachgegangen wird, inwiefern sich ein derartiger Rechtsgrundsatz im Gemeinschaftsrecht legitimieren lässt (c).

a) Geltungsgrund und Ermittlungsmethoden

Das geschriebene Primärrecht nimmt nur an zwei Stellen Bezug auf die Rechtsquelle allgemeiner Rechtsgrundsätze: Gemäß Art. 288 Abs. 2 EG ersetzt die Gemeinschaft im Bereich der außervertraglichen Haftung den durch ihre Organe oder Bediensteten in Ausübung ihrer Amtstätigkeit verursachten Schaden „nach den allgemeinen Rechtsgrundsätzen, die den Rechtsordnungen der Mitgliedstaaten gemeinsam sind". Art. 6 Abs. 2 EU spricht von den Grundrechten, „wie sie sich aus den gemeinsamen Verfassungsüberlieferungen der Mitgliedstaaten als allgemeine Grundsätze des Gemeinschaftsrechts ergeben". Wesensmerkmal der allgemeinen Rechtsgrundsätze ist demnach ihre Ableitung aus den mitgliedstaatlichen Rechtsordnungen[359], während etwa die oben erörterten „implied powers" an Bestimmungen des geschriebenen Gemeinschaftsrechts anknüpfen. In seiner richtungweisenden Rechtsprechung zu den Gemeinschaftsgrundrechten hat der EuGH darauf hingewiesen, dass der Gerichtshof die allgemeinen Rechtsgrundsätze zu wahren habe.[360] Dies verdeutlicht, dass die allgemeinen Rechtsgrundsätze als Teil des „Rechts" i. S. v. Art. 220 EG zu verstehen sind, dessen Wahrung nach dieser Vorschrift Aufgabe des Gerichtshofs ist.[361] Mit

[359] *Bieber/ Epiney/ Haag*, Europäische Union, § 6 Rn. 17; *Bleckmann*, Europarecht, Rn. 581; *Oppermann*, Europarecht, Rn. 482.

[360] *EuGH*, Slg. 1970, 1125 (Rn. 3), Rs. 11/70 – Internationale Handelsgesellschaft; Slg. 1974, 491 (Rn. 13), Rs. 4/73 – Nold.

[361] *Gaitanides*, in: Groeben/ Schwarze (Hrsg.), EUV/EGV, Art. 220 EG Rn. 18; *Huber*, in: Streinz (Hrsg.), EUV/EGV, Art. 220 EG Rn. 13; *Pernice/Mayer*, in: Grabitz/ Hilf (Hrsg.), EUV/EGV, Art. 220 EG Rn. 26; vgl. auch *EuGH*, Slg. 1976, 1381 (Rn. 26/32), Rs. 54/75 – De Dapper, wo der Gerichtshof zum „Recht" i. S. v. Art. 164 EWGV auch die dem

dem Wort „Recht“ wird der Inbegriff der Gerechtigkeitsidee der europäischen Verfassungskultur in das Gemeinschaftsrecht einbezogen, der in den Gründungsverträgen wie in den mitgliedstaatlichen Verfassungen einen jeweils spezifischen Ausdruck gefunden hat.[362] Erfasst werden daher auch die allgemeinen Rechtsgrundsätze. Diese werden über ihre Nennung in Art. 288 Abs. 2 EG hinaus vom EuGH in ständiger Rechtsprechung zur Lückenfüllung im Gemeinschaftsrecht herangezogen.[363]

Wenngleich die Methodik des EuGH zur Ermittlung allgemeiner Rechtsgrundsätze nicht immer einheitlich erscheint, ist die Tendenz zu einer „wertenden“ Rechtsvergleichung zu erkennen[364], die auch im Schrifttum breite Anerkennung findet.[365] Die Besonderheit dieser rechtsvergleichenden Methode besteht darin, dass sie nicht den kleinsten gemeinsamen Nenner aller mitgliedstaatlichen Rechtsordnungen oder deren arithmetisches Mittel sucht, sondern diejenige Lösung im nationalen Recht ermittelt, zu welcher sich die mitgliedstaatlichen Rechtsordnungen tendenziell orientieren und die den Zielsetzungen der Gemeinschaft am nächsten kommt bzw. die dem Gemeinschaftsrecht am besten Geltung verschaffen kann.[366] Zu diesem Zweck hat der EuGH in seinem Urteil vom 25. Februar 1969 in der Rechtssache „Klomp“ zur Untermauerung eines Rechtsgrundsatzes sogar auf dessen römisch-rechtliche Wurzeln zurückgegriffen.[367] Der Rückgriff auf die wertende Rechtsvergleichung zur Ermittlung eines allgemeinen Rechtsgrundsatzes des Gemeinschaftsrechts erfordert folglich

---

Wahlrecht aller Mitgliedstaaten gemeinsamen freiheitlichen und demokratischen Grundsätze zählt.

362 *Pernice/Mayer,* in: Grabitz/ Hilf (Hrsg.), EUV/EGV, Art. 220 EG Rn. 17.

363 Vgl. etwa *EuGH,* Slg. 1978, 169 ff., Rs. 78/77 – Luehrs; Slg. 1979, 461 ff., Rs. 85/76 – Hoffmann-La Roche; Slg. 1979, 677 ff., Rs. 122/78 – Buitoni; Slg. 1980, 617 ff., Rs. 265/78 – Ferwerda; Slg. 1980, 1677 ff., verb. Rs. 33 u. 75/79 – Kuhner; Slg. 1980, 2403 ff., Rs. 32/79 – Kommission / Vereinigtes Königreich; Slg. 1994, I-3681 ff., Rs. C-359/92 – Deutschland / Rat.

364 Vgl. *EuGH,* Slg. 1970, 1125 (Rn. 4), Rs. 11/70 – Internationale Handelsgesellschaft; GA *Lagrange,* Slg. 1962, 514 (570 f.), Rs. 9/61 u. 11/61 – Hoogovens; GA *Roemer,* Slg. 1971, 987 (990), Rs. 5/71 – Zuckerfabrik; GA *Léger,* Slg. 2003, 7617 (Nr. 43), Rs. C-87/01 P – CCRE; *Oppermann,* Europarecht, Rn. 483.

365 Vgl. *Ipsen,* Gemeinschaftsrecht, 5/20 (S. 113); *Meessen,* JIR 1974, 283 (301 ff.); *Schweitzer/ Hummer,* Europarecht, Rn. 15 f.; *Streinz,* Europarecht, Rn. 361; s. auch die Stellungnahme der Kommission bei EuG, Slg. 2000, II-4099 (Rn. 47), Rs. T-105/99 – CCRE sowie GA *Roemer,* Slg. 1971, 987 (990), Rs. 5/71 – Zuckerfabrik.

366 *EuGH,* Slg. 1970, 1125 (Rn. 4), Rs. 11/70 – Internationale Handelsgesellschaft; GA *Roemer,* Slg. 1971, 987 (990), Rs. 5/71 – Zuckerfabrik; GA *Mancini,* Slg. 1983, 421 (442), Rs. 250/78 – Deka; GA *Léger,* Slg. 2003, 7617 (Nr. 64), Rs. C-87/01 P – CCRE; *Ipsen,* Gemeinschaftsrecht, 5/20 (S. 113); *Meessen,* JIR 1974, 283 (301 f.); *Oppermann,* Europarecht, Rn. 483; *Schweitzer/ Hummer,* Europarecht, Rn. 16; *Zweigert,* RabelsZ 28 (1964), 601 (611).

367 *EuGH,* Slg. 1969, 43 (51), Rs. 23/68 – Klomp.

nicht, dass die gefundene Rechtsnorm in sämtlichen mitgliedstaatlichen Rechtsordnungen enthalten ist.[368] In der Rechtssache „Kampffmeyer“[369] erklärte der EuGH eine Klage zur Feststellung der Haftung für einen künftigen Schaden für zulässig, obwohl es eine solche Klage nicht in allen Mitgliedstaaten gab.[370] Der Gerichtshof ließ es insofern genügen, dass sie in den meisten nationalen Rechtsordnungen zugelassen war.[371] Auch Unterschiede in der Tragweite sowie in den Anwendungsvoraussetzungen der fraglichen Regelung sind für die Begründung eines allgemeinen Rechtsgrundsatzes kein Hindernis. Im Urteil AM & S Europe[372] hat der EuGH das Bestehen eines Grundsatzes der Vertraulichkeit des Schriftwechsels zwischen Rechtsanwälten und ihren Mandanten anerkannt, obwohl es zwischen den mitgliedstaatlichen Rechtsordnungen erhebliche Unterschiede in Bezug auf Geltungsbereich und tatbestandliche Ausgestaltung gab. Der Gerichtshof stellte fest, das genannte Vertraulichkeitsprinzip sei "im Grundsatz anerkannt", insoweit ließen die nationalen Rechtsordnungen "gemeinsame Kriterien" erkennen.[373] Ein hinreichender Grad an Übereinstimmung, welcher die Annahme eines allgemeinen Rechtsgrundsatzes rechtfertigt, besteht demnach dann, wenn jedenfalls der tragende Rechtsgedanke der Mehrheit der mitgliedstaatlichen Rechtsordnungen immanent ist.[374]

Aber nicht nur die mitgliedstaatlichen Rechtsordnungen sind Erkenntnisquelle zur Ermittlung allgemeiner Rechtsgrundsätze. Auch die Strukturprinzipien des Gemeinschaftsrechts können herangezogen werden.[375] Hierfür kommen insbesondere die in Art. 6 Abs. 1 EU niedergelegten Grundsätze der Freiheit, der Demokratie, der Achtung der Menschenrechte und Grundfreiheiten sowie der Rechtsstaatlichkeit in Betracht.[376]

---

368 GA *Roemer,* Slg. 1971, 987 (990), Rs. 5/71 – Zuckerfabrik.

369 *EuGH,* Slg. 1976, 711 ff., verb. Rs. 56/74 bis 60/64 – Kampffmeyer u.a.

370 GA *Reischl,* Slg. 1976, 711 (752 f.), verb. Rs. 56/74 bis 60/64 – Kampffmeyer u.a.

371 *EuGH,* Slg. 1976, 711 (Rn. 6), verb. Rs. 56/74 bis 60/64 – Kampffmeyer u.a.; vgl. auch *EuGH, Slg.* 1974, 1063 (Rn. 15), Rs. 17/74 – Transocean Marine Paint Association, in dem der Gerichtshof es als allgemeinen Grundsatz anerkannte, "dass die Adressaten von Entscheidungen der öffentlichen Behörden, wenn ihre Interessen durch die Entscheidung spürbar berührt werden, Gelegenheit erhalten müssen, ihren Standpunkt gebührend darzulegen", obgleich eine solche Regelung nicht in allen Mitgliedstaaten existierte (Schlussanträge von GA *Warner*, ebd., S. 1089 f.).

372 *EuGH,* Slg. 1982, 1575 ff., Rs. 155/79 – AM & S Europe.

373 *EuGH,* Slg. 1982, 1575 (Rn. 8 ff.), Rs. 155/79 – AM & S Europe.

374 *Ipsen,* Gemeinschaftsrecht, 5/20 (S. 113); *Meessen,* JIR 1974, 283 (301 f.); *Schweitzer/Hummer,* Europarecht, Rn. 16.

375 Vgl. *Oppermann,* Europarecht, Rn. 484, 486.

376 *Oppermann,* Europarecht, Rn. 484.

b) Die Rechtsprechung des EuGH

Ein erster Anhaltspunkt, der auf die Anerkennung eines allgemeinen Rechtsgrundsatzes der Aufrechnung durch den EuGH hindeuten könnte, findet sich in dem Urteil des EuGH in der Rechtssache „DEKA“[377]. Dort hatte die Kommission gegenüber den Forderungen eines deutschen Wirtschaftsteilnehmers mit einer Gegenforderung aufgerechnet. Das betroffene Unternehmen bestritt die Zulässigkeit der Aufrechnung und klagte auf Auszahlung der geforderten Beträge. Der EuGH führte in seinem Urteil aus, dass die gemeinschaftsrechtlichen Vorschriften über die Erstattungen bei der Erzeugung oder Ausfuhr von Getreideprodukten wechselseitige Forderungen zwischen der Gemeinschaft und den Wirtschaftsteilnehmern begründen könnten, welche sich zur Aufrechnung eigneten.[378] Darüber hinaus wies der EuGH darauf hin, dass im Falle eines zahlungsunfähigen Wirtschaftsteilnehmers die Aufrechnung tatsächlich der einzig gangbare Weg für eine Behörde sein könne, zu Unrecht gezahlte Beträge zurückzuerlangen.[379] Da die Klage aufgrund einer rechtsmissbräuchlichen Forderungsabtretung durch das klagende Unternehmen abgewiesen wurde, brauchte der EuGH auf die gemeinschaftsrechtliche Zulässigkeit einer Aufrechnung nicht näher einzugehen. Unbeantwortet blieben insbesondere die Frage, ob die Rechtsgrundlage einer Aufrechnung der Gemeinschaft im nationalen Recht oder im Gemeinschaftsrecht anzusiedeln ist, sowie die Frage, unter welchen Voraussetzungen eine Aufrechnung zulässig sein soll. Zwar erkannte der EuGH unter Hinweis auf eine effektive Durchsetzbarkeit von Gemeinschaftsforderungen[380] die im konkreten Fall bestehende Befugnis der Kommission zur Aufrechnung gegenüber einem privaten Wirtschaftsteilnehmer an, jedoch konnte hieraus noch nicht auf die ausdrückliche Anerkennung eines allgemeinen Rechtsgrundsatzes der Zulässigkeit der Aufrechnung geschlossen werden.[381]

Die Urteile „Continental Irish Meat“[382] und „Jensen“[383], welche sich ebenfalls mit Aufrechnungsfragen auseinandersetzen, betreffen nach zutreffender Auffassung nicht die Frage der Aufrechnungsbefugnis der Gemeinschaft[384], son-

---

[377] *EuGH*, Slg. 1983, 421 ff., Rs. 250/78 – DEKA.

[378] *EuGH*, Slg. 1983, 421 (Rn. 13), Rs. 250/78 – DEKA.

[379] *EuGH*, Slg. 1983, 421 (Rn. 14), Rs. 250/78 – DEKA; Slg. 1998, I-2975 (Rn. 36), Rs. C-132/95 – Jensen.

[380] Vgl. auch die Schlussanträge von GA *Mancini* in derselben Rechtssache, Slg. 1983, 421 (439), Rs. 250/78 – DEKA; Mancini wies hier darauf hin, dass eine Forderung mit gemeinschaftsrechtlicher Grundlage den gleichen Durchsetzbarkeitsgrad im gesamten Bereich des Gemeinsamen Marktes haben muss.

[381] So auch GA *Léger*, Slg. 2003, I-7617 (Nr. 39), Rs. C-87/01 P – CCRE.

[382] *EuGH*, Slg. 1985, 3441 ff., Rs. 125/84 – Continental Irish Meat.

[383] *EuGH*, Slg. 1998, I-2975 ff., Rs. C-132/95 – Jensen.

[384] So aber offenbar die Kommission in ihrer Stellungnahme in der Rs. CCRE, Slg. 2003, I-7617 (Rn. 36), Rs. C-87/01 P – CCRE.

dern die gemeinschaftsrechtliche Zulässigkeit der Aufrechnung nationaler Behörden gegenüber gemeinschaftsrechtlich begründeten Forderungen privater Wirtschaftsteilnehmer.[385]

In der Rechtssache „CCRE“[386] hatten sich das EuG sowie der EuGH mit einem Sachverhalt auseinanderzusetzen, der insbesondere auch die Frage nach der Rechtsgrundlage einer Aufrechnung der Gemeinschaft im Gemeinschaftsrecht zum Gegenstand hatte. Nachdem das EuG die Frage offen gelassen hatte, schlug GA *Léger* im Rechtsmittelverfahren vor dem EuGH als Ergebnis einer wertenden Rechtsvergleichung die Anerkennung eines allgemeinen Rechtsgrundsatzes der Zulässigkeit der Aufrechnung im Gemeinschaftsrecht vor.[387] In seinem Urteil griff der EuGH die Rechtsfrage auf[388], ohne abschließend Stellung zu nehmen, da es für den konkreten Fall auf die Antwort nicht ankam.

Damit bleibt festzustellen, dass sich aus der Rechtsprechung des EuGH trotz einiger Anhaltspunkte noch keine Anerkennung eines allgemeinen Rechtsgrundsatzes der Aufrechnung im Gemeinschaftsrecht ableiten lässt.

c) Die Aufrechnung als allgemeiner Rechtsgrundsatz des Gemeinschaftsrechts

Nunmehr ist zu untersuchen, ob ein solcher allgemeiner Rechtsgrundsatz auf Grundlage der oben skizzierten Methode[389] ermittelt werden kann. Zunächst ist zu untersuchen, ob auf Grundlage der mitgliedstaatlichen Rechtsordnungen ein allgemeiner Rechtsgrundsatz der Aufrechnung begründet werden kann (aa) und welches Verhältnis ein solcher Grundsatz zu der Regelung des Art. 73 Abs. 1 S. 2 HO-EG einerseits und zu den mitgliedstaatlichen Aufrechnungsregelungen andererseits aufwiese (bb). Schließlich ist zu klären, ob ein allgemeiner Rechtsgrundsatz der Aufrechnung auch eine solche der Gemeinschaft gegenüber Mitgliedstaaten erfassen kann (dd).

aa) Die Regelungen in den Mitgliedstaaten

In Deutschland ist die Aufrechnung vornehmlich in den §§ 387 ff. BGB geregelt. Tatbestandlich setzt die Aufrechnung hier grundsätzlich voraus, dass Haupt- und Gegenforderungen gleichartig und gegenseitig sind, dass also der

---

[385] GA *Léger*, Slg. 2003, I-7617 (Nr. 37, Fn. 27), Rs. C-87/01 P – CCRE.

[386] Slg. 2003, I-7617 ff., Rs. C-87/01 P – CCRE.

[387] GA *Léger*, Slg. 2003, I-7617 (Nr. 63, 73), Rs. C-87/01 P – CCRE.

[388] Die zum Zeitpunkt der Entscheidung neue, nichtsdestotrotz aber rechtswirksame Regelung des Art. 73 Abs. 1 S. 2 HO-EG wurde vom EuGH übersehen. Selbst wenn dieser der Auffassung gewesen wäre, dass es sich bei der Vorschrift um keine taugliche Rechtsgrundlage für eine Aufrechnung der Gemeinschaft handelt, hätte er sich mit dieser Frage in seiner Entscheidung wohl auseinandersetzen müssen.

[389] Siehe oben S. 99.

Gläubiger der Hauptforderung zugleich Schuldner der Gegenforderung ist und beide Forderungen denselben Leistungsgegenstand haben. Daneben muss die Hauptforderung erfüllbar, die Gegenforderung dagegen fällig und durchsetzbar sein. Durchsetzbar ist eine Forderung, wenn ihr keine rechtshindernden, rechtsvernichtenden oder rechtshemmenden Einwendungen entgegenstehen (z. B. die Einrede der Verjährung), so dass sie auch tatsächlich eingeklagt werden könnte.[390] Zu guter Letzt dürfen der Aufrechnung keine Aufrechnungsverbote entgegenstehen. Auch eine Aufrechnung gegenüber dem Staat ist nach deutschem Recht grundsätzlich zulässig[391], wie sich aus § 395 BGB ergibt.[392] Charakteristisch für die Aufrechnung nach deutschem Recht ist ihr Vollzug durch einseitige Willenserklärung. Dieses Modell sieht auch das polnische Recht vor.[393]

Das italienische Recht regelt das Rechtsinstitut der Aufrechnung (compensazione) in den Art. 1241 bis 1252 des codice civile (c.c.). Das Gesetz unterscheidet dabei zwischen drei Formen der Aufrechnung: der Legalaufrechnung (compensazione legale)[394], der gerichtlichen Aufrechnung (compensazione giudiziale)[395] sowie der freiwilligen, sprich vertraglichen Aufrechnung (compensazione volontaria).[396] Dabei stellt die Legalaufrechnung den gesetzlichen Normalfall dar, von der die übrigen Aufrechnungsformen abgeleitet sind.[397] In der Praxis kommt ihr daher die weitaus größte Bedeutung zu.[398] Die Voraussetzungen einer Aufrechnung sind hier Gegenseitigkeit (reciprocità), Gleichartigkeit (omogeneità), Durchsetzbarkeit (esigibilità) und Liquidität (liquidità) beider Forderungen.[399] Das Merkmal der Durchsetzbarkeit ist hier nicht beschränkt auf Einwendungen und schließt deshalb begriffslogisch die Fälligkeit der Forderung mit ein.[400] Das im deutschen Recht unbekannte Tatbestandsmerkmal der Liquidität

---

390 *Gursky*, in: Staudinger, § 387 Rn. 125 ff.

391 Zur Anwendbarkeit der zivilrechtlichen Aufrechnungsregelungen im Verwaltungsrecht siehe *Detterbeck*, DÖV 1996, 889 ff.

392 Allerdings ist gemäß § 395 BGB die Aufrechnung gegen Forderungen der öffentlichen Hand nur zulässig, wenn die Leistung an dieselbe Kasse zu erfolgen hat, aus welcher die Forderung des Aufrechnenden zu begleichen ist (zur Frage eines entsprechenden Aufrechnungsverbotes im Gemeinschaftsrecht siehe unten S. 144 ff.). Auch kann die Aufrechnung gegenüber Forderungen öffentlich-rechtlicher Körperschaften in bestimmten Fällen weiter eingeschränkt sein, wie etwa im Falle von Steuerschulden durch § 226 AO. Gegen Bußgelder und Geldstrafen kann nicht aufgerechnet werden (*Gursky*, in: Staudinger, § 393 Rn. 19).

393 *Pyziak-Szafnicka*, Aufrechnung, S. 117 (119 f.).

394 Art. 1242 Abs. 1 c.c.

395 Art. 1242 Abs. 2 c.c.

396 Art. 1252 c.c.

397 *Kannengießer*, Aufrechnung, S. 7.

398 Vgl. *Schlesinger*, Compensazione, S. 722.

399 *Kannengießer*, Aufrechnung, S. 7 ff.

400 Vgl. *Kannengießer*, Aufrechnung, S. 16.

bedeutet seinem Wortsinn nach zunächst, dass eine Forderung durch ein rechtskräftiges Urteil festgestellt wurde.[401] Darüber hinaus hat es zum Inhalt, dass tatsächliches Bestehen und Höhe der Forderung, mit der aufgerechnet werden soll, feststehen müssen.[402] Dies ist jedoch nicht nur dann gegeben, wenn die Forderung durch rechtskräftiges Urteil festgestellt wurde, sondern auch dann, wenn sie unbestritten ist bzw. offensichtlich unbegründet bestritten wird.[403] Charakteristisch für das italienische Modell der Legalaufrechnung ist deren Vollziehung aufgrund Gesetzes, also ohne Willenserklärung einer Partei, wenngleich die rechtlichen Konsequenzen hieraus in der italienischen Literatur durchaus umstritten sind.[404] Ebenso wie das italienische Recht sieht etwa auch das französischen Recht das Konzept einer Legalaufrechnung vor.[405]

Grundlegend anders strukturiert als das kontinentaleuropäische Recht ist das dem anglo-amerikanischen Rechtskreis zuzuordnende Recht Englands, Schottlands, Nordirlands und Irlands, wenngleich auch hier Rechtsinstitute bekannt sind, die in Zweck und Wirkung der Aufrechnung entsprechen. Verdeutlicht sei dies am Beispiel des englischen Rechts[406]: Auch das englische Recht kennt mit dem so genannten „set-off" sowie dem „counterclaim" Rechtsinstitute, welche zwar in ihrer Zielsetzung der Aufrechnung entsprechen, sich allerdings in ihrer Konzeption grundlegend von den kontinentaleuropäischen Rechtsordnungen unterscheiden. Im Gegensatz zu den meisten anderen mitgliedstaatlichen Rechtsordnungen handelt es sich hier um rein prozessuale Institute, so dass eine Aufrechnung wechselseitiger Forderungen grundsätzlich nur durch richterlichen Gestaltungsakt erfolgen kann. Während der set-off ein bloßes Verteidigungsmittel darstellt, mit dem der Schuldner günstigstenfalls die Abweisung der Klage erreichen kann, ist der counterclaim eine eigenständige Widerklage, mit welcher der ursprünglich Beklagte erreichen kann, dass ihm seinerseits ein Anspruch gegen den Kläger zugesprochen wird. Die Voraussetzungen des set-off sind den Voraussetzungen der Aufrechnung in anderen mitgliedstaatlichen Rechtsordnungen ähnlich: Erforderlich sind hier Gegenseitigkeit (mutuality), Gleichartigkeit[407], Liquidität (liquidity) und Fälligkeit (maturity).[408] Ist der Staat

---

401 *Bucher,* Geimer-FS, S. 97 (111).

402 Vgl. *Ragusa-Maggiore,* Compensazione, S. 17 (22); *Schlesinger,* Compensazione, S. 722 (723).

403 *Kannengießer,* Aufrechnung, S. 14 mit weiteren Ausführungen zu der umstrittenen Frage, ob und wann Liquidität auch im Falle einer bestrittenen Forderung vorliegt.

404 Vgl. *Kannengießer,* Aufrechnung, S. 23 ff. m. w. N.

405 S. *Kannengießer,* Aufrechnung, S. 51 ff. m. w. N.

406 Die Rechtsordnungen Schottlands, Nordirlands und Irlands gleichen dem englischen Recht im Wesentlichen, so dass die Ausführungen zum englischen Recht sinngemäß auch hier gelten.

407 Nach ord. 18 r. 17 R.S.C. ist der set-off überhaupt nur bei Forderungen auf Geld möglich.

408 Vgl. *Kannengießer,* Aufrechnung, S. 59 ff.

am Rechtsverhältnis beteiligt, so besteht die Einschränkung, dass etwa Privatpersonen nicht gegen Steuer- und Gebührenforderungen sowie gegen Geldstrafen aufrechnen dürfen.[409] Ferner muss dasselbe Ministerium verpflichtet und beteiligt sein.[410] Der Staat wird also insofern nicht als Einheit betrachtet. Die Voraussetzungen des counterclaim sind weniger streng, was sich insbesondere im Verzicht auf das Erfordernis der Liquidität niederschlägt.[411]

Insgesamt lassen sich in den Mitgliedstaaten bezüglich der Aufrechnung also drei „Familien" von Rechtsordnungen unterscheiden:[412]

Die erste Kategorie von Rechtsordnungen hat eine Konzeption geschaffen, die auf der gesetzlichen Aufrechnung beruht (z. B. das französische und das italienische Recht). In diesen Rechtsordnungen treten die Wirkungen der Aufrechnung automatisch ein, sobald die Voraussetzungen der Gegenseitigkeit, der Austauschbarkeit, der Fälligkeit und der Liquidität der Schulden erfüllt sind. Fehlt es an einer der Voraussetzungen für die gesetzliche Aufrechnung, so kann diese trotzdem erfolgen, wenn sich die Parteien darüber einig werden (vertragliche Aufrechnung) oder das Gericht sie ausspricht (gerichtliche Aufrechnung).

Die zweite Kategorie von Rechtsordnungen sieht eine Konzeption der Aufrechnung durch Parteierklärung vor (z. B. das deutsche und das polnische Recht). Nach dieser Konzeption erfolgt die Aufrechnung der Schulden durch einseitige Willenserklärung eines Schuldners gegenüber dem Gläubiger. Voraussetzung ist, dass die Schulden gegenseitig, austauschbar und fällig sind. Das Erfordernis der gesetzlichen Aufrechnung, dass die Schuld auch liquide sein muss, entfällt hier.

Die dritte Kategorie von Rechtsordnungen kennt nur eine vom Gericht ausgesprochene Aufrechnung (das englische, das schottische und das irische Recht). Voraussetzungen sind hier wie bei der Konzeption einer gesetzlichen Aufrechnung die Gegenseitigkeit, Gleichartigkeit, Fälligkeit und Liquidität der Schulden.

Trotz unterschiedlicher Konzeptionen kennen demnach letztlich alle mitgliedstaatlichen Rechtsordnungen ein der Aufrechnung entsprechendes Rechtsinstitut.[413] Während nur das Recht des Vereinigten Königreichs sowie das irische Recht eine prozessuale Lösung vorsehen, ist die Aufrechnung in den konti-

---

409 *Kannengießer,* Aufrechnung. S. 63 mit Nachweisen aus der englischen Rechtsprechung.

410 Ebd.

411 Da über den geltend gemachten Gegenanspruch im Wege einer Widerklage entschieden wird (siehe oben), ist das Erfordernis der Liquidität hier überflüssig.

412 Vgl. GA *Léger,* Slg. 2003, I-7617 (Nr. 44), Rs. C-87/01 P – CCRE; *Pyziak-Szafnicka,* Aufrechnung, S. 117 (118); *Zimmermann,* Medicus-FS, S. 707 ff.

413 GA *Léger,* Slg. 2003, I-7617 (Nr. 44 f.), Rs. C-87/01 P – CCRE; vgl. auch die rechtsvergleichenden Darstellungen bei *Bucher,* Geimer-FS, S. 97 ff., *Pichonnatz,* Compensation, *Pyziak-Szafnicka,* Aufrechnung, S. 117 (118) sowie *Zimmermann,* Medicus-FS, S. 707 ff.; *ders.,* Comparative Foundations, S. 18 ff.

nentaleuropäischen Rechtsordnungen durchweg materiellrechtlich verankert. Die Voraussetzungen der Aufrechnung weisen große Gemeinsamkeiten auf. Gegenseitigkeit, Gleichartigkeit, Fälligkeit und Durchsetzbarkeit sind allen Rechtsordnungen gemein. Auch der Gesichtspunkt der Liquidität findet letztlich in allen Rechtsordnungen Berücksichtigung. Dabei ordnen etwa das italienische und das französische Recht die Liquidität den materiellen Voraussetzungen der Aufrechnung zu, während sie nach deutschem und englischem Recht als prozessuales Problem gesehen wird.[414]

Aufgrund der vorstehenden Erörterung kann festgestellt werden, dass der tragende Rechtsgedanke, wonach sich gegenüberstehende Forderungen unter bestimmten Voraussetzungen gegeneinander aufgerechnet werden können, allen mitgliedstaatlichen Rechtsordnungen gemeinsam ist, so dass die Aufrechnung als allgemeiner Rechtsgrundsatz des Gemeinschaftsrechts gelten kann.[415] Dem stehen die bestehenden Detailunterschiede in den mitgliedstaatlichen Rechtsordnungen bei wertender Rechtsvergleichung nicht entgegen.[416]

bb) Tragweite des allgemeinen Rechtsgrundsatzes der Aufrechnung

Zu klären ist das Verhältnis des allgemeinen Rechtsgrundsatzes der Aufrechnung zu der Regelung des Art. 73 Abs. 1 S. 2 HO-EG einerseits sowie zu den mitgliedstaatlichen Aufrechnungsregelungen anderseits.

Ein Anwendungsbereich für die allgemeinen Rechtsgrundsätze des Gemeinschaftsrechts besteht grundsätzlich nur dort, wo das geschriebene Gemeinschaftsrecht unvollständig ist.[417] Da es sich nach der hier vertretenen Auffassung bei Art. 73 Abs. 1 S. 2 HO-EG um eine wirksame Rechtsgrundlage für eine Aufrechnung der Gemeinschaft handelt, ist die Regelung in ihrem Anwendungsbereich als lex specialis gegenüber dem allgemeinen Rechtsgrundsatz zu betrachten. Wie sich jedoch zeigen wird, weist Art. 73 Abs. 1 S. 2 HO-EG einige Unklarheiten und Lücken auf, so dass es zur Auslegung und Anwendung der Regelung des punktuellen Rückgriffs auf den allgemeinen Rechtsgrundsatz der Aufrechnung bedarf.[418]

Bezüglich der nationalen Aufrechnungsregelungen in den Mitgliedstaaten ist daran zu erinnern, dass grundsätzlich allen verbindlichen Rechtsakten der Ge-

---

414 In Deutschland geregelt durch § 145 Abs. 3 ZPO; da der set-off nach englischem Recht ohnehin ein prozessualer Rechtsbehelf ist, ist auch das Erfordernis der „liquidity" prozessualer Natur.

415 So im Ergebnis auch GA *Léger*, Slg. 2003, I-7617 (Nr. 63, 73), Rs. C-87/01 P – CCRE.

416 Vgl. insofern auch *EuGH*, Slg. 1982, 1575 (Rn. 19 ff.), Rs. 155/79 – AM & S bzgl. eines allgemeinen Grundsatzes der Vertraulichkeit des Schriftwechsels zwischen Anwalt und Mandant.

417 *Oppermann*, Europarecht, Rn. 483.

418 Siehe dazu unten S. 126 ff.

meinschaft Anwendungsvorrang vor entgegenstehenden nationalrechtlichen Regelungen zukommt.[419] Dies würde jedoch im vorliegenden Fall dem Sinn und Zweck eines gemeinschaftsrechtlichen Aufrechnungsinstituts nicht gerecht. Denn dieses zielt von vornherein nicht auf eine umfassende Regelung der Rechtsverhältnisse zwischen allen Rechtssubjekten innerhalb der Gemeinschaft ab, sondern greift zur Regelung der Rechte und Pflichten zwischen der Gemeinschaft und ihren Gläubigern (bzw. Schuldnern) mangels einer ausreichenden Grundlage im geschriebenen Gemeinschaftsrecht auf die gemeinsamen Rechtsgrundsätze der mitgliedstaatlichen Rechtsordnungen zurück.[420] Da sich somit vom Anwendungsbereich her keine Überschneidungen zwischen gemeinschaftsrechtlicher und nationalrechtlicher Aufrechnung ergeben, können beide Rechtsinstitute uneingeschränkt nebeneinander bestehen. Die Voraussetzungen der Aufrechnung in rein innerstaatlichen Rechtsbeziehungen unterliegen somit weiterhin ausschließlich dem nationalem Recht.

cc) Aufrechnung gegenüber Mitgliedstaaten

Einige mitgliedstaatliche Rechtsordnungen kennen zwar eine Aufrechnung *durch* den Staat, nicht jedoch auch *gegenüber* dem Staat.[421] Dies könnte einem allgemeinen Rechtsgrundsatz der Zulässigkeit der Aufrechnung entsprechende Grenzen ziehen, mit der Folge, dass er jedenfalls als Rechtsgrundlage einer Aufrechnung der Gemeinschaft gegenüber einem Mitgliedstaat nicht in Betracht käme. Jedoch kann sich die Aufrechnung gerade bei Zahlungsunwilligkeit eines Schuldners der Gemeinschaft oder sonstigen Hindernissen bei Einziehung von Gemeinschaftsforderungen als äußerst effizientes Rechtsinstrument erweisen. Zudem ist das Rechtsverhältnis zwischen der Gemeinschaft und den Mitgliedstaaten qualitativ ein anderes als dasjenige zwischen Bürger und Staat. Während der Staat gegenüber seinen Bürgern hoheitliche Befugnisse innehat und insofern zur Wahrung seiner Funktionsfähigkeit gewisse Privilegien für sich in Anspruch nehmen kann, kann dieses Vorrecht im Verhältnis zu einer supranationalen Organisation wie der Europäischen Gemeinschaft, deren Mitglied er ist, nicht ohne weiteres gelten. Durch die Gründungsverträge haben die Mitgliedstaaten weitreichende Kompetenzen auf die Gemeinschaft übertragen und können insofern

[419] Grundlegend hierzu *EuGH*, Slg. 1964, 1269 (1269 f.), Rs. 6/64 – Costa / ENEL (seitdem st. Rspr.); siehe auch *Biervert*, in: Schwarze (Hrsg.), EU-Kommentar, Art. 249 EG Rn. 7 f.; *Nettesheim*, in: Grabitz/ Hilf (Hrsg.), EUV/EGV, Art. 249 EG Rn. 39 ff.; *Schmidt*, in: Groeben/ Schwarze (Hrsg.), EUV/EGV, Art. 249 EG Rn. 3; *Schroeder*, in: Streinz (Hrsg.), EUV/EGV, Art. 249 EG Rn. 40.

[420] Nach der hier vertretenen Auffassung besteht eine solche Regelungslücke lediglich bei einer etwaigen Aufrechnung *gegenüber* der Gemeinschaft.

[421] Frankreich, Italien, Niederlande und Belgien, siehe GA *Mancini*, Slg. 1985, I-3441 (Nr. 6), Rs. 125/84 – Continental Irish Meat.

keine uneingeschränkte staatliche Souveränität mehr beanspruchen, sondern müssen ihrerseits gewisse Einschränkungen in Kauf nehmen. Folglich können die nationalrechtlichen Wertungsgesichtspunkte für die Zulässigkeit einer Aufrechnung des einzelnen Bürgers gegenüber seinem Heimatstaat nicht auf das Rechtsverhältnis zwischen der Gemeinschaft und den Mitgliedstaaten übertragen werden. Da sich eine wertende Rechtsvergleichung zur Ermittlung allgemeiner Rechtsgrundsätze insbesondere an der Effizienz des Gemeinschaftsrechts orientiert, hat die fehlende Aufrechnungsmöglichkeit gegenüber dem Staat in einigen mitgliedstaatlichen Rechtsordnungen nicht zur Folge, dass ein allgemeiner Rechtsgrundsatz der Aufrechnung im Gemeinschaftsrecht entsprechend einzuschränken wäre.[422]

dd) Ergebnis

Nach alledem ist festzustellen, dass die Zulässigkeit der Aufrechnung als allgemeiner Rechtsgrundsatz des Gemeinschaftsrechts zu qualifizieren ist[423], welcher auf die Rechtsbeziehungen zwischen der Gemeinschaft und ihren Schuldnern bzw. Gläubigern Anwendung findet.[424] Da nach der hier vertretenen Auffassung Art. 73 Abs. 1 S. 2 HO-EG als sekundärrechtlich normierte Aufrechnungsbefugnis der Gemeinschaft anzusehen ist, ist er in seinem Anwendungsbereich lex specialis gegenüber dem allgemeinen Rechtsgrundsatz der Aufrechnung. Wo Art. 73 Abs. 1 S. 2 HO-EG zu bestimmten Modalitäten der Aufrechnung keine Aussage trifft, ist ergänzend auf den allgemeinen Rechtsgrundsatz zurückzugreifen.[425]

B. Schuldverhältnisse zwischen der EU und den Mitgliedstaaten

Nachdem die prinzipielle Zulässigkeit einer Aufrechnung der Gemeinschaft gegenüber den Mitgliedstaaten herausgearbeitet wurde, stellt sich nunmehr die Frage, welche konkreten Ansatzpunkte für eine derartige Aufrechnung in den vielfältigen Rechtsbeziehungen zwischen der Gemeinschaft und den Mitgliedstaaten gefunden werden können. Zu ermitteln ist hierfür, auf welcher rechtlichen Grundlage sich Zahlungsforderungen der Mitgliedstaaten gegenüber der Gemeinschaft ergeben können, die sich zur Aufrechnung eignen.

---

422 So im Ergebnis auch GA *Léger*, Slg. 2003, I-7617 (Nr. 73), Rs. C-87/01 P – CCRE.

423 So auch die Mitgliedstaaten Dänemark, Irland, Finnland, Frankreich, Griechenland, Schweden und Vereinigtes Königreich, Stellungnahme bei GA *Fenelly*, Slg. 1998, I-2975 (Nr. 24), Rs. C-132/95 – Østre Landsret; Stellungnahme der Kommission in der Rechtssache CCRE, Slg. 2000, II-4099 (Rn. 47), Rs. T-105/99 – CCRE; zuletzt auch GA *Léger*, Slg. 2003, I-7617 (Nr. 32 ff., 63), Rs. C-87/01 P – CCRE.

424 Vgl. GA *Léger*, Slg. 2003, I-7617 (Nr. 62, 73), Rs. C-87/01 P – CCRE.

425 Siehe hierzu unten S. 126 ff. und 134 ff.

Das Prinzip der begrenzten Einzelermächtigung knüpft jedwedes Tätigwerden der Gemeinschaft an eine entsprechende gemeinschaftsrechtlich verankerte Befugnis. Folglich kann auch eine Zahlungsverpflichtung der Gemeinschaft gegenüber einzelnen Mitgliedstaaten nur einer Tätigkeit auf der Grundlage des Gemeinschaftsrechts, insbesondere der Gründungsverträge, entspringen. Ausgangspunkt sind diesbezüglich im Wesentlichen die in den Art. 3 und 4 EG genannten sowie in den Art. 23 bis 181 EG konkretisierten Gemeinschaftspolitiken, in deren Rahmen die Gemeinschaft Maßnahmen zur Erreichung der gemeinschaftlichen Ziele ergreift, wie sie in Art. 2 EG ihren Niederschlag gefunden haben. Inwieweit zur Durchführung der Gemeinschaftspolitiken Finanzmittel eingesetzt und damit auch Zahlungsverpflichtungen eingegangen werden können, ist im EG nur in Einzelfällen ausdrücklich geregelt, beispielsweise im Rahmen der gemeinsamen Agrarpolitik (Art. 34 EG), der Regionalpolitik (Art. 160 EG), der Forschungs- und Technologiepolitik (Art. 166 EG) oder der Umweltpolitik (Art. 175 Abs. 5 EG). Aber auch in den übrigen Politikbereichen besteht eine Ausgabenkompetenz der Gemeinschaft als notwendige Folge der jeweiligen Aufgabenkompetenz.[426] Flankiert werden diese Ausgabenkompetenzen von den einschlägigen Finanz- und Haushaltsvorschriften des EG, insbesondere von den Art. 268 ff. EG.[427] Für die Eingehung von Gemeinschaftsverpflichtungen, welche Zahlungsforderungen von Mitgliedstaaten nach sich ziehen, sind die in den Art. 268 ff. EG sowie in der EG-Haushaltsordnung niedergelegten Haushaltsgrundsätze maßgebend: Jährlichkeit (Art. 268 EG), Vorherigkeit (Art. 272 Abs. 3 EG), Spezialität (Art. 19 ff. HO-EG), Einheit und Vollständigkeit (Art. 268 EG), Haushaltsausgleich (Art. 268 Abs. 3 EG), Sparsamkeit und Wirtschaftlichkeit (Art. 2 HO-EG). Fundamental für die Befugnis der Gemeinschaft, Zahlungsverpflichtungen einzugehen, sind dabei der Grundsatz des Haushaltsausgleichs, nach dem sich die Ausgaben der EU im Rahmen der Einnahmen der Gemeinschaft halten müssen, sowie der Grundsatz der Vorherigkeit, nach dem der Haushaltsplan grundsätzlich vor Beginn des neuen Haushaltsjahres zu verabschieden ist, um Ausgabenklarheit zu schaffen.[428] Da demnach jegliche Ausgaben bedingende Entscheidung der Gemeinschaft stets die Verfügbarkeit der erforderlichen Haushaltsmittel im Haushaltsplan voraussetzt[429], liegt in der Entscheidung der Gemeinschaftsorgane über den Gemeinschaftshaushalt zugleich die Entscheidung über die Gesamtheit der Vertragspolitiken.[430] Dies bedeutet

[426] Vgl. *Bieber*, in: GTE, Vorbem. zu Art. 199 bis 209 Rn. 5; *ders.*, EuR 1982, 115 (118); *Niedobitek*, in: Streinz (Hrsg.), EUV/EGV, Art. 268 EG Rn. 2 m. w. N.

[427] Zahlreiche ergänzende Finanzvorschriften finden sich in anderen Teilen des EG, insbesondere in dem Abschnitt über den Rechnungshof (Art. 246 ff. EG) und in den Bestimmungen der Art. 61 ff. EG über den freien Personenverkehr.

[428] *Oppermann*, Europarecht, Rn. 828.

[429] Vgl. *Oppermann*, Europarecht, Rn. 828, 837.

[430] Vgl. *Grunwald*, EuR 1984, 227 (234).

freilich nicht, dass der Haushaltsplan selbst zur Eingehung von Zahlungsverpflichtungen der Gemeinschaft ermächtigt. Vielmehr stellt er lediglich eine Ermächtigung dazu dar, Mittel zu binden. Zur Eingehung von Gemeinschaftsverpflichtungen bedarf es daneben einer gesonderten Rechtsgrundlage.[431]

Konkrete Ansatzpunkte für eine Aufrechnung der Gemeinschaft finden sich demzufolge ausschließlich im Gemeinschaftshaushalt. Der signifikant größte Teil des Haushalts entfällt auf die Finanzierung der gemeinsamen Agrarpolitik sowie der strukturpolitischen Maßnahmen. Diese beiden Ausgabenblöcke machen traditionell ca. 80 % des Gesamthaushaltsvolumens aus, wobei auf die gemeinsame Agrarpolitik in der Regel ca. 47 %, auf die strukturpolitischen Maßnahmen ca. 33 % entfallen.[432] Angesichts der Bedeutung der genannten Haushaltsbereiche sollen diese besonders in den Blick genommen werden, um die tatsächlichen Aufrechnungsmöglichkeiten der Gemeinschaft gegenüber den Mitgliedstaaten aufzuzeigen (I und II). Sonstige Möglichkeiten kommen nur noch im Bereich der vergleichsweise gering ausgestatteten sonstigen internen Politikbereiche in Betracht (III), da die übrigen Ausgabenblöcke nicht die Mitgliedstaaten, sondern Nicht-EU-Staaten (Beitrittskandidaten und Sonstige) bzw. die unionsinterne Verwaltung betreffen.

I. Die gemeinsame Agrarpolitik

Die Finanzierung der gemeinsamen Agrarpolitik erfolgt im Wesentlichen über den erstmals mit der Verordnung Nr. 25 von 1962[433] eingerichteten Ausrichtungs- und Garantiefonds für die Landwirtschaft (EAGFL), der ein Teil des Gesamthaushaltsplans der Gemeinschaft ist. Aktuelle Rechtsgrundlage für die Finanzierung der Gemeinsamen Agrarpolitik ist die VO 1258/99 (GAP-VO)[434], der zufolge der EAGFL über zwei Abteilungen verfügt, die Abteilung „Garantie" sowie die Abteilung „Ausrichtung" (Art. 1 Abs. 1 GAP-VO). Dabei regelt die GAP-VO ausschließlich das Finanzierungsverfahren im Rahmen der Abteilung „Garantie", welche die Ausgaben im Rahmen der Marktordnungen übernimmt.[435] Demgegenüber dient die Abteilung „Ausrichtung" der Finanzierung der Agrarstrukturpolitik, genauer gesagt der Förderung der regionalen Entwick-

[431] *Oppermann*, Europarecht, Rn. 825, 851.

[432] Vgl. etwa *Europäische Kommission*, Gesamtbericht 2004, S. 326 ff.; *dies.*, Gesamtbericht 2003, S. 422 ff; *dies.*, Gesamtbericht 2002, S. 448 ff.; *dies.*, Gesamtbericht 2001, S. 406 ff.; *dies.*, Gesamtbericht 2000, S. 386 ff.

[433] Verordnung Nr. 25 des EWG-Rates über die Finanzierung der gemeinsamen Agrarpolitik, ABl. Nr. L 30/991 vom 20.4.1962, zuletzt geändert durch Verordnung (EWG) Nr. 728/70 des Rates vom 21. April 1970, ABl. Nr. L 94/9 vom 28.4.1970.

[434] Verordnung (EG) Nr. 1258/1999 des Rates vom 17. Mai 1999 über die Finanzierung der Gemeinsamen Agrarpolitik, ABl. Nr. L 160/103 vom 26.6.1999.

[435] *Kopp*, in: Streinz (Hrsg.), EUV/EGV, Art. 34 EG Rn. 112; vgl. hierzu Art. 2 GAP-VO.

lung und der Reduzierung des Ungleichgewichts zwischen den Regionen Europas.[436] Sie wird daher ebenso wie das Finanzinstrument für die Ausrichtung der Fischerei (FIAF) durch Art. 2 Abs. 1 der VO 1260/99 (Strukturfonds-VO)[437] ausdrücklich den Strukturfonds zugeordnet und ist daher an späterer Stelle zu behandeln.[438]

Zuständig für die Verwaltung des EAGFL ist die Kommission, die in enger Zusammenarbeit mit den Mitgliedstaaten und unter Einhaltung des in der GAP-VO normierten Verfahrens über die Finanzierungen im Rahmen des EAGFL-Garantie entscheidet.[439] Mit den Mitteln aus dem EAGFL-Garantie können eine Reihe agrarpolitischer Maßnahmen finanziert werden, die in den Art. 1 Abs. 2 GAP-VO allgemein umrissen und in den Art. 2 und 3 GAP-VO konkretisiert werden. Im Rahmen dieser Maßnahmen fallen Ausgaben in Form bestimmter Zahlungen an die jeweils Begünstigten an, die von nationalen Zahlstellen vorgenommen werden, welche im Namen des jeweiligen Mitgliedstaates handeln.[440] Die für diese Ausgaben erforderlichen Mittel werden zunächst durch die Mitgliedstaaten vorgestreckt (Art. 5 Abs. 2 GAP-VO) und diesen anschließend von der Gemeinschaft über den EAGFL-Garantie zurückerstattet. Hierbei erfolgt in einem ersten Schritt eine rein buchmäßige Erfassung der von den zugelassenen Zahlstellen getätigten Ausgaben, auf deren Grundlage die Kommission monatliche Vorschusszahlungen an die Mitgliedstaaten leistet (Art. 5 Abs. 1 S. 1 GAP-VO). Erst im Rahmen des jährlichen Rechnungsabschlusses entscheidet die Kommission, welche Ausgaben durch den EAGFL-Garantie endgültig übernommen werden und welche den Mitgliedstaaten anzulasten sind (Art. 7 Abs. 3 bis 5 GAP-VO i. V. m. VO 1663/95[441]). Die Höhe der jeweiligen monatlichen Vorschüsse legt die Kommission durch Beschluss fest (Art. 7 Abs. 1, Abs. 2 S. 1 GAP-VO) und überweist den fälligen Betrag auf ein zu diesem Zweck eingerichtetes Konto des jeweiligen Mitgliedstaates (Art. 1 Abs. 1 VO 296/96[442]). Bei

436 *Kopp*, in: Streinz (Hrsg.), EUV/EGV, Art. 34 EG Rn. 112.

437 Verordnung (EG) Nr. 1260/1999 des Rates vom 21. Juni 1999 mit allgemeinen Bestimmungen über die Strukturfonds, ABL. Nr. L 161/1 vom 26.6.1999, zuletzt geändert durch Verordnung (EG) Nr. 173/2005 des Rates vom 24. Januar 2005, ABl. Nr. L 29/3 vom 2.2.2005.

438 Siehe unten S. 113 ff.

439 Begründungserwägungen Ziff. 4 GAP-VO.

440 Vgl. Art. 4 Abs. 1 lit. a, Abs. 2 GAP-VO.

441 Verordnung (EG) Nr. 1663/95 der Kommission vom 7. Juli 1995 mit Durchführungsbestimmungen zu der Verordnung (EWG) Nr. 729/70 des Rates bezüglich des Rechnungsabschlussverfahrens des EAGFL, Abteilung Garantie, ABl. Nr. L 158/6 vom 8.7.1995, zuletzt geändert durch Verordnung (EG) Nr. 465/2005 der Kommission vom 22. März 2005, ABl. Nr. L 77/6 vom 23.3.2005.

442 Verordnung (EG) Nr. 296/96 der Kommission vom 16. Februar 1996 über die von den Mitgliedstaaten zu übermittelnden Angaben, zur monatlichen Übernahme der vom Europäischen Ausrichtungs- und Garantiefonds für die Landwirtschaft (EAGFL), Abteilung

dem Beschluss der Kommmission gemäß Art. 7 Abs. 1, Abs. 2 S. 1 GAP-VO handelt es sich um eine Entscheidung i. S. v. Art. 249 Unterabs. 4 EG, die für den Adressaten verbindlich ist und folglich unmittelbare Rechtswirkungen entfaltet. Damit entsteht im Zeitpunkt des Beschlusses eine Zahlungsforderung des adressierten Mitgliedstaates in Höhe des veranschlagten monatlichen Vorschusses, die Ansatzpunkt für eine Aufrechnung der Gemeinschaft mit Zahlungsforderungen aus finanziellen Sanktionen sein kann.

II. Strukturpolitische Maßnahmen

Die strukturpolitischen Maßnahmen dienen dem wirtschaftlichen und sozialen Zusammenhalt[443], der in den Zielbestimmungen des Art. 2 EG seinen Niederschlag gefunden hat und in den Art. 158 ff. EG konkretisiert wird. Er soll gemäß Art. 158 EG zu einem geringeren Wohlstandsgefälle zwischen den Regionen und einer ausgewogenen regionalen Entwicklung in Europa führen, damit alle europäischen Bürger in den Genuss der Vorteile eines Binnenmarktes und einer Wirtschafts- und Währungsunion gelangen können. Finanziert werden die strukturpolitischen Maßnahmen im Wesentlichen über die so genannten Strukturfonds (1) sowie den Kohäsionsfonds (2).[444]

1) Die Strukturfonds

Der Großteil der strukturpolitischen Finanzströme, in deren Rahmen wechselseitige Forderungen zwischen der Gemeinschaft und den Mitgliedstaaten entstehen, entfällt auf die Strukturfonds. Zu diesen zählen gemäß Art. 159 Abs. 1 S. 3 EG zunächst der Europäische Ausrichtungs- und Garantiefonds für die Landwirtschaft – Abteilung Ausrichtung (EAGFL-Ausrichtung), der Europäische Sozialfonds (ESF) sowie der Europäische Fonds für regionale Entwicklung (EFRE). Daneben zählt Art. 2 Abs. 1 Strukturfonds-VO auch das in Art. 159 EG nicht erwähnte FIAF zu den Strukturfonds. Die genannten Instrumente dienen der Verwirklichung gemeinsamer Ziele im Rahmen der gemeinschaftlichen Politik des wirtschaftlichen und sozialen Zusammenhalts (vgl. Art. 1 Strukturfonds-VO), jedoch mit unterschiedlichen Schwerpunkten (vgl. Art. 2 Strukturfonds-VO). Durch die Strukturfonds-VO werden alle vier Fonds einem gemeinsamen Rechtsrahmen zugeführt, welcher die grundlegenden Ziele, die Organisation sowie das Verfahren regelt. Diese horizontale Koordinierungsverordnung

Garantie, finanzierten Ausgaben und zur Aufhebung der Verordnung (EWG) Nr. 2776/88, ABl. Nr. L 39/5 vom 17.2.1996, zuletzt geändert durch Verordnung (EG) Nr. 1607/2005 der Kommission vom 30. September 2005, ABl. Nr. L 256/12 vom 1.10.2005.

443 Vgl. *Oppermann*, Europarecht, Rn. 841.

444 Vgl. *Oppermann*, Europarecht, Rn. 841.

wird ergänzt durch „vertikale" Spezialverordnungen zu EAGFL-Ausrichtung[445], ESF[446], EFRE[447] und FIAF[448]. Die einschlägigen Finanzbestimmungen befinden sich jedoch in den Verfahrensregelungen der Strukturfonds-VO.

Finanziert werden im Rahmen der Strukturfonds Entwicklungsprogramme, die in enger Zusammenarbeit zwischen der Kommission und den Mitgliedstaaten sowie der von den Mitgliedstaaten zu benennenden Stellen entwickelt werden (Art. 8 Abs. 1, 3 Strukturfonds-VO). Die dabei bestehenden vielfältigen Rechtsbeziehungen zwischen den Beteiligten machen eine nähere Untersuchung dahingehend erforderlich, ob hier überhaupt verrechenbare Forderungen der Mitgliedstaaten entstehen, oder ob letztere nur technische Durchgangsstationen im Finanzfluss zwischen der Gemeinschaft und den Endbegünstigten der Strukturfondszahlungen darstellen.

Durch das Instrument der finanziellen Vorausschau, welches im Rahmen der Agenda 2000 eingeführt wurde, werden die Haushaltsmittel, welche für Verpflichtungen der Fonds verfügbar sind, zunächst für den Zeitraum 2000 bis 2006 veranschlagt (Art. 7 Abs. 1 Strukturfonds-VO) und anschließend auf die einzelnen Jahre und auf die verschiedenen in Art. 1 Strukturfonds-VO normierten Ziele aufgeteilt (Art. 7 Abs. 1 Strukturfonds-VO). Erst dann nimmt die Kommission nach dem Verfahren des Art. 7 Abs. 3 Strukturfonds-VO durch Entscheidung eine indikative Aufteilung der Verpflichtungsermächtigungen auf die einzelnen Mitgliedstaaten vor.[449] Wenn es sich dabei auch um eine Entscheidung gemäß Art. 249 Unterabs. 4 EG handelt, so werden hierdurch noch keine unmittelbaren Zahlungsforderungen der einzelnen Mitgliedstaaten begründet. Vielmehr sind die Auszahlungen durch die Kommission davon abhängig, welche Ausgaben die Mitgliedstaaten im Rahmen der Förderprogramme tatsächlich getätigt haben (Art. 32 Abs. 1 S. 4 Strukturfonds-VO). Nach der haushaltsrechtlichen Zuweisung der Strukturmittel folgt die Phase der Programmplanung, in deren Rahmen die strukturpolitisch durchzuführenden und zu finanzierenden Förderprogramme

---

[445] Verordnung (EG) Nr. 1257/1999 des Rates vom 17. Mai 1999 über die Förderung der Entwicklung des ländlichen Raums durch den Europäischen Ausrichtungs- und Garantiefonds für die Landwirtschaft (EAGFL) und zur Änderung bzw. Aufhebung bestimmter Verordnungen, ABL. Nr. L 160/80 vom 26.6.1999, zuletzt geändert durch Verordnung (EG) Nr. 2223/2004 des Rates vom 22. Dezember 2004, ABl. Nr. L 379/1 vom 24.12.2004.

[446] Verordnung (EG) Nr. 1784/1999 des Europäischen Parlaments und des Rates vom 12. Juli 1999 betreffend den Europäischen Sozialfonds, ABl. Nr. L 213/5 vom 13.8.1999.

[447] Verordnung (EG) Nr. 1783/1999 des Europäischen Parlaments und des Rates vom 12. Juli 1999 über den Europäischen Fonds für regionale Entwicklung, ABl. Nr. L 213/1 vom 13.8.1999.

[448] Verordnung (EG) Nr. 1263/1999 des Rates vom 21. Juni 1999 über das Finanzinstrument für die Ausrichtung der Fischerei, ABl. Nr. L 161/54 vom 26.6.1999.

[449] Vgl. hierzu die Nachweise bei *Magiera,* in: Streinz (Hrsg.), EUV/EGV, Art. 161 EG Fn. 31.

in enger Zusammenarbeit zwischen der Gemeinschaft, den Mitgliedstaaten und den von ihnen benannten Stellen entwickelt werden. Nach der Erfüllung sämtlicher Voraussetzungen, welche die Strukturfonds-VO für die Programmplanung normiert, trifft die Kommission eine einzige Entscheidung über die finanzielle Beteiligung der Gesamtheit der Strukturfonds an den einzelnen Entwicklungsprogrammen (Art. 28 Strukturfonds-VO), wodurch zugleich die entsprechenden Gemeinschaftsmittel gebunden werden (Art. 31 Strukturfonds-VO). Für längere Entwicklungsprogramme erfolgt die Mittelbindung in jährlichen Zeitabständen. Zahlungen für eine Fondsbeteiligung werden von der Kommission in Übereinstimmung mit der erfolgten Mittelbindung stets an die zuständigen Zahlstellen der Mitgliedstaaten vorgenommen (Art. 32 Abs. 1 S. 1 Strukturfonds-VO). Im Falle der Strukturfondsinterventionen handelt es sich hierbei um nationale Stellen oder Behörden, die für die Auszahlungsanträge und den Empfang von Zahlungen der Kommission im Namen des jeweiligen Mitgliedstaates zuständig sind (Art. 9 lit. o Strukturfonds-VO).[450] Die Zahlstellen haben dafür Sorge zu tragen, dass die Endbegünstigten der Fondsbeteiligung den ihnen zustehenden Betrag rasch und vollständig erhalten (Art. 32 Abs. 1 S. 6 Strukturfonds-VO). Endbegünstigte im Sinne der Strukturfonds-VO sind diejenigen Stellen und öffentlichen oder privaten Unternehmen, welche die konkreten Vorhaben im Rahmen eines Entwicklungsprogramms in Auftrag geben bzw. mitgliedstaatliche Beihilfen gewähren (Art. 9 lit. l Strukturfonds-VO).

Dies bedeutet indessen nicht, dass Gläubiger der Gemeinschaftszahlungen nicht die Mitgliedstaaten selbst, sondern die Endbegünstigten wären oder gegebenenfalls eine öffentlichrechtliche Gebietskörperschaft (z. B. ein Bundesland oder eine Gemeinde), deren Organ oder Beliehener der jeweils Endbegünstigte ist. Wäre dies der Fall, so wäre hier die Zulässigkeit einer Aufrechnung mit Forderungen der Gemeinschaft aus finanziellen Sanktionen fraglich. Der Zahlungsfluss im Rahmen von Strukturinterventionen vollzieht sich nach den Bestimmungen der Strukturfonds-VO jedoch innerhalb zweier deutlich voneinander abgegrenzter Rechtsverhältnisse: Dem Rechtsverhältnis zwischen der Gemeinschaft, vertreten durch die Kommission[451], und den Mitgliedstaaten, vertreten durch die nationalen Zahlstellen[452], sowie demjenigen zwischen den Mitgliedstaaten und den Endbegünstigten.[453] Die Fondsgelder werden durch den Rat im Rahmen des oben beschriebenen Verfahrens den Mitgliedstaaten zugewiesen, welche sie unter den in der Strukturfonds-VO normierten Voraussetzungen

---

450 Im Gegensatz hierzu sind die für den EAGFL – Garantie zuständigen Zahlstellen keine unmittelbaren Empfänger von Gemeinschaftszahlungen (Art. 4 Abs. 1 lit. a GAP-VO). Siehe dazu oben S. 112.

451 Vgl. Art. 32 Abs. 1 S. 1 Strukturfonds-VO.

452 Vgl. Art. 9 lit. o i. V. m. Art. 32 Abs. 1 S. 1 Strukturfonds-VO.

453 Vgl. Art. 32 Abs. 1 S. 5 Strukturfonds-VO.

durch ihre Zahlstellen in Empfang nehmen. Die Mitgliedstaaten sind dann ihrerseits dafür verantwortlich, dass die Gelder von den Zahlstellen in Übereinstimmung mit dem Gemeinschaftsrecht ihrem Zweck zugeführt werden. Gläubiger der Gemeinschaftszahlungen im Rahmen der Strukturfonds sind folglich die Mitgliedstaaten, so dass diesbezüglich eine Aufrechnung in Betracht kommt.

Bei der ersten (und gegebenenfalls einzigen) Mittelbindung leistet die Kommission an die mitgliedstaatliche Zahlstelle eine Vorauszahlung in Höhe von 7 % der Strukturfondsbeteiligung an dem jeweiligen Entwicklungsprogramm (Art. 32 Abs. 2 Strukturfonds-VO). Spätere Zwischen- und Restzahlungen erfolgen nur für tatsächlich geleistete und von der Zahlstelle bescheinigte Ausgaben (Art. 32 Abs. 1 S. 4, Abs. 3 Strukturfonds-VO). Dies bedeutet, dass in Bezug auf *Zwischen- und Restzahlungen* die Zahlungsforderungen der Mitgliedstaaten grundsätzlich erst in dem Zeitpunkt entstehen können, in dem die Kommission über die Auszahlungsanträge der Zahlstellen beschließt. Dagegen sind, wie bereits dargelegt, die *Vorauszahlungen* der Kommission nicht von derartigen Auszahlungsanträgen abhängig, so dass diesbezüglich die Zahlungsforderungen der Mitgliedstaaten bereits in dem Zeitpunkt entstehen, in welchem die Kommission über die Gesamtbeteiligung der Fonds an dem jeweiligen Entwicklungsprogramm entscheidet und dementsprechende Mittelbindungen vornimmt.

2) Der Kohäsionsfonds

Zusätzlich zu den Strukturfonds wurde durch den Vertrag von Maastricht der ebenfalls strukturorientierte Kohäsionsfonds geschaffen.[454] Rechtsgrundlage für Finanzierungen im Rahmen des Kohäsionsfonds ist neben Art. 161 Abs. 2 EG die VO 1164/94 (Kohäsionsfonds-VO).[455] Im Unterschied zu den Strukturfonds ist der Kohäsionsfonds auf die speziellen Ziele Umwelt und Verkehr ausgerichtet und finanziert statt Entwicklungsprogrammen konkrete Vorhaben (Art. 1 Abs. 3 Kohäsionsfonds-VO), allerdings nur solche, die groß genug angelegt sind, um sich in nachhaltiger Weise auf den Umweltschutz oder die Verbesserung der transeuropäischen Netze im Bereich der Verkehrsinfrastruktur auszuwirken (Art. 10 Abs. 3 S. 2 Kohäsionsfonds-VO). Zudem kommen die Mittel des Kohäsionsfonds nur den ärmsten Mitgliedstaaten zugute, genauer gesagt denjenigen, deren Pro-Kopf-Bruttosozialprodukt unter 90 % des Gemeinschaftsdurchschnitts liegt (Art. 2 Abs. 1 Kohäsionsfonds-VO). Für den Förderungszeitraum 2000-2006 sind dies die Mitgliedstaaten Spanien, Griechenland, Irland und Portugal (Art. 2 Abs. 4 Kohäsionsfonds-VO).

---

454 *Magiera*, in: Streinz (Hrsg.), EUV/EGV, Art. 161 EG Rn. 37.

455 Verordnung (EG) Nr. 1164/94 des Rates vom 16. Mai 1994 zur Errichtung des Kohäsionsfonds, ABl. Nr. L 130/1 vom 25.5.1994, zuletzt geändert durch Verordnung (EG) Nr. 1265/1999 des Rates vom 21.6.1999, ABl. Nr. L 161/62 vom 26.6.1999.

Das Finanzierungsverfahren entspricht in der Sache weitgehend den Regelungen der Strukturfonds-VO.[456] Der haushaltsrechtlichen Zuweisung und Aufteilung[457] der Fondsmittel folgt die Bestimmung der zu fördernden Vorhaben in Kooperation zwischen der Kommission und den Kohäsionsländern (Art. 10 Abs. 1 Kohäsionsfonds-VO). Auf mitgliedstaatlichen Antrag entscheidet daraufhin die Kommission über die Gewährung einer finanziellen Unterstützung zu dem jeweiligen Vorhaben (Art. 10 Abs. 6 Kohäsionsfonds-VO). In Übereinstimmung hiermit werden die Mittelbindungen vorgenommen (Art. C Anhang II zur Kohäsionsfonds-VO). Auszahlungen erfolgen, wie auch bei den Strukturfonds, an die vom jeweiligen Kohäsionsland für ein bestimmtes Vorhaben bestimmte Zahlstelle (Art. D Abs. 1 und 5 Anhang II zur Kohäsionsfonds-VO). Bei der ersten Mittelbindung zahlt die Kommission auch im Rahmen des Kohäsionsfonds einen Vorschuss auf das jeweils zu finanzierende Vorhaben, hier allerdings in Höhe von 20 % des jeweiligen Gesamtförderbetrages (Art. D Abs. 2 lit. a Anhang II zur Kohäsionsfonds-VO). Zwischen- und Restzahlungen erfolgen ebenso wie bei den Strukturfonds nur für die tatsächlich getätigten und von den Zahlstellen bescheinigten Ausgaben im Rahmen des geförderten Vorhabens (Art. D Abs. 2 lit. b und d Anhang II zur Kohäsionsfonds-VO). Auch die Kohäsionsfonds-VO normiert und begründet Zahlungsverpflichtungen ausschließlich zwischen der Gemeinschaft und den Mitgliedstaaten, genauer gesagt den Kohäsionsländern. Zahlungsgläubiger der Gemeinschaft ist damit nicht die jeweilige Zahlstelle, sondern das entsprechende Kohäsionsland, welches seinerseits dafür Sorge zu tragen hat, dass die Mittel in Übereinstimmung mit dem für das jeweilige Vorhaben genehmigten Finanzierungsplan verwendet werden.

Hinsichtlich des Zeitpunkts, in dem die Zahlungsforderungen entstehen, gilt das zum Strukturfonds Gesagte entsprechend: Ein Zahlungsanspruch in Höhe der 20%igen Vorauszahlung entsteht bereits im Zeitpunkt der Kommissionsentscheidung über die Gesamtbeteiligung des Kohäsionsfonds an dem jeweiligen Vorhaben. Die Ansprüche auf Zwischen- und Restzahlungen entstehen dagegen erst mit der Entscheidung der Kommission über die Auszahlungsanträge der Zahlstellen.

III. Ansatzpunkte im Bereich der sonstigen internen Politikbereiche

7 % des Gesamthaushalts der Gemeinschaft fließen in die sonstigen internen Politikbereiche. Diese umfassen eine Vielzahl unterschiedlicher Gemeinschaftspolitiken, etwa die Bereiche Forschung und technologische Entwicklung, Kultur, Umwelt sowie Verkehr und Transeuropäische Netze.[458] Aufgrund der un-

[456] *Magiera*, in: Streinz (Hrsg.), EUV/EGV, Art. 161 EG Rn. 42.

[457] Vgl. zur indikativen Aufteilung der Fondsmittel auf die Kohäsionsländer Anhang I zur Kohäsionsfonds-VO.

[458] Vgl. *Europäische Kommission*, Gesamtbericht 2005, S. 326, 330.

überschaubaren Vielfalt von Maßnahmen und Aktionen der Gemeinschaft in diesen Bereichen können die Zahlungsströme zwischen Gemeinschaft und Mitgliedstaaten nicht in allgemeiner Form nachgezeichnet, sondern lediglich beispielhaft Ansatzpunkte für Aufrechnungsmöglichkeiten der Gemeinschaft aufgezeigt werden.

1) Transeuropäische Netze

Im Bereich der transeuropäischen Netze für Verkehrs-, Telekommunikations- und Energieinfrastrukturen legt die VO 2236/95 (TEN-VO)[459] die Bedingungen und Verfahren für die Gewährung von Gemeinschaftszuschüssen für Vorhaben von gemeinsamem Interesse fest. Gemeinschaftszuschüsse können demnach insbesondere für Vorhaben gewährt werden, die von den Mitgliedstaaten bzw. von mitgliedstaatlichen Behörden durchgeführt und finanziert werden (Art. 2 Abs. 2 TEN-VO). Auch hier werden also Rechtsbeziehungen zwischen der Gemeinschaft und den Mitgliedstaaten begründet, aus welchen sich Zahlungsforderungen zugunsten letzterer ergeben können. Das Finanzierungsverfahren folgt dem bereits aus den Struktur- sowie dem Kohäsionsfonds bekannten Muster: Entscheidung über die zu fördernden Vorhaben durch die Kommission mit gleichzeitigen Mittelbindungen (Art. 10 i. V. m. 11 Abs. 3 TEN-VO), Leistung einer Vorauszahlung (maximal 50 % des Gesamtförderbetrages) sowie von Zwischen- und Restzahlungen für tatsächlich getätigte Ausgaben (Art. 10 Abs. 4 TEN-VO). Dementsprechend entsteht mit der Entscheidung der Kommission über die Gesamtförderung eines Vorhabens ein Anspruch des jeweiligen Mitgliedstaates auf Zahlung des bewilligten Vorschusses, gegen den die Gemeinschaft aufrechnen könnte. Sobald die Kommission über eingegangene Auszahlungsanträge entschieden hat, entstehen entsprechende Ansprüche auf Zwischen- und Restzahlungen.

2) Der Solidaritätsfonds

Zur Finanzierung von Hilfs- und Aufbaumaßnahmen im Falle von Naturkatastrophen wurde Ende 2002 die Verordnung zur Errichtung des Solidaritätsfonds der Europäischen Union (Solidaritätsfonds-VO) erlassen.[460] Ziel des Fonds ist es, einen Teil der öffentlichen Ausgaben der von Wiederaufbaumaßnahmen betroffenen Mitgliedstaaten zu decken. Dies geschieht durch Gewährung einer

[459] Verordnung (EG) Nr. 2236/95 des Rates vom 18. September 1995 über die Grundregeln für die Gewährung von Gemeinschaftszuschüssen für transeuropäische Netze, ABl. Nr. L 228/1 vom 23.9.1995, zuletzt geändert durch Verordnung (EG) Nr. 1159/2005 des Europäischen Parlaments und des Rates vom 6. Juli 2005, ABl. Nr. L 191/16 vom 22.7.2005.

[460] Verordnung (EG) Nr. 2012/2002 des Rates vom 11. November 2002 zur Errichtung des Solidaritätsfonds der Europäischen Union, ABl. Nr. L 311/3 vom 14.11.2002.

einmaligen Finanzhilfe an den Mitgliedstaat, über deren Höhe die Kommission nach Antrag des betroffenen Mitgliedstaates im Rahmen der verfügbaren Haushaltsmittel entscheidet (Art. 4 Abs. 4 Solidaritätsfonds-VO). Die Entscheidung i. S. v. Art. 249 Unterabs. 4 EG begründet einen entsprechenden Zahlungsanspruch des adressierten Mitgliedstaates, der grundsätzlich einer Aufrechnung durch die Gemeinschaft zugänglich ist.[461]

IV. Privatrechtliche Verträge der Gemeinschaft

Denkbar sind auch Forderungen eines Mitgliedstaates aus einem privatrechtlichen Vertrag mit der Gemeinschaft. Zwar sieht der EG-Vertrag die Handlungsform des rechtsgeschäftlichen Vertrages als Mittel zur Durchsetzung gemeinschaftlicher Politiken nicht ausdrücklich vor. Schon Art. 238, 282 S. 1 Hs. 2 EG zeigen aber, dass es derartige Verträge geben kann. Art. 238 EG erklärt den EuGH für Entscheidungen aufgrund einer Schiedsklausel für zuständig, die in einem von der Gemeinschaft abgeschlossenen öffentlich-rechtlichen oder privatrechtlichen Vertrag enthalten ist. Gemäß Art. 283 S. 1 Hs. 2 EG kann die Gemeinschaft bewegliches und unbewegliches Vermögen erwerben und veräußern. Beide genannten Normen räumen nicht selbst die materielle Befugnis zum Abschluss von Verträgen ein, sondern setzen eine solche voraus.[462] Die Befugnis ergibt sich allgemein aus Art. 202 Zweiter Spiegelstrich, 211 Dritter Spiegelstrich EG, wonach zur Verwirklichung der politischen Ziele der Gemeinschaft der Rat eine Entscheidungsbefugnis besitzt und die Kommission nach Maßgabe des Vertrages und in eigener Verantwortung Entscheidungen treffen kann und soll. Diese Handlungsbefugnisse schließen die Befugnis zum Abschluss privatrechtlicher Verträge mit ein, wenn und soweit diese zur Verwirklichung der Gemeinschaftsziele erforderlich sind.[463] Zahlungsverpflichtungen der Gemeinschaften ergeben sich dabei insbesondere bei Verträgen im Rahmen der öffentlichen Aufträge. Dabei handelt es sich gemäß Art. 88 Abs. 1 HO-EG um „entgeltliche Verträge zur Beschaffung von beweglichen oder unbeweglichen Gütern, Bauleistungen oder Dienstleistungen gegen Zahlung eines ganz oder teilweise aus dem Haushalt finanzierten Betrages“. Mangels gemeinschaftsrechtlicher Vorgaben unterliegen die Rechtsgeschäfte der Gemeinschaft dem *nationalen Recht*. Zumeist gilt dabei das Recht desjenigen Staates, in dem der Vertragspartner der Gemeinschaft seine Leistungen zu erbringen hat und in dessen Sprache der Vertrag regelmäßig abgefasst ist.[464] Zweifel über das jeweils anwend-

461 Ob die Verrechnung mit Zahlungen aus dem Solidaritätsfonds politisch sinnvoll wäre, ist allerdings zweifelhaft.

462 Vgl. *Grunwald*, EuR 1984, 227 (232 f.).

463 *Grunwald*, EuR 1984, 227 (233 f.).

464 *Grunwald*, EuR 1984, 227 (239).

bare Recht bestehen in der Praxis selten, da es in den Verträgen selbst meist ausdrücklich bezeichnet wird.[465]

Wollte nun die Gemeinschaft gegen die Forderung eines Mitgliedstaates aus einem privatrechtlichen Vertrag mit einer Zahlungsforderung aus einer gemeinschaftsrechtlichen Sanktion aufrechnen, ergäbe sich die Besonderheit, dass die sich gegenüberstehenden Zahlungsforderungen auf unterschiedlichen Rechtsordnungen beruhen: Während die Forderung des Mitgliedstaates regelmäßig dessen eigenem nationalen Recht unterliegt, hat die Forderung der Gemeinschaft ihre Grundlage im Gemeinschaftsrecht. Diesbezüglich stellt sich die Frage, nach welcher der beiden in Frage kommenden Rechtsordnungen die Aufrechnung zu erfolgen hat bzw. ob die Voraussetzungen beider Rechtsordnungen kumulativ vorliegen müssen. Die Frage ist in solchen Fallkonstellationen bedeutsam, in denen die Aufrechnungsvoraussetzungen nach der einen Rechtsordnung vorliegen, nach der anderen hingegen nicht. Die Frage des einschlägigen Aufrechnungsstatuts ist im internationalen Privatrecht hoch umstritten[466] und stellt sich gleichermaßen, wenn gemeinschaftsrechtliche Forderungen involviert sind.

Freilich darf nicht außer Acht gelassen werden, dass die Höhe mitgliedstaatlicher Zahlungsforderungen aus privatrechtlichen Verträgen in aller Regel kaum die enormen Ausmaße finanzieller Gemeinschaftssanktionen erreichen dürfte. Auch dürften Zahlungsforderungen eines Mitgliedstaates aus privatrechtlichen Verträgen eher die Ausnahme sein und sich schon insofern selten als Anknüpfungspunkt für eine Aufrechnung der Gemeinschaft anbieten. So werden etwa in Fällen, in denen Deutschland als Sitzstaat von EU-Einrichtungen fungiert, die entsprechenden Immobilien üblicherweise kostenlos zur Verfügung gestellt (z. B. Europäische Schulen).[467] Angesichts der geringen praktischen Bedeutung privatrechtlicher Forderungen der Mitgliedstaaten gegenüber der Gemeinschaft braucht die Frage nach dem einschlägigen Aufrechnungsstatut hier nicht weiter vertieft zu werden.[468] Hingewiesen sei aber darauf, dass sich der EuGH in sei-

---

465 *Grunwald,* EuR 1984, 227 (239).

466 Vgl. nur die Darstellungen bei *Eujen,* Aufrechnung, S. 91 ff.; *Kannengießer,* Aufrechnung, S. 88 ff.; *Wolf,* Aufrechnung, S. 131 ff.

467 Vgl. aber *EuGH,* Slg. 1989, 857 ff., Rs. 1/88 – S.A. Générale de Banque, wo von privatrechtlichen Mietforderungen des belgischen Staates gegenüber der Gemeinschaft die Rede ist.

468 Überzeugend aber die Kurzdarstellung von *Metzger,* JZ 2004, 90 ff., nach der die besseren Gründe wohl für eine Anwendung des Rechts der Hauptforderung sprechen. Da der Erklärungsempfänger einer Aufrechnung sich gegen das Erlöschen seiner eigenen Forderung nicht wehren kann, sollte er zum Ausgleich in den Genuss der für seine Forderung geltenden Rechtsordnung kommen und insofern eine höhere Rechtssicherheit erfahren. Übertragen auf die hiesige Fallkonstellation würde dies bedeuten, dass die Gemeinschaft gegen privatrechtliche Forderungen eines Mitgliedstaates nur nach dessen nationalen Bestimmungen aufrechnen kann.

nem Urteil in der Rechtssache „CCRE" für eine kumulative Anwendung der Voraussetzungen beider Rechtsordnungen entschieden hat.[469]

V. Die EU-Fondsmittel in Zahlen

Um die Praxistauglichkeit der Aufrechnung einer finanziellen Sanktion gegen Zahlungsforderungen des betroffenen Mitgliedstaates anhand von Zahlen zu verdeutlichen, geben die folgenden beiden Tabellen – exemplarisch anhand des Finanzierungsjahres 2004 – einen Eindruck des finanziellen Volumens, welches den Mitgliedstaaten allein aus den EU-Fonds jährlich zufließt.

Tabelle 3
Mittelbindungen 2004 zu Lasten der Strukturfonds sowie des Kohäsionsfonds (in Mio. EUR)[470]

Mitgliedstaat	EAGFL-Ausrichtung	ESF	FIAF	EFRE	Kohäsionsfonds	Insgesamt
Belgien	7,4	158,6	5,2	123,6	0	294,7
Dänemark	0	65,7	30,9	19,0	0	115,5
Deutschland	472,8	1.666,6	22,6	2.278,7	0	4.440,7
Estland	13,1	18,5	4,1	54,8	105,7	196,1
Finnland	33,5	120,3	6,2	128,4	0	288,4
Frankreich	89,3	954,5	39,2	1.178,3	0	2.261,2
Griechenland	484,8	869,8	42,1	2.704,4	535,8	4.636,9
Irland	22,0	97,8	11,8	240,7	0	372,3
Italien	524,9	1.224,3	60,4	2.766,8	0	4.576,3
Lettland	24,0	35,7	6,3	95,1	190,0	351,1
Litauen	32,0	36,6	3,2	141,5	209,6	422,8
Luxemburg	0	5,4	0	8,5	0	13,9

[469] *EuGH*, Slg. 2003, I-7617 (Rn. 61), Rs. C-87/01 P – CCRE; ebenso Stellungnahme der *Kommission*, ebd., Rn. 53; a. A. aber GA *Léger*, ebd., Nr. 118.
[470] Quelle: *Europäische Kommission*, Gesamtbericht 2004, S. 110 ff.

Fortsetzung Tabelle 3						
Malta	1,0	2,2	0,7	10,9	7,4	22,2
Niederlande	0,7	246,5	6,2	155,1	0	408,5
Österreich	6,5	88,0	0,7	124,6	0	219,8
Polen	278,6	445,9	47,1	1.161,9	1.414,8	3.348,4
Portugal	304,4	654,2	29,2	1.774,2	479,8	3.241,8
Schweden	16,7	145,5	10,7	124,2	0	297,1
Slowakei	42,4	81,2	0,4	146,2	193,0	463,1
Slowenien	5,5	17,5	0,4	32,1	65,0	120,5
Spanien	791,1	1.695,2	259,6	4.071,2	1.702,8	8.520,0
Tschechische Republik	38,8	104,5	1,7	236,4	316,9	698,4
Ungarn	73,1	102,7	1,0	289,8	376,4	843,0
Vereinigtes Königreich	49,0	1.050,6	33,2	1.183,9	0	2.316,8
Zypern	0	7,6	0,1	9,7	18,3	35,7

Tabelle 4 Zahlungen des EAGFL-Garantie für die Entwicklung des ländlichen Raums im Zeitraum vom 16.10.2003 bis 15.10.2004 (in Mio. EUR)[471]	
Belgien	48,3
Dänemark	43,7
Deutschland	799,3
Estland	45,3
Finnland	329,7
Frankreich	838,7

[471] Quelle: *Europäische Kommission,* Gesamtbericht 2004, S. 120.

Fortsetzung Tabelle 4	
Griechenland	125,6
Irland	330,1
Italien	626,5
Lettland	98,7
Litauen	147,3
Luxemburg	16,2
Malta	8,1
Niederlande	67,6
Österreich	467,2
Polen	862,4
Portugal	191,3
Schweden	163,8
Slowakei	119,5
Slowenien	84,7
Spanien	510,0
Tschechische Republik	163,3
Ungarn	181,2
Vereinigtes Königreich	149,8
Zypern	22,5
Insgesamt	6.440,8

VI. Ergebnis

Zahlungsforderungen der Mitgliedstaaten, die als Ansatzpunkt für eine Aufrechnung der Gemeinschaft dienen können, ergeben sich insbesondere im Rahmen der Strukturfonds, des EAGFL-Garantie, des Kohäsions- sowie des Solidaritätsfonds. Daneben können sich auch Ansatzpunkte im Haushaltsbereich der sonstigen internen Politiken der Gemeinschaft ergeben, etwa im Bereich der Transeuropäischen Netze. Ebenfalls denkbar, wenn auch aller Wahrscheinlichkeit nach selten und in der Höhe zu gering, sind Zahlungsforderungen der Mitgliedstaaten aus privatrechtlichen Verträgen mit der Gemeinschaft.

C. Voraussetzungen der Aufrechnung

Nachdem die allgemeine Zulässigkeit der Aufrechnung sowie konkrete Ansatzpunkte in den Rechtsbeziehungen zwischen der Gemeinschaft und den Mitgliedstaaten erörtert wurden, sind nunmehr die rechtlichen Voraussetzungen der Aufrechnung in den Blick zu nehmen. Dabei ist zunächst mit Blick auf die drei Familien mitgliedstaatlicher Aufrechnungsregelungen zu klären, welche rechtliche Konzeption der gemeinschaftsrechtlichen Aufrechnung zugrunde liegt (I). Sodann ist zu untersuchen, unter welchen tatbestandlichen Voraussetzungen eine Aufrechnung generell möglich ist (II) und in welchen Fällen ein Aufrechnungsverbot eingreift (III). Schließlich ist auf Besonderheiten im Falle von Sanktionen gemäß Art. 104 Abs. 11 EG einzugehen (IV).

I. Die rechtliche Konzeption einer gemeinschaftsrechtlichen Aufrechnung

Die rechtliche Konzeption einer gemeinschaftsrechtlichen Aufrechnungsregelung betrifft zum einen die Frage, ob die gemeinschaftsrechtliche Aufrechnung materiellrechtlicher oder prozessualer Natur ist, ob sie also (wie im englischen Recht) nur innerhalb eines Gerichtsprozesses oder auch (wie in den kontinentaleuropäischen Rechtsordnungen) außerhalb eines solchen geltend gemacht werden kann (1). Sodann ist zu klären, ob eine einseitige Aufrechnungserklärung mit konstitutiver Wirkung erforderlich ist (wie etwa im deutschen Recht) oder ob die Rechtswirkungen der Aufrechnung ipso iure, also automatisch bei Entstehen der Aufrechnungslage eintreten (wie etwa im französischen Recht) (2). Schließlich stellt sich die Frage, ob im Falle einer Aufrechnungserklärung diese auf den Zeitpunkt der Aufrechnungslage zurückwirkt oder lediglich Rechtswirkungen ex nunc entfaltet (3).

1) Prozessuale oder materiellrechtliche Konzeption?

Art. 73 Abs. 1 S. 2 HO-EG sieht vor, dass im Rahmen des Haushaltsvollzugs sich gegenüberstehende Zahlungsforderungen vom Rechnungsführer verrechnet werden. Damit geht die Vorschrift von einer materiellrechtlichen Konzeption der Aufrechnung aus, die sich von dem prozessualen set-off des englischen Rechts unterscheidet.

Die bisherigen Erkenntnisse, die aus dem Vergleich der mitgliedstaatlichen Aufrechnungsregelungen gewonnen werden konnten, legen nahe, dass auch der gemeinschaftsrechtliche, allgemeine Rechtsgrundsatz der Aufrechnung einer materiellrechtlichen Konzeption folgt. Wie bereits erörtert, ist in 13 der 15 mitgliedstaatlichen Rechtsordnungen die Aufrechnung materiellrechtlich ausgestaltet. Die bereits dargelegte Methodik zur Ermittlung allgemeiner Rechtsgrundsätze würde zwar nicht prinzipiell ausschließen, dennoch zu einer gerichtlichen Konzeption der Aufrechnung zu gelangen, jedoch lässt ein wertender Rechtsvergleich die materiellrechtliche Aufrechnungsform gegenüber dem rein prozessrechtlichen Institut als effizienter erscheinen:[472] Bestreitet der Aufrechnungsgegner die Forderung seines Gläubigers, so wird es regelmäßig zu einer gerichtlichen Auseinandersetzung zwischen beiden kommen, unabhängig davon, ob dem Gläubiger die Aufrechnung nur im Prozess oder grundsätzlich auch außergerichtlich zur Verfügung steht. Sofern der Gläubiger mit seiner Einschätzung Recht behält, besteht kein praktischer Grund, ihm die Wirkungen der Aufrechnung nicht schon zum Zeitpunkt seiner Aufrechnungserklärung zuzusprechen. Erweist sich dagegen die Behauptung des Aufrechnungsgegners als zutreffend, der die Forderung seines angeblichen Gläubigers bestritten hat, so lagen die Voraussetzungen der Aufrechnung niemals vor. Noch deutlicher treten Effizienzgesichtspunkte dann zutage, wenn ein rechtskräftig zur Zahlung verurteilter Schuldner, der seinerseits eine Geldforderung gegenüber seinem Gläubiger besitzt, die Zahlung verweigert, wie etwa im Falle eines zu einem Zwangsgeld verurteilten, aber zahlungsunwilligen Mitgliedstaates. Auch hier erscheint es effizienter und der Verfahrensökonomie zuträglicher[473], wenn die Gemeinschaft ihre Forderung durch außergerichtliche Aufrechnung realisieren und zugleich ihre eigene Schuld begleichen kann.[474] Der zahlungsunwillige Mitgliedstaat als Aufrechnungsgegner erscheint demgegenüber nicht schutzwürdig. Ihm kann zugemutet werden, das Prozessrisiko zu tragen, sofern er, obwohl seinerseits schon zur Leistung verurteilt, mit der Aufrechnung nicht einverstanden ist und deren Wirkungen beseitigen möchte.

Ergänzend hierzu ist anzumerken, dass in England, wo die Aufrechnung traditionell als prozessuales Rechtsinstitut gesehen wird, die Grenzen zu einer materiellrechtlichen Aufrechnung durch eine Reihe von Sonderregeln, die in ihrer Gesamtheit als „equitable set-off"[475] („billigkeitsrechtliche" Aufrechnung) bezeichnet werden, zunehmend verwischen.[476] Aufgrund der engen Verwandtschaft des „equitable set-off" zur Konkursaufrechnung sowie zur vertraglichen Aufrechnung, deren materiellrechtlicher Charakter in der englischen Rechtswis-

---

472 Vgl. GA *Léger*, Slg. 2003, I-7617 (Nr. 65), Rs. C-87/01 P – CCRE.

473 Zum Aspekt der Verfahrensökonomie im Vergleich zwischen prozessualer und matriellrechtlicher Aufrechnung vgl. *Zimmermann*, Medicus-FS, S. 707 (720).

474 Vgl. GA *Léger*, Slg. 2003, I-7617 (Nr. 65), Rs. C-87/01 P – CCRE.

475 Da der Begriff des „equitable set-off" eine gewisse Unschärfe aufweist, wird zuweilen auch der Terminus „transaction set-off" verwendet, siehe *Wood*, Set-Off, 1-7, 1-23 und 4-2.

476 Vgl. *Pichonnaz*, La Compensation, S. 567 ff. (598 ff.); *Zimmermann*, Comparative Foundations, S. 26 ff.; *ders.*, Medicus-FS, S. 707 (713 ff.).

senschaft unstreitig sind, tendiert die moderne englische Literatur immer stärker dazu, das „equitable set-off" dem materiellen Recht zuzuordnen.[477]

Im Ergebnis vermag eine materiellrechtliche Konzeption der Aufrechnung bei wertender Rechtsvergleichung der Wirksamkeit des Gemeinschaftsrechts am besten Geltung zu verschaffen, so dass sie nicht nur in Art. 73 Abs. 1 S. 2 HO-EG verankert ist, sondern auch dem allgemeinen Rechtsgrundsatz der Aufrechnung zugrunde liegt.[478]

2) Erforderlichkeit einer Aufrechnungserklärung

Damit ist indessen noch nichts darüber ausgesagt, ob die Wirkung der Aufrechnung durch einseitige Parteierklärung mit konstitutiver Wirkung (wie etwa im deutschen Recht) oder ipso iure (wie etwa im französischen Recht) eintritt. Es stellt sich somit die Frage, ob die zur Aufrechnung entschlossene Partei bei Vorliegen der gesetzlichen Voraussetzungen die wechselseitigen Forderungen unmittelbar als in Höhe der niedrigeren Forderung getilgt ansehen kann, oder ob sie die Aufrechnung zuvor gegenüber dem Aufrechnungsgegner erklären muss.

Indem Art. 73 Abs. 1 S. 2 HO-EG bestimmt, dass der Rechnungsführer Gemeinschaftsforderungen mit Gegenforderungen desselben Schuldners verrechnet, beschreibt sie lediglich den haushaltstechnischen Vorgang, ohne eine Aussage darüber zu treffen, ob die Aufrechnung durch Parteierklärung zu erfolgen hat oder sich ipso iure vollzieht. Zwar bestimmt Art. 83 der VO 2342/2002 mit Durchführungsbestimmungen zur HO-EG, dass der Rechnungsführer wechselseitige Forderungen „nach Unterrichtung des zuständigen Anweisungsbefugten und des Schuldners" miteinander verrechnet, jedoch deutet die gleichrangige Nennung von Anweisungsbefugtem und Schuldner auf eine Regelung hin, die lediglich die genauen Modalitäten des Haushaltsvollzugs regeln und nicht über den Eintritt der Aufrechnungswirkungen befinden will. Mangels inhaltlicher Anhaltspunkte in Art. 73 Abs. 1 S. 2 HO-EG für oder gegen den konstitutiven Charakter einer einseitigen Aufrechnungserklärung muss daher auf die allgemeinen Rechtsgrundsätze und damit auf einen wertenden Rechtsvergleich zwischen den mitgliedstaatlichen Rechtsordnungen zurückgegriffen werden.

Wie bereits dargelegt, treten bei der in einigen Mitgliedstaaten verbreiteten gesetzlichen Aufrechnung deren Wirkungen in dem Zeitpunkt ein, in welchem die tatbestandlich normierten Aufrechnungsvoraussetzungen vorliegen. Da eine Parteierklärung nicht erforderlich ist, kann die Wirkung sogar ohne Wissen der Parteien eintreten. Diese Konzeption ist sowohl konstruktiv als auch in der prak-

477 *Derham*, Set-Off, 1996, S. 56 ff.; *Wood*, Set-Off, 4-1 ff.; vgl. auch *Zimmermann*, Medicus-FS, S. 707 (715).

478 Vgl. auch die allgemeinen rechtsvergleichenden Darstellungen bei *Pichonnaz*, La Compensation, S. 599 f.; *Zimmermann*, Comparative Foundations, S. 31 f.; *ders.*, Medicus-FS, S. 707 (717), die ebenfalls eine materiellrechtliche Konzeption favorisieren.

tischen Ausführung mit gewissen Nachteilen und Widersprüchen verbunden, die nur mit Hilfe juristischer Kunstgriffe abgemildert werden können. So ist etwa dann, wenn sich mehr als zwei Forderungen gegenüberstehen, unklar, welche der Forderungen sich gegenseitig zum Erlöschen bringen sollen. Dieser Umstand ist bei gemeinschaftsrechtlichen Sachverhalten von erheblicher Bedeutung, da, wie bereits oben dargelegt, zwischen der Gemeinschaft und jedem Mitgliedstaat im Rahmen des Gemeinschaftshaushalts ein umfangreiches und komplexes Geflecht von Rechtsbeziehungen besteht, innerhalb dessen sich eine Vielzahl wechselseitiger Zahlungsforderungen ergeben können.[479] Die genaue Bestimmung der sich gegenseitig zum Erlöschen bringenden Forderungen ist ohne eine entsprechende Parteierklärung kaum zu erreichen. Im Falle von Gemeinschaftsforderungen aus finanziellen Sanktionen gegen einen Mitgliedstaat tritt dieses Problem in verschärfter Form zutage, da diese Forderungen regelmäßig in keinem unmittelbaren sachlichen Zusammenhang zu den zahlreichen Gegenforderungen des betroffenen Mitgliedstaates stehen. Zwar enthält etwa das italienische Recht in Art. 1249 des Codice Civile eine Regelung, die im Falle der Forderungsmehrheit auf ein Rangsystem zurückgreift, um die erlöschenden Forderungen bestimmen zu können, allerdings ist diese Regelung wiederum mit schwierigen Folgeproblemen verbunden.[480] Da sie zudem eine Reihe von einzelfallabhängigen Wertungen erfordert, die über eine bloße Subsumtion hinausgehen, ist die Regelung nicht in der Lage, die mit der Forderungsmehrheit verbundene Rechtsunsicherheit vollständig auszuräumen.

Ein weiteres konstruktives Problem des ipso iure-Vollzugs der Aufrechnung tritt in solchen Fallkonstellationen zutage, in welchen die Parteien die Aufrechnungswirkungen nicht wollen. Unproblematisch ist der Fall, wenn die Parteien die Aufrechnung von Anfang an ausgeschlossen haben, so dass die Forderungen zu keinem Zeitpunkt ipso iure erlöschen können. Haben die Parteien jedoch keine derartige Bestimmung getroffen, ziehen aber nichtsdestotrotz nach Eintritt der Aufrechnungslage den tatsächlichen Leistungsaustausch vor, so können sie etwa nach Ansicht der französischen Rechtsprechung und Literatur ausdrücklich oder konkludent auf die Erlöschenswirkung der Kompensation verzichten. Dabei müssen allerdings die beiderseitigen Forderungen, die durch Legalaufrechnung bereits automatisch erloschen sind, künstlich wieder „zum Leben erweckt" werden.[481]

---

[479] Vgl. GA *Léger*, Slg. 2003, I-7617 (Nr. 66), Rs. C-87/01 P – CCRE.

[480] So ist etwa streitig, ob die Parteien einseitig oder einvernehmlich von der gesetzlichen Regelung abweichen können und auf welchen Zeitpunkt bei der Bestimmung der in Frage kommenden Forderungen abzustellen ist. Vgl. hierzu *Kannengießer*, Aufrechnung, S. 34 f. m. w. N.

[481] Vgl. *Cian*, ZEuP 1998, 213 (219).

Auch würde es die Transparenz und Rechtssicherheit in den Rechtsbeziehungen zwischen der Gemeinschaft und den Mitgliedstaaten oder sonstigen Rechtssubjekten stark beeinträchtigen, wenn die Wirkungen einer Aufrechnung ohne Wissen der Parteien eintreten könnten, wenn also etwa ein Gläubiger der Gemeinschaft keine Kenntnis von der Aufrechnungsabsicht der Kommission haben müsste.[482] Würde die Kommission die Aufrechnung dennoch erklären, so käme ihrer Erklärung kein konstitutiver, sondern ein rein deklaratorischer Charakter zu. Mangels rechtlicher Wirkung dieser Erklärung hätte der Aufrechnungsgegner keine Möglichkeit, gegen die Aufrechnung der Kommission vor dem EuGH vorzugehen, da die allein in Betracht kommende Nichtigkeitsklage gemäß Art. 230 EG nur gegen Maßnahmen mit Rechtswirkungen statthaft ist.[483] Diese Rechtsschutzlücke bestünde dagegen nicht im Falle einer Aufrechnung durch einseitige Parteierklärung. Einer derartigen Erklärung von Seiten der Kommission käme nach dieser Konzeption konstitutiver Charakter zu, so dass es sich um eine Maßnahme mit Rechtswirkungen und folglich um eine Entscheidung i. S. v. Art. 249 Unterabs. 4 EG handeln würde. Diese könnte im System der gemeinschaftsrechtlichen Klagearten mit der Nichtigkeitsklage gemäß Art. 230 EG angegriffen werden.[484]

Für eine Konzeption der Aufrechnung durch einseitige Parteierklärung spricht ferner, dass die Legalaufrechnung in den einschlägigen nationalen Rechtsordnungen gewisse Einschränkungen erfährt, die sie im Ergebnis einer einseitig erklärten Aufrechnung annähern.[485] So ist etwa, wie bereits erörtert, der Richter im französischen, italienischen und spanischen Prozessrecht trotz des prinzipiellen ipso iure-Eintritts der Aufrechnungswirkungen grundsätzlich nicht berechtigt, die Aufrechnungslage von Amts wegen zu berücksichtigen, wenn keine Partei sich auf die Aufrechnung beruft; die herrschende Meinung in der italienischen Rechtsliteratur geht zudem davon aus, dass der Richter auch eine außergerichtlich erfolgte Parteierklärung berücksichtigen und eine (Legal-) Aufrechnung feststellen kann, wenn sich eine solche außergerichtliche Erklärung aus den Parteivorträgen entnehmen lässt.[486] Diese Gesichtspunkte verdeutlichen, dass auch in den Rechtsordnungen, welche die Legalaufrechnung vorsehen, der Aufrechnungserklärung zunehmend konstitutive Bedeutung zukommt. Das neue niederländische Zivilgesetzbuch hat sich vom ursprünglichen Modell der Legalaufrechnung gelöst und nunmehr das Modell der einseitigen Parteierklärung ü-

[482] So auch GA *Léger*, Slg. 2003, I-7617 (Nr. 66), Rs. C-87/01 P – CCRE.
[483] *Ehricke*, in: Streinz (Hrsg.), EUV/EGV, Art. 230 EG Rn. 9 u. 42.
[484] Vgl. GA *Léger*, Slg. 2003, I-7617 (Nr. 67), Rs. C-87/01 P – CCRE.
[485] Vgl. *Pyziak-Szafnicka*, in: Groß (Hrsg.), Legal scholarship in international and comparative law, S. 117 (120).
[486] *Kannengießer*, Aufrechnung, S. 29 m. w. N.

bernommen.[487] Auch im italienischen Schrifttum mehren sich die Stimmen, die eine Aufrechnung durch einseitige Parteierklärung befürworten.[488] Für ein Aufrechnungsinstitut auf der Grundlage einer einseitigen Parteierklärung mag schließlich auch die Tatsache sprechen, dass die Konzeption des ipso iure-Vollzugs der Aufrechnung historisch gesehen auf ein Missverständnis bei der Auslegung der römischen Rechtsquellen zurückzuführen ist[489], was etwa auch in der französischen Rechtsliteratur eingeräumt wird.[490]

Es kann folglich festgehalten werden, dass eine gemeinschaftsrechtliche Aufrechnung mit einem Wirkungseintritt ipso iure der effektiven Anwendung des Gemeinschaftsrechts in mehrerlei Hinsicht abträglich wäre: Im Rahmen der haushaltsrechtlichen Rechtsbeziehungen wäre die Konzeption technisch schwer zu realisieren und würde dem Haushaltsgrundsatz der Transparenz widersprechen. Sie würde zudem die Rechtssicherheit beeinträchtigen[491] und zu schwer hinnehmbaren Rechtsschutzlücken führen. Mit Blick auf die praktische Wirksamkeit des Gemeinschaftsrechts führt ein wertender Rechtsvergleich daher zu dem Ergebnis, dass dem allgemeinen Rechtsgrundsatz der Aufrechnung die Konzeption einer Aufrechnung durch einseitige Parteierklärung zugrunde zu legen ist.[492] Die entspricht auch der derzeitigen Rechtsentwicklung in Europa.[493]

Im Sinne dieses allgemeinen Rechtsgrundsatzes ist auch Art. 73 Abs. 1 S. 2 HO-EG auszulegen, der zur Frage der Erforderlichkeit einer Aufrechnungserklärung schweigt. Auch die Aufrechnung nach Art. 73 Abs. 1 S. 2 HO-EG setzt daher eine Willenserklärung gegenüber dem Aufrechnungsgegner voraus.

---

[487] *Zimmermann,* Comparative Foundations, S. 34; *ders.,* Medicus-FS, S. 707 (719).

[488] *Bianca,* Diritto civile, Band IV (L'obligazione), Nr. 252 (S. 493 f.); *Cian,* ZeuP 1998, 215 (220 f.); *Cian/ Trabucchi,* Codice Civile, Art. 1242, II; *Barenghi,* in: Rescigno (Hrsg.), Codice Civile, Art. 1241 Rn. 1; vgl. auch *Zimmermann,* Medicus-FS, S. 707 (718, Fn. 76).

[489] „Compensationes ex omnibus actionibus ipso iure fieri" (Just. C. 4. 31. 14).

[490] *Cian,* ZEuP 1998, 213 (219); *Pyziak-Szafnicka,* Aufrechnung, S. 117 (119).

[491] Vgl. hierzu auch *Zimmermann,* Comparative Foundations, S. 34; *ders.,* Medicus-FS, 707 (719): „Es scheint eine gemeinsame Erfahrung der europäischen Rechte zu sein, dass eine derartige Regelung den Erfordernissen der Rechtssicherheit nicht hinreichend Rechnung tragen würde."

[492] So im Ergebnis auch GA *Léger,* Slg. 2003, I-7617 (Nr. 67), Rs. C-87/01 P – CCRE; vgl. ferner *Pichonnatz,* Compensation, Rn. 2000 ff./2256 sowie *Zimmermann,* Comparative Foundations, S. 36; *ders.,* Medicus-FS, S. 707 (720), der im Rahmen seines position papers zu den „Principles of European Contract law" Entsprechendes vorschlägt.

[493] Vgl. GA *Léger,* Slg. 2003, I-7617 (Nr. 67), Rs. C-87/01 P – CCRE; *Metzger,* JZ 2004, 90 (91); *Pichonnatz,* Compensation, Rn. 2000; *Zimmermann,* Comparative Foundations, S. 34; *ders.,* Medicus-FS, S. 707 (719); vgl. ferner Art. 13:104 der von der sog. Lando-Kommission erarbeiteten "Principles of European Contract Law", welche denselben Ansatz verfolgen (*Lando/ Clive/ Prüm/ Zimmermann (Hrsg.),* Principles of European Contract Law – Part III).

3) Zeitpunkt des Wirkungseintritts der Aufrechnung

Schließlich ist die Frage zu klären, ob die Rechtsfolgen der Aufrechnungserklärung ex nunc oder ex tunc eintreten. Auch hierzu schweigt die Vorschrift des Art. 73 Abs. 1 S. 2 HO-EG. Ein Vergleich der mitgliedstaatlichen Rechtsordnungen ergibt, dass bis auf das schwedische Recht alle kontinentaleuropäischen Rechtsordnungen von einer Rückwirkung der Aufrechnung ausgehen.[494] Auch das schottische Recht, das eine prozessuale Form der Aufrechnung vorsieht und insofern dem englischen Recht vergleichbar ist, geht von der Rückwirkung eines entsprechenden Gerichtsurteils aus.[495] Es kann folglich festgehalten werden, dass die Aufrechnungserklärung nach allgemeinen Rechtsgrundsätzen auf den Zeitpunkt der Aufrechnungslage zurückwirkt.[496] Mangels ausdrücklicher Vorgaben gilt dasselbe für eine Aufrechnung der Gemeinschaft nach Art. 73 Abs. 1 S. 2 HO-EG.

II. Die Tatbestandsvoraussetzungen der gemeinschaftsrechtlichen Aufrechnung

Da nunmehr feststeht, welche rechtliche Konzeption der gemeinschaftsrechtlichen Aufrechnung zugrunde liegt, sind im Folgenden die allgemeinen tatbestandlichen Voraussetzungen einer solchen Aufrechnung zu erörtern. Die Ermittlung dieser Voraussetzungen geht zunächst vom allgemeinen Rechtsgrundsatz der Aufrechnung im Gemeinschaftsrecht aus, dessen Inhalt in wertender Rechtsvergleichung weiter zu konkretisieren ist (1). Sodann ist die haushaltsrechtliche Regelung des Art. 73 Abs. 1 S. 2 HO-EG in den Blick zu nehmen und auszulegen (2).

1) Der allgemeine Rechtsgrundsatz der Aufrechnung

Die Tatbestandsvoraussetzungen eines allgemeinen Rechtsgrundsatzes sind nach der bereits oben dargelegten und angewandten Methode auf der Grundlage einer wertenden Rechtsvergleichung unter Berücksichtigung einer größtmöglichen Effizienz des Gemeinschaftsrechts zu ermitteln.

---

494 *Pichonnatz*, Compensation, Rn. 2179 mit Fn. 2898; *Zimmermann*, Comparative Foundations, S. 36 f.; *ders.*, Medicus-FS, S. 707 (721).

495 *McBryde*, Law of Contract, 22-71; *Zimmermann*, Medicus-FS, S. 707 (718).

496 Freilich ist darauf hinzuweisen, dass die Rückwirkung der Aufrechnungserklärung überwiegend historische Gründe hat, die in einem modernen, materiellrechtlichen Aufrechnungskonzept nicht mehr greifen (vgl. hierzu *Pichonnatz*, Compensation, Rn. 2262). Da die mitgliedstaatlichen Rechtsordnungen die Wirkung der Aufrechnung jedoch praktisch übereinstimmend auf denselben Zeitpunkt beziehen, ist die Rückwirkung der Aufrechnungserklärung de lege lata als Bestandteil des allgemeinen Rechtsgrundsatzes der Aufrechnung im Gemeinschaftsrecht anzusehen.

a) Gegenseitigkeit und Gleichartigkeit der Forderungen

Bereits oben wurde erörtert, welche grundsätzlichen Voraussetzungen die verschiedenen mitgliedstaatlichen Aufrechnungsregelungen an eine Aufrechnung stellen. Dabei erwies es sich, dass jedenfalls die Voraussetzungen der Gegenseitigkeit und Gleichartigkeit beider Forderungen allen mitgliedstaatlichen Rechtsordnungen gemeinsam sind.[497] Insofern können sie als Tatbestandsmerkmale eines allgemeinen Rechtsgrundsatzes des Gemeinschaftsrechts aufgefasst werden.

b) Durchsetzbarkeit

Was das Erfordernis der Durchsetzbarkeit betrifft, so ist zu bemerken, dass es in denjenigen Rechtsordnungen, die einen ipso iure-Vollzug der Aufrechnung vorsehen, für beide Forderungen, also für Haupt- und Gegenforderung erfüllt sein muss, während diejenigen Rechtsordnungen, die sich für einen Aufrechnungsvollzug durch einseitige Parteierklärung entschieden haben, die Durchsetzbarkeit nur für die Gegenforderung verlangen und in Bezug auf die Hauptforderung deren tatsächliche Erfüllbarkeit ausreichen lassen.[498] Nach der letztgenannten Konzeption kann demnach zwar nicht *mit* einer gestundeten, auflösend bedingten, anfechtbaren oder einredebehafteten Forderung aufgerechnet werden, wohl aber *gegen* eine solche.[499] Der Grund für diese Differenzierung liegt darin, dass es grundsätzlich jedem Schuldner freisteht, nach seinem Willen auch solche Gläubigerforderungen zu begleichen, zu deren Begleichung er noch nicht oder nicht mehr verpflichtet ist oder derer er sich durch Einrede dauerhaft widersetzen könnte. Insofern bedarf er auch bei der Aufrechnung durch einseitige Willenserklärung keines weitergehenden Schutzes. Dagegen kann ihm nicht das Recht zustehen, durch Aufrechnung rechtliche Hindernisse zu umgehen, die der Realisierung seiner eigenen Forderung temporär oder dauerhaft entgegenstehen. Letztere muss vielmehr durchsetzbar, also vollwirksam und fällig sein.[500] Dass die in anderen Mitgliedstaaten vorgesehene Legalaufrechnung demgegenüber für beide Forderungen Durchsetzbarkeit (exigibilité, esigibilità, ...) fordert, rührt daher, dass bei einem automatischen Vollzug der Aufrechnung keine der beiden wechselseitigen Forderungen als Haupt- oder Gegenforderung bezeichnet werden kann.[501] Ferner ist ein automatisches Erlöschen der beiden sich gegenüberstehenden Forderungen ohne Wissen der Parteien nicht denkbar, bevor nicht

---

[497] Vgl. *Pichonnatz*, Compensation, Rn. 2082 ff./ 2085 ff.

[498] Vgl. nur § 387 BGB: „... sobald er die ihm gebührende Leistung fordern und die ihm obliegende Leistung bewirken kann."

[499] Vgl. *Heinrichs*, in: *Palandt*, BGB, § 387 Rn. 12.

[500] *Heinrichs*, in: *Palandt*, BGB, § 387 Rn. 11.

[501] *Zimmermann*, Comparative Foundations, S. 51; *ders.*, Medicus-FS, S. 707 (732).

beide Forderungen fällig sind, und nur solange, als ihnen keine aufschiebenden bzw. auflösenden Bedingungen, Einreden, Stundungen oder sonstigen Vollwirksamkeitshindernisse entgegenstehen. Wie im Falle der anderen Aufrechnungskonzeption ist also auch hier Voraussetzung des Aufrechnungsvollzugs, dass die für beide Forderungen jeweils bestehenden gesetzlichen Wertungen nicht unterlaufen werden. Die Erstreckung des Durchsetzbarkeitserfordernisses auf beide Forderungen hat ihren Grund allein im ipso iure-Vollzug der Legalaufrechnung. Da der allgemeine Rechtsgrundsatz der Aufrechnung im Gemeinschaftsrecht demgegenüber einen Aufrechnungsvollzug durch einseitige Parteierklärung vorsieht, braucht Durchsetzbarkeit im Sinne von Vollwirksamkeit und Fälligkeit allein für die Gegenforderung vorzuliegen, während für die Hauptforderung die bloße Erfüllbarkeit genügt.[502]

c) Erfordernis der Liquidität?

Fraglich ist, ob auch das in vielen Rechtsordnungen vorgesehene Liquiditätserfordernis Bestandteil des allgemeinen Rechtsgrundsatzes der Aufrechnung im Gemeinschaftsrecht ist. Wie bereits oben dargelegt, ist in den Aufrechnungsregelungen der einschlägigen Rechtsordnungen eine Forderung grundsätzlich dann als liquide anzusehen, wenn ihr Bestand und ihre Höhe gewiss sind. Dies ist jedenfalls dann gegeben, wenn Bestand und Inhalt der Forderung durch rechtskräftiges Urteil festgestellt wurden oder unbestritten sind. Darüber hinaus geht die herrschende Meinung in den betroffenen Mitgliedstaaten jeweils davon aus, dass ein offensichtlich unbegründetes Bestreiten durch den Schuldner die Liquidität der Forderung nicht entfallen lässt. Gleiches gilt, wenn die genaue Höhe der Forderung zwar noch nicht bekannt ist, aber mittels eines einfachen Rechenvorgangs ermittelt werden kann.[503] Ihre besondere rechtliche Relevanz entfaltet die Frage der Liquidität folglich in denjenigen Fällen, in denen der Aufrechnende mit einer Forderung aufrechnen will, welche vom Aufrechnungsgegner plausibel bestritten wird. Mangels Liquidität der Forderung ist dann in den einschlägigen Rechtsordnungen keine außergerichtliche Aufrechnung möglich. Gegen den Willen einer Partei kann die Aufrechnung der sich gegenüberstehenden Forderungen in diesen Fällen nur durch Gerichtsurteil (gerichtliche Aufrechnung) herbeigeführt werden. Das Erfordernis der Liquidität wird hier durch das gerichtliche Urteil ersetzt.

502 A. A. GA *Léger*, Slg. 2003, I-7617 (7640), Rs. C-87/01 P – CCRE, der sich mit Ausnahme der konstitutiven Parteierklärung eher an den Voraussetzungen der französischen Legalaufrechnung orientiert.

503 Vgl. *Kannengießer*, Aufrechnung, S. 14 für das italienische Recht. Diese Wertung gilt entsprechend in allen übrigen Rechtsordnungen mit Legalaufrechnung, die das Liquiditätserfordernis durchgehend dem römischen Recht entnommen haben und ihm somit denselben Zweck zugrunde legen.

Ob auch der allgemeine Rechtsgrundsatz der Aufrechnung im Gemeinschaftsrecht das Erfordernis der Liquidität beider Forderungen enthält, ist fraglich. Bestreitet eine Partei diejenige Forderung, mit welcher die andere Partei aufrechnen möchte, so wird es in jedem Fall zu einer gerichtlichen Klärung der Streitigkeit kommen. Besteht die bestrittene Forderung tatsächlich, so können die beiderseitigen Forderungen durch gerichtliches Urteil saldiert werden. Das Liquiditätserfordernis ist folglich in keinem Fall geeignet, den Eintritt der Aufrechnungswirkungen zugunsten des Aufrechnungsgegners dauerhaft zu verhindern. Sofern aber die aufrechnende Partei Bestand und Höhe der eigenen Forderung zutreffend bewertet hat, erscheint es gerechtfertigt, die Wirkungen der Aufrechnung bereits im Zeitpunkt der Aufrechnungserklärung einsetzen zu lassen, selbst wenn der Aufrechnungsgegner Bestand und Höhe seiner Schuld in gutem Glauben bestritten hat. Für einen Verzicht auf das Erfordernis der Liquidität spricht zudem, dass es seine maßgebliche Bedeutung im Zusammenhang mit dem ipso iure-Vollzug der Legalaufrechnung entfaltet.[504] Ein automatisches Erlöschen der beiden sich gegenüberstehenden Forderungen erfordert eine grundsätzliche Klarheit der Rechtslage, so dass also tatsächlicher Bestand und Höhe beider Forderungen gesichert sein müssen.[505] Dieses Erfordernis besteht dagegen nicht bei einem Aufrechnungskonzept auf der Grundlage einer einseitigen Parteierklärung, welches auch dem allgemeinen Rechtsgrundsatz der Aufrechnung im Gemeinschaftsrecht zugrunde liegt. Für letzteren kann folglich auf das dem ipso iure-System geschuldete Liquiditätserfordernis verzichtet werden.[506]

d) Ergebnis

Als Ergebnis bleibt daher festzuhalten, dass die gemeinschaftsrechtliche Aufrechnung nach allgemeinen Rechtsgrundsätzen Gegenseitigkeit und Gleichartigkeit der gegeneinander aufzurechnenden Forderungen sowie Durchsetzbarkeit der Gegenforderung und Erfüllbarkeit der Hauptforderung voraussetzt.[507]

---

504 Vgl. *Zimmermann,* Comparative Foundations, S. 52; *ders.,* Medicus-FS, S. 707 (732).

505 Vgl. *Pyziak-Szafnicka,* Aufrechnung, S. 117 (125); *Wood,* Set-Off, 24-24; *Zimmermann,* Comparative Foundations, S. 52; *ders.,* Medicus-FS, S. 707 (732).

506 Vgl. im Ergebnis die Stellungnahme der Kommission in Slg. 2000, II-4099 (4115, Rn. 53), Rs. T-105/99 – CCRE (unter Hinweis auf den Grundsatz der praktischen Wirksamkeit des Gemeinschaftsrechts); *Pichonnatz,* Compensation, Rn. 1702; *Zimmermann,* Comparative Foundations, S. 51 ff.; *ders.,* Medicus-FS, S. 707 (732 ff.); a. A. GA *Léger,* Slg. 2003, I-7617 (Nr. 68 f.), Rs. C-87/01 P – CCRE, der in Anlehnung an die französische Legalaufrechnung Gewissheit über Bestand und Höhe beider Forderungen verlangt.

507 Vgl. *Pichonnatz,* Compensation, Rn. 2081 mit Verweis auf Art. 15:101 der Principles of European Contract Law.

2) Die haushaltsrechtliche Regelung des Art. 73 Abs. 1 S. 2 HO-EG

Entsprechend scheint auch Art. 73 Abs. 1 S. 2 HO-EG die rechtlichen Voraussetzungen zu formulieren, unter denen die Gemeinschaft mit eigenen Forderungen gegenüber den Forderungen ihrer Schuldner aufrechnen kann: „Forderungen der Gemeinschaften gegenüber einem Schuldner, der selbst gegenüber den Gemeinschaften eine einredefreie, auf Geld gehende und fällige Forderung geltend macht, werden bei ihrer Einziehung vom Rechnungsführer verrechnet". Bei näherer Betrachtung des Art. 73 Abs. 1 S. 2 HO-EG erschweren jedoch einige Unstimmigkeiten zwischen den verschiedenen Sprachfassungen die Auslegung der Vorschrift und damit eine genaue Bestimmung der tatbestandlichen Voraussetzungen einer Aufrechnung durch die Gemeinschaft.

Entsprechend den Grundsätzen, die bei der Interpretation der Gründungsverträge zur Anwendung gelangen, können und müssen Unklarheiten und Widersprüche zwischen den verschiedenen Sprachfassungen im Wege der Auslegung beseitigt werden; dabei ist weder von der Richtigkeit der Mehrzahl der Texte auszugehen, noch auf die engere oder vermeintlich klarste Fassung abzustellen.[508] Vielmehr gilt zunächst der Grundsatz, dass die in den verschiedenen Vertragssprachen verwendeten Begriffe dieselbe Bedeutung haben und insofern einheitlich auszulegen sind; um diese Bedeutung herauszufiltern, bedient sich der EuGH in seiner Rechtsprechung der systematischen sowie der teleologischen Auslegung.[509] Dabei greift er nicht auf entsprechende nationale Rechtsinstitute zurück, sondern betrachtet die Rechtsbegriffe der auszulegenden Vorschrift als autonome Termini des Gemeinschaftsrechts.[510] Wenn allerdings, wie im Falle der Aufrechnung, im Gemeinschaftsrecht ein Rechtsinstitut kodifiziert wird, welches auf allgemeine Rechtsgrundsätze und Regelungen der mitgliedstaatlichen Rechtsordnungen zurückgeht, so können letztere dennoch unentbehrliche Hinweise enthalten, aus welchen sich Rückschlüsse auf den Willen des Gemeinschaftsgesetzgebers ableiten lassen.

a) Geltung der Kriterien des Art. 73 Abs. 1 S. 2 HO-EG nur für die Hauptforderung?

Ihrem Wortlaut nach formuliert Art. 73 Abs. 1 S. 2 HO-EG Aufrechungskriterien nur in Bezug auf die Hauptforderung, also die Zahlungs*verpflichtung* der

[508] *Kokott*, in: Streinz (Hrsg.), EUV/EGV, Art. 314 EG Rn. 4.

[509] *EuGH*, Slg. 1973, 215 (Rn. 23), Rs. 6/72 – Continental Can; Slg. 1977, 1999 (Rn. 13/14), Rs. 30/77 – Boucherau; Slg. 1981, 2233 (Rn. 17), Rs. 136/80 – Pieters BV; Slg. 1995, I-4291 (Rn. 28), Rs. C-449/93 – Rockfon; Slg. 1996, I-5403 (Rn. 28), Rs. C-72/95 – Kraijeveld; GA *Caporti*, Slg. 1979, 1846 (1849), Rs. 65/78 – IMCO; *Kokott*, in: Streinz (Hrsg.), EUV/EGV, Art. 314 EG Rn. 4.

[510] *EuGH*, Slg. 1964, 379 (396), Rs. 75/63 – Unger; Slg. 1978, 2183 (Rn. 5), Rs. 33/78 – Somafer.

Gemeinschaft („... gegenüber einem Schuldner, der selbst gegenüber den Gemeinschaften *eine einredefreie, auf Geld gehende und fällige Forderung* geltend macht...“).[511] Vorab ist deshalb zu klären, ob diese Kriterien auch für die Gegenforderung gelten. Würden sie nur für die Hauptforderung gelten, so müsste für die Gegenforderung auf die allgemeinen Rechtsgrundsätze in ihrer bereits oben erfolgten Konkretisierung zurückgegriffen werden. Für eine Erstreckung der Kriterien des Art. 73 Abs. 1 S. 2 HO-EG auf die Gegenforderung spricht die Formulierung der Vorschrift, nach welcher der Schuldner der Gemeinschaft „selbst“ eine einredefreie, auf Geld gehende und fällige Forderung gegenüber der Gemeinschaft haben muss. Daraus könnte zu schließen sein, dass diese Kriterien auch für die zu Gegenforderung der Gemeinschaft gelten. Ein Vergleich mit den anderen Sprachfassungen des Art. 73 Abs. 1 S. 2 HO-EG ergibt, dass einige eine ähnliche Formulierung wählen[512], andere hingegen nicht. So fehlt es etwa in der italienischen Fassung an jedem sprachlichem Anknüpfungspunkt für eine Erstreckung der für die Hauptforderung formulierten Kriterien auf die Gegenforderung.[513] Statt einer derartigen Erstreckung könnte die Formulierung „selbst“ auch als Ausprägung des Gegenseitigkeitserfordernisses verstanden werden; wenn die Gemeinschaft eine Forderung gegenüber einem Schuldner geltend macht, der „selbst“ eine Forderung gegenüber der Gemeinschaft besitzt, so ist das Gegenseitigkeitserfordernis erfüllt. Es stellt sich jedoch die Frage, weshalb der Gemeinschaftsgesetzgeber gerade die Anforderungen an die Hauptforderung regeln sollte. Während diejenigen Rechtsordnungen, die ein System der Legalaufrechnung kennen, identische Anforderungen an beide Forderungen stellen, sind die Rechtsordnungen mit einem System der einseitig erklärbaren Aufrechnung in Bezug auf die Hauptforderung großzügiger.[514] In keinem Fall liegt jedoch der Schwerpunkt darauf, besondere Anforderungen an die Hauptforderung zu formulieren. Eine solche Vorgehensweise wäre auch wenig sinnvoll, da zum Schutz des Aufrechnungsgegners vor der Umgehung gesetzlich gewollter Durchsetzungshindernisse insbesondere die Gegenforderung einer einschränkenden Spezifizierung bedarf. Die Gewährleistung dieses Schutzes muss auch Sinn und Zweck der Aufrechnungsregelung in Art. 73 Abs. 1 S. 2 HO-EG sein. Die Vorschrift ist folglich dahingehend auszulegen, dass die für die Hauptforderung geltenden Anforderungen auch für die Gegenforderung gelten.

---

511 Wie noch zu zeigen sein wird, ist die Beantwortung dieser Frage insbesondere auch für die Auslegung des Tatbestandsmerkmals „fällig“ von Bedeutung (siehe unten S. 138).

512 So etwa die französische (“... débiteur *lui-même* titulaire d'une créance certaine, liquide et exigible...") oder die englische Fassung (“... debtor who *himself/herself* has a claim on the Communities that is certain, of a fixed amount and due...").

513 “... se il debitore è titolare di un credito certo, liquido e esigibile...”.

514 Siehe oben S. 131.

b) Das Merkmal der „Einredefreiheit" („Sicherheit")

Einige Fassungen des Art. 73 Abs. 1 S. 2 HO-EG enthalten anstelle des deutschen Tatbestandsmerkmals „einredefrei" eine Formulierung, die mit „sicher", „bestimmt" bzw. „unbestreitbar" übersetzt werden kann.[515] Auffällig an dieser Bezeichnung ist, dass sie nicht nur schwer mit der deutschen Formulierung „einredefrei" in Einklang zu bringen ist, sondern dass sie insbesondere keinerlei Entsprechung in den nationalen Aufrechnungsregelungen der jeweiligen Mitgliedstaaten besitzt, wie den bereits erfolgten rechtsvergleichenden Ausführungen entnommen werden kann. Nicht ohne weiteres ersichtlich ist deshalb, wann eine Forderung „certain", „certo", „zeker" usw. ist. Eine nähere Untersuchung der französischen Rechtsordnung zeigt, dass die Formulierung „certaine, liquide et exigible", die sich in der französischen Fassung des Art. 73 Abs. 1 S. 2 HO-EG findet, offenbar dem französischen Zwangsvollstreckungsrecht entstammt, welches in Art. 557 des Code de procédure civile mit identischem Wortlaut dieselben Anforderungen an die Vollstreckbarkeit einer Forderung stellt.[516] Im Sinne dieser Regelung ist eine Forderung grundsätzlich dann „certaine", wenn sie in ihrer Existenz unbestreitbar (incontestable bzw. indiscutable) und gegenwärtig (actuelle) ist.[517] Damit scheiden solche Forderungen aus, deren Entstehung von einer aufschiebenden, noch nicht eingetretenen Bedingung abhängt oder deren tatsächliche Existenz ungeklärt bzw. bestritten ist.[518] Unverkennbar ist die Parallele zum Aufrechnungserfordernis der Liquidität, wie es in denjenigen Rechtsordnungen existiert, die eine Konzeption der Legalaufrechnung vorsehen. „Certaine", „certain", „certo" usw. ist daher dahingehend zu interpretieren, dass die anspruchsbegründenden Tatsachen bewiesen, unbestreitbar oder jedenfalls unbestritten sein müssen, so dass keine ernsthaften Zweifel über den tatsächlichen und gegenwärtigen Bestand der Forderung herrschen. In Anlehnung an das Liquiditätsmerkmal muss dies auch dann der Fall sein, wenn die Einwände des Schuldners gegen seine Zahlungsverpflichtung offensichtlich unbegründet sind.

Überträgt man eine solche Auslegung auf Art. 73 Abs. 1 S. 2 HO-EG und vergleicht sie mit der Formulierung der deutschsprachigen Fassung, so ist zunächst festzustellen, dass „einredefrei" nach deutschem Rechtsverständnis nichts mit den anspruchsbegründenen Tatsachen zu tun hat. § 390 BGB, der die Aufrechnung mit einer einredebehafteten Forderung verbietet, bezieht sich mit seinem Verbot auf rechtshemmende Einwendungen wie etwa die Einrede der Ver-

[515] Englische Fassung: „certain"; französische Fassung: „certaine"; italienische Fassung: „certo"; spanische Fassung: „ciertos"; portugiesische Fassung: „certo"; niederländische Fassung: „zekere".

[516] *Guillien/ Vincent (Hrsg.),* [Stichwort:] créance, in : Lexique de termes juridiques; *Vincent/ Prévault,* Voies d'exécution, Nr. 62.

[517] *Vincent/ Prévault,* Voies d'exécution, Nr. 63 u. 257.

[518] *Vincent/ Prévault,* Voies d'exécution, Nr. 63.

jährung oder die Einrede des nicht erfüllten Vertrages gemäß § 320 BGB. Für den Begriff der Einredefreiheit i. S. v. Art. 73 Abs. 1 S. 2 HO-EG muss folglich eine Auslegung gefunden werden, die mit den anderen Sprachfassungen in Einklang gebracht werden kann. Kaum anzunehmen ist, dass mit „certain", „certo", „zeker" usw. Bezug auf Einreden nach deutschem Rechtsverständnis genommen werden sollte. Ein solcher Bezug kann auch durch eine extensive Interpretation nicht hergestellt werden. Dagegen kann der Begriff „einredefrei" unter Vernachlässigung der im deutschen Recht üblichen Terminologie untechnisch dahingehend ausgelegt werden, dass die Forderung als solche vom Schuldner nicht plausibel angezweifelt oder bestritten werden kann. „Einredefrei" wäre demnach im Sinne von „unbestreitbar" zu verstehen, was im Ergebnis der Auslegung der Formulierungen „certaine", „certain", „certo" usw. entspräche. Insgesamt lässt sich also das Merkmal „einredefrei" bzw. „certain", „certo" usw. einer einheitlichen Auslegung zuführen, nach welcher die anspruchsbegründenden Merkmale bewiesen, unbestreitbar oder jedenfalls unbestritten sein müssen.[519] Ein offensichtlich unbegründetes Bestreiten seitens des Schuldners bleibt dabei außer Betracht.

c) Das Erfordernis einer Geldforderung („Liquidität")

Auch die Auslegung des zweiten Tatbestandsmerkmals des Art. 73 Abs. 1 S. 2 HO-EG bereitet mit Blick auf die verschiedenen Sprachfassungen der Verordnung Schwierigkeiten. So verlangt die deutsche Fassung eine „auf Geld" gehende Forderung, die englische Fassung eine solche „of a fixed amount". Dagegen wird in den romanischsprachigen Fassungen durchgängig verlangt, dass die Forderung „liquide" sein muss. Da der Begriff der Liquidität auch in den nationalen Aufrechnungsregelungen der jeweiligen Mitgliedstaaten bekannt ist, liegt es zunächst nahe, eine entsprechende Auslegung zu wählen. Wie bereits dargelegt, bedeutet Liquidität einer Forderung beim Konzept der Legalaufrechnung, dass Bestand *und* Höhe der Forderung unbestritten sein müssen. Eine solche Auslegung im Falle des Art. 73 Abs. 1 S. 2 HO-EG wäre in zweierlei Hinsicht problematisch: Zum einen ginge sie weit über das hinaus, was etwa die englische oder die deutsche Fassung vorsehen. Während die deutsche Fassung nur die Art der Forderung („auf Geld" gehend) anspricht, rekurriert die englische Fassung ausdrücklich auch auf deren Höhe („of a fixed amount"); auf den Bestand der Forderung nimmt jedoch keine der beiden Fassungen Bezug. Zum anderen ist die Frage des tatsächlichen Bestehens der Forderung bereits Inhalt des Merkmals „einredefrei" bzw. „certain", „certo", „zeker" usw. (s. o.), dessen Sinn

[519] Vgl. *Weill/ Terré,* Droit civil, Nr. 1075, die das Merkmal der Liquidität im Sinne der französischen Legalaufrechnung (d. h. die Gewissheit über Bestand und Höhe der Forderung) begrifflich durch *„certaine"* und „montant déterminé" konkretisieren.

höchst zweifelhaft wäre, wenn bereits das Tatbestandsmerkmal der Liquidität seinen Regelungsinhalt abdecken würde. Ein erneuter Vergleich mit den Regelungen des französischen Vollstreckungsrechts ergibt, dass hier in Abweichung zur Terminologie der Legalaufrechnung eine Forderung schon dann als liquide anzusehen ist, wenn sie auf Geld geht und in ihrer Höhe konkret beziffert ist.[520] Die Liquidität soll hier lediglich sicherstellen, dass eine Pfändung in das Vermögen des Schuldners nicht über die tatsächliche Höhe der zu vollstreckenden Forderung hinausgeht.[521] Dagegen ist die Frage des tatsächlichen Bestehens der Forderung Gegenstand des Merkmals „certaine" (s. o.). Diese Auslegung lässt sich auf Art. 73 Abs. 1 S. 2 HO-EG übertragen. Entgegen der aufrechnungsspezifischen Terminologie und in Entsprechung zur deutschen und englischen Fassung ist die Formulierung „liquide", „liquido" usw. dahingehend auszulegen, dass die Forderung auf Geld gehen und in ihrer Höhe konkret beziffert oder jedenfalls leicht zu ermitteln sein muss.[522]

Gegenüber dem Erfordernis der Gleichartigkeit, wie es im allgemeinen Rechtsgrundsatz der Aufrechnung zum Ausdruck kommt, bedeutet die Regelung des Art. 73 Abs. 1 S. 2 HO-EG insofern eine Einschränkung, als hier nur auf Geld gehende Forderungen erfasst sind. Da es sich um eine haushaltsrechtliche Regelung handelt, liegt diese Einschränkung jedoch auf der Hand. Zwar besteht insofern kein Grund, auch den allgemeinen Rechtsgrundsatz der Aufrechnung entsprechend eng zu formulieren; da letzterer jedoch, wie bereits dargelegt, nur die Rechtsbeziehungen zwischen der Gemeinschaft und Mitgliedstaaten, juristischen oder natürlichen Personen betrifft und dort andere materielle Leistungspflichten der Gemeinschaft als geldliche kaum vorstellbar sind oder jedenfalls von geringer praktischer Relevanz sein dürften, sind Art. 73 Abs. 1 S. 2 HO-EG und allgemeiner Rechtsgrundsatz insofern faktisch deckungsgleich.

d) Fälligkeit der Forderung („Durchsetzbarkeit")

Zu guter Letzt ist das dritte Tatbestandsmerkmal des Art. 73 Abs. 1 S. 2 HO-EG näher zu untersuchen. Auch hier kann den verschiedenen Sprachfassungen keine eindeutige Übereinstimmung bescheinigt werden. Während die deutsche und die englische Fassung von der Fälligkeit der Forderung sprechen (englisch: „due"), wählen die romanischsprachigen Fassungen mit „exigible", „esigibile", „exigivel" usw. eine Formulierung, die in den entsprechenden nationalen Aufrechnungsregelungen, wie bereits dargelegt, neben der Fälligkeit auch die Vollwirksamkeit einer Forderung (also insbesondere die Einredefreiheit und Bedingungsunabhängigkeit) umfasst. An dieser Stelle stellt sich nun die Frage, ob eine har-

---

520 *Vincent/ Prévault,* Voies d'exécution, Nr. 64 u. 258.

521 *Vincent/ Prévault,* Voies d'exécution, Nr. 64.

522 Vgl. auch *Cian,* ZEuP 1998, 215 (219).

monisierende Auslegung der verschiedenen Sprachfassungen dahingehend zu erfolgen hat, dass „exigible", „esigibile" usw. restriktiv als Fälligkeit im engeren Sinne auszulegen sind, oder ob umgekehrt „fällig" bzw. „due" im Sinne von „einforderbar" zu verstehen ist und damit auch die Einredefreiheit der Forderung umfasst. Für letzteres spricht, dass auch die niederländische Fassung in ihrer Formulierung über die reine Fälligkeit der Forderung hinausgeht und stattdessen fordert, dass letztere „invordebar", also „einforderbar" sein muss.[523] Da das Aufrechnungskonzept der niederländischen Rechtsordnung nicht (mehr), wie die Regelungen des romanischen Rechtskreises, der Familie der Legalaufrechnung zuzuordnen ist, kann dies ein Anhaltspunkt dafür sein, dass es nicht auf die reine Fälligkeit im engeren Sinne, sondern darüber hinaus auch auf die Einredefreiheit und Bedingungsunabhängigkeit (also Vollwirksamkeit) ankommt. Allerdings ist nach dem französischen Vollstreckungsrecht, aus dem die Formulierung des Art. 73 Abs. 1 S. 2 HO-EG offenbar übernommen wurde[524], eine Forderung dann als „exigible" aufzufassen, wenn der Gläubiger das Recht hat, die Leistung unverzüglich zu fordern.[525] Danach scheidet eine Vollstreckung insbesondere aus, wenn die Forderung einer aufschiebenden oder auflösenden Bedingung oder einer aufschiebenden Frist unterliegt[526], die Zahlungspflicht des Schuldners also etwa gestundet oder eine gerichtliche Nachfrist (terme de grâce) gesetzt wurde.[527] Für die „exigibilité" i. S. v. Art. 557 Code de procédure civile ist demnach im Gegensatz zur „exigibilité", wie sie in den jeweiligen nationalen Vorschriften über die Legalaufrechnung (etwa Art. 1291 Code civil, Art. 1243 Codice civile) zum Ausdruck kommt, keine allgemeine Einredefreiheit erforderlich. Es stellt sich daher die Frage, ob auch das dritte Tatbestandsmerkmal des Art. 73 Abs. 1 S. 2 HO-EG in diesem Sinne auszulegen ist.

Diesbezüglich ist daran zu erinnern, dass die in Art. 73 Abs. 1 S. 2 HO-EG normierten Aufrechnungsbedingungen sowohl für die Haupt- als auch für die Gegenforderung gelten. Würde man das Tatbestandsmerkmal „fällig" so auslegen, wie es der Konzeption des deutschen Zivilrechts entspricht, so hätte dies insbesondere mit Blick auf die hier vorgenommene Auslegung des ersten Tatbestandsmerkmals[528] zur Konsequenz, dass auch mit einredebehafteten Gegenforderungen aufgerechnet werden könnte. Wie jedoch bereits dargelegt, bezwecken gesetzliche Bestimmungen bezüglich der Aufrechenbarkeit von Forderungen

[523] Demgegenüber wird in der niederländischen Rechtssprache für „fällig" der Terminus „betaalbar" verwendet.

[524] Vgl. Art. 556 Code de procédure civile.

[525] *Vincent/ Prévault,* Voies d'exécution, Nr. 66.

[526] *Vincent/ Prévault,* Voies d'exécution, Nr. 259.

[527] *Vincent/ Prévault,* Voies d'exécution, Nr. 66.

[528] Obwohl die deutsche Übersetzung als erstes Tatbestandsmerkmal die „Einredefreiheit" beider Forderungen fordert, ist dieses Merkmal dahingehend auszulegen, dass Bestand und Höhe beider Forderungen feststehen müssen (siehe oben S. 136).

immer auch, die Umgehung gesetzlicher Durchsetzungshindernisse zu unterbinden[529], so dass die Möglichkeit der Aufrechnung mit einredebehafteten Forderungen bedenklich erschiene. Wenngleich daher bislang aus „systematischen" Gründen bei der Auslegung der Tatbestandsmerkmale des Art. 73 Abs. 1 S. 2 auf das französische Vollstreckungsrecht bzw. auf Art. 556 des Code de procédure civile Bezug genommen wurde, sprechen hier Sinn und Zweck der Regelung des Art. 73 Abs. 1 S. 2 HO-EG dafür, das Merkmal der „exigibilité" im bereits oben dargelegten Sinne zu verstehen, also im Sinne von Fälligkeit und Vollwirksamkeit (d. h. Einredefreiheit und Bedingungsunabhängigkeit), so wie dies auch in den Aufrechnungsregelungen derjenigen nationalen Rechtsordnungen üblich ist, die eine Legalaufrechnung vorsehen.[530] Mit Blick auf diesen Regelungszweck sind bei der deutschen sowie der englischen Fassung die Begriffe „fällig" bzw. „due" entsprechend weit auszulegen. Im Ergebnis muss daher das dritte Tatbestandsmerkmal des Art. 73 Abs. 1 S. 2 HO-EG im Sinne einer allgemeinen Einforderbarkeit verstanden werden, die neben der Fälligkeit im engeren Sinne auch die Vollwirksamkeit der Forderung, also die Einredefreiheit und Bedingungsunabhängigkeit umfasst.

e) Tatbestandliche Lockerungen in Bezug auf die Hauptforderung?

Zu klären bleibt, welche rechtliche Bedeutung den Erfordernissen der „Einredefreiheit" bzw. „Sicherheit" sowie der „Fälligkeit" bzw. „Einforderbarkeit" in Bezug auf die Hauptforderung zukommt. Wie bereits dargelegt, ist „einredefrei" bzw. „certain" („sicher") i. S. v. Art. 73 Abs. 1 S. 2 HO-EG dahingehend zu verstehen, dass die anspruchsbegründenden Tatsachen bewiesen, unbestreitbar oder jedenfalls unbestritten sein müssen. Damit findet sich in der Regelung des Art. 73 Abs. 1 S. 2 HO-EG eine tatbestandliche Anforderung wieder, die inhaltlich dem in einigen nationalen Rechtsordnungen bestehenden Liquiditätserfordernis entspricht. Dass dieses in der Regel nicht interessengerechte Erfordernis auf eine nach modernem Rechtsverständnis überholte Aufrechnungskonzeption zurückzuführen und bei wertender Rechtsvergleichung kein Bestandteil des allgemeinen Rechtsgrundsatzes der Aufrechnung im Gemeinschaftsrecht ist, wurde bereits dargelegt.[531] Vor diesem Hintergrund erscheint es denkbar, auch die Regelung des Art. 73 Abs. 1 S. 2 HO-EG entsprechend zu interpretieren. Jedoch hat die Gemeinschaft im Hinblick auf den Grundsatz der Wirtschaftlichkeit der Haushaltsordnung (Art. 2 HO-EG) ein Interesse daran, nur feststehende, fällige und einredefreie Zahlungsverpflichtungen zu begleichen. Im Anwendungsbereich des Art. 73 Abs. 1 S. 2 HO-EG besteht daher durchaus ein praktisches Be-

---

[529] Siehe oben S. 131 f.

[530] Siehe oben S. 131.

[531] Siehe oben S. 132 f.

dürfnis nach einer entsprechenden Beschränkung der Aufrechnung durch den Rechnungsführer. Eine tatbestandliche Lockerung des Art. 73 Abs. 1 S. 2 HO-EG im Hinblick auf das Erfordernis der Einredefreiheit und Fälligkeit der Hauptforderung ist daher abzulehnen.

f) Das Verhältnis der Regelung des Art. 73 Abs. 1 S. 2 HO-EG zum allgemeinen Rechtsgrundsatz der Aufrechnung

Aus den vorstehenden Ausführungen wird deutlich, dass der allgemeine gemeinschaftsrechtliche Rechtsgrundsatz der Aufrechnung und die Regelung des Art. 73 Abs. 1 S. 2 HO-EG inhaltlich leichte Unterschiede aufweisen: Während Art. 73 Abs. 1 S. 2 HO-EG die tatbestandlichen Voraussetzungen der Aufrechnung grundsätzlich auf beide Forderungen erstreckt, gelten beim allgemeinen Rechtsgrundsatz der Aufrechnung bestimmte Voraussetzungen nur in Bezug auf die Gegenforderung.[532] Daneben verzichtet der allgemeine Rechtsgrundsatz insbesondere auf das Liquiditätserfordernis, während Art. 73 Abs. 1 S. 2 HO-EG eine solche Bedingung mit dem Erfordernis der „Einredefreiheit" bzw. „Sicherheit" beider Forderungen bei sinngemäßer Auslegung faktisch vorsieht. Da nach der hier vertretenen Auffassung Art. 73 Abs. 1 S. 2 HO-EG als lex specialis für eine Aufrechnung der Gemeinschaft anzusehen ist, reduziert sich der konkrete Anwendungsbereich des allgemeinen Rechtsgrundsatzes auf eine Aufrechnung durch die Schuldner der Gemeinschaft. Letzteren steht auf diese Weise ein effektiveres Rechtsinstrument zur Durchsetzung ihrer Forderungen zur Verfügung als der Gemeinschaft selbst, da diese aufgrund der Ausgestaltung des Art. 73 Abs. 1 S. 2 HO-EG nicht mit einer Forderung aufrechnen kann, deren Rechtmäßigkeit der Schuldner (zu Recht oder zu Unrecht) bestreitet. Ungeachtet dessen bietet aber Art. 73 Abs. 1 S. 2 HO-EG der Gemeinschaft letztlich ein taugliches Rechtsinstrument zur Durchsetzung ihrer Forderungen. Zum einen hindert, wie bereits dargelegt, ein offensichtlich unbegründetes Bestreiten des Schuldners die Zulässigkeit der Aufrechnung nicht. Zum anderen bleibt der Gemeinschaft bei Forderungen gegenüber Mitgliedstaaten immer noch die Möglichkeit, gegebenenfalls den EuGH im Wege eines Vertragsverletzungsverfahrens über den Bestand ihrer Forderung entscheiden zu lassen, sofern ein solches Urteil nicht, wie im Falle eines Sanktionsurteils nach Art. 228 Abs. 2 EG, bereits vorliegt. Nach den obigen Ausführungen zu den tatbestandlichen Voraussetzungen des Art. 73 Abs. 1 S. 2 HO-EG stünde spätestens nach gerichtlicher Feststellung des Anspruchs der Widerspruch des Mitgliedstaates einer Aufrechnung nicht mehr im Wege. Das Verfahren kann zwar auf diese Weise im Einzelfall unnötig verzögert werden, jedoch hat der Mitgliedstaat letztendlich keine Möglichkeit, die

[532] Siehe oben S. 131 ff.

Durchsetzung einer Forderung der Gemeinschaft im Wege der Aufrechnung dauerhaft zu verhindern.

g) Ergebnis

Trotz inhaltlicher Ungereimtheiten kann im Ergebnis festgehalten werden, dass gemäß Art. 73 Abs. 1 S. 2 HO-EG für eine Aufrechnung der Gemeinschaft bezüglich beider Forderungen die anspruchsbegründenen Tatsachen bewiesen, unbestreitbar oder jedenfalls unbestritten sein müssen, es sich um Geldforderungen in konkret bezifferter oder bezifferbarer Höhe handeln muss und beide Forderungen „einforderbar", also fällig, einrede- und bedingungsfrei sein müssen. Auf die Voraussetzung der „Einredefreiheit" bzw. „Sicherheit" sowie der „Einforderbarkeit" kann die Gemeinschaft in Bezug auf die Hauptforderung des Mitgliedstaates verzichten.

III. Aufrechnungsverbote

Nachdem die grundlegenden tatbestandlichen Voraussetzungen einer gemeinschaftsrechtlichen Aufrechnung erörtert wurden, sind nunmehr mögliche Aufrechnungsverbote in den Blick zu nehmen. Ausdrückliche Regelungen finden sich diesbezüglich weder im Primär- noch im Sekundärrecht. Auch die haushaltsrechtliche Vorschrift des Art. 73 Abs. 1 S. 2 HO-EG liefert keinerlei Anhaltspunkte. Etwaige Aufrechnungsverbote müssen demzufolge aus allgemeinen Rechts- und Strukturprinzipien des Gemeinschaftsrechts, insbesondere auch aus den allgemeinen Rechtsgrundsätzen abgeleitet werden.

1) Aufrechnungsverbote aus allgemeinen Rechtsgrundsätzen

Alle mitgliedstaatlichen Rechtsordnungen enthalten Regelungen, nach denen eine Aufrechnung in bestimmten Situationen trotz des grundsätzlichen Vorliegens der tatbestandlichen Voraussetzungen ausgeschlossen ist. Wie bei den tatbestandlichen Grundvoraussetzungen, zeigen die verschiedenen Rechtsordnungen auch hinsichtlich der Aufrechnungsverbote vielfach Übereinstimmung. Zur Wahrung besonders schutzwürdiger Gläubigerinteressen sollen bestimmte Forderungen real und nicht durch Aufrechnung erfüllt werden.

a) Vertragliche Aufrechnungsverbote

So erkennen etwa alle Rechtsordnungen als Ausfluss der allgemeinen Privatautonomie[533] die prinzipielle Zulässigkeit vertraglich vereinbarter Aufrechnungs-

[533] Zur Anerkennung der allgemeinen Vertragsfreiheit in allen mitgliedstaatlichen Rechtsordnungen siehe *von Bar/Zimmermann*, Europäisches Vertragsrecht, S. 93.

verbote an.[534] Aus der allgemeinen Privatautonomie folgt zugleich zwingend die grundsätzliche Zulässigkeit eines einseitig erklärten Aufrechnungsverzichts. Dabei sind stets die allgemeinen Grenzen der Vertragsfreiheit zu beachten.[535] Dies betrifft nicht nur zwingende nationale Spezialvorschriften, sondern insbesondere die Gebote von Treu und Glauben und des redlichen Geschäftsverkehrs, welche als allgemeine Grundsätze allen mitgliedstaatlichen Rechtsordnungen gemeinsam sind.[536] Aus der Anerkennung der allgemeinen Vertragsfreiheit einerseits und des Grundsatzes von Treu und Glauben andererseits ergibt sich, dass das Verhalten einer Partei nach Treu und Glauben als konkludenter Aufrechnungsverzicht zu verstehen sein kann.[537] In diesem Fall ist eine spätere Aufrechnung als Verstoß gegen das Verbot unzulässiger Rechtsausübung wegen venire contra factum proprium anzusehen. Beispielhaft sei hier das im englischen Recht geltende allgemeine Aufrechnungsverbot des „estoppel" (unzulässige Rechtsausübung, Arglisteinrede) angeführt, nach dem sich eine Partei in einem Kontokorrentverhältnis nicht auf die Aufrechnung mit einer Forderung berufen kann, die sie in einer zuvor ausdrücklich oder konkludent akzeptierten Abrechnung nicht geltend gemacht hat.[538] Hier wird zugleich deutlich, dass ein konkludenter Aufrechnungsverzicht nur dann in Betracht kommt, wenn das Verhalten der betroffenen Partei im Rechtsverkehr üblicherweise als solcher verstanden wird oder verstanden werden darf.

Es kann folglich als allgemeiner Rechtsgrundsatz des Gemeinschaftsrechts angesehen werden, dass unter Beachtung des Grundsatzes von Treu und Glauben vertraglich vereinbarte Aufrechnungsverbote sowie einseitig erklärte Aufrechnungsverzichte in ausdrücklicher sowie in konkludenter Form zulässig sind.

b) Verbot der Aufrechnung gegen unpfändbare Forderungen

Ebenfalls allen mitgliedstaatlichen Rechtsordnungen gemein ist die Auffassung, dass die Aufrechnung insoweit nicht in Betracht kommt, als der Gläubiger auf die betroffene Forderung zur Bestreitung seines Lebensunterhaltes bzw. zur Sicherung seines Existenzminimums angewiesen ist[539], wie dies etwa – ganz oder teilweise – bei Unterhaltsforderungen, Sozialbeihilfen oder Vergütungsforderungen aus Arbeits- und Dienstverhältnissen der Fall sein kann. In ihrer allgemeinsten Form stellt eine solche Regelung typischerweise darauf ab, ob die

---

[534] *Zimmermann,* Comparative Foundations, S. 57; *ders.,* Medicus-FS, S. 707 (736).

[535] *Zimmermann,* Comparative Foundations, S. 57; *ders.,* Medicus-FS, S. 707 (736).

[536] Vgl. *von Bar/ Zimmermann,* Europäisches Vertragsrecht, S. 114 ff.

[537] Zur Bindungswirkung konkludenter Willenserklärungen in den Rechtsordnungen der Mitgliedstaaten vgl. *von Bar/ Zimmermann,* Europäisches Vertragsrecht, S. 114 ff.

[538] *Eujen,* Aufrechnung, S. 54.

[539] *Kannengießer,* Aufrechnung, S. 80; *Zimmermann,* Comparative Foundations, S. 57 f.; *ders.,* Medicus-FS, S. 707 (736).

Hauptforderung pfändbar ist oder nicht.[540] Weiter geht etwa das englische Recht, welches Lohnforderungen uneingeschränkt privilegiert.[541] Insgesamt stellt jedenfalls das Verbot der Aufrechnung gegen unpfändbare Forderungen ein gemeinsames Prinzip aller mitgliedstaatlichen Rechtsordnungen dar.

Fraglich ist, welche Bedeutung diesem Prinzip für ein gemeinschaftsrechtliches Aufrechnungsinstitut zukommen kann. Wie bereits dargelegt, kann die gemeinschaftsrechtliche Aufrechnung lediglich Rechtsbeziehungen zwischen der Gemeinschaft und anderen dem Gemeinschaftsrecht unterworfenen Rechtssubjekten regeln. Angesichts der Funktion des an dieser Stelle diskutierten Aufrechnungsverbotes, das zum Lebensunterhalt des Gläubigers Erforderliche zu schützen, wäre eine Übertragung auf gemeinschaftsrechtliche Sachverhalte allenfalls in Bezug auf Rechtsbeziehungen zwischen der Gemeinschaft und Einzelpersonen denkbar. Allerdings ist nicht ersichtlich, dass in der Praxis Leistungen der Gemeinschaft an Einzelpersonen existieren, welche unmittelbar deren Lebensunterhalt beträfen, so dass einem Verbot der Aufrechnung gegen unpfändbare Forderungen bei der gemeinschaftsrechtlichen Aufrechnung keine praktische Bedeutung zukommen dürfte.

c) Aufrechnung bei Beteiligung der öffentlichen Hand

Im deutschen, österreichischen, schwedischen und englischen Recht ist die Aufrechnung gegen Forderungen bestimmter öffentlich-rechtlicher Körperschaften nur zulässig, wenn die wechselseitigen Forderungen dieselbe Behörde bzw. dieselbe Kasse betreffen (Deutschland: § 395 BGB).[542] Obwohl bei unterschiedlichen Behörden bzw. Kassen derselbe Rechtsträger betroffen sein kann und dieser dann folglich sowohl Schuldner als auch Gläubiger des Aufrechnenden wäre, ist in einer derartigen Konstellation eine Aufrechnung nach den genannten Regelungen ausgeschlossen. Dabei handelt es sich um traditionell bedingte Privilegierungen der öffentlichen Hand, die der administrativen Zweckmäßigkeit dienen sollen.[543] Fraglich ist nun, ob sich hieraus bei wertender Rechtsvergleichung ein allgemeiner Rechtsgrundsatz ableiten lässt, der auch auf die gemeinschaftsrechtliche Aufrechnung Anwendung findet.

Nach der bereits dargelegten Ermittlungsmethode widerspricht dem noch nicht, dass die besagte Regelung nur in einigen Mitgliedstaaten existiert. Jedoch

---

540 Vgl. *Eujen*, Aufrechnung, S. 64; *Wolf*, Aufrechnung, S. 129; *Zimmermann*, Comparative Foundations, S. 57; *ders.*, Medicus-FS, S. 707 (736).

541 *Wolf*, Aufrechnung, S. 129.

542 Vgl. zum deutschen, österreichischen und schwedischen Recht *Zimmermann*, Medicus-FS, S. 707 (735 f., Fn. 178) m. w. N.; zum englischen Recht GA *Mancini*, Slg. 1985, 3441 (Nr. 6), Rs. 125/84 – Continental Irish Meat; in Deutschland sieht § 226 AO eine Ausnahme von dieser Regelung im Falle von Steuerforderungen vor.

543 Vgl. *Zimmermann*, Medicus-FS, S. 707 (735 mit Fn. 178).

ist daran zu erinnern, dass eine wertende Rechtsvergleichung zur Ermittlung allgemeiner Rechtsgrundsätze des Gemeinschaftsrechts stets unter Berücksichtigung des gemeinschaftsrechtlichen Effizienzgebotes zu erfolgen hat. Grundsätzlich handelt es sich bei der Aufrechnung um ein hoch effizientes Rechtsinstrument zur Durchsetzung und Abwicklung gegenseitiger Forderungen, das auch dem Gemeinschaftsrecht dort zu größerer Wirksamkeit zu verhelfen vermag, wo die anderweitige Einziehung gemeinschaftsrechtlicher Forderungen auf Hindernisse stößt. Mit Blick auf die praktische Wirksamkeit des Gemeinschaftsrechts lässt sich ein ungeschriebenes Aufrechnungsverbot nur dann begründen, wenn ein Ausgleich miteinander kollidierender, gemeinschaftsrechtlich geschützter Interessen eine derartige Einschränkung erfordert. Der rechtliche Effizienzverlust zulasten der nicht aufrechenbaren Forderung wird dann durch den Effizienzgewinn zugunsten der gemeinschaftsrechtlich privilegierten Forderung kompensiert. Wie bereits angemerkt, handelt es sich bei den nationalen Aufrechnungsverboten im Falle der Beteiligung unterschiedlicher Behörden auf staatlicher Seite um traditionell bedingte Privilegierungen der öffentlichen Hand. Nicht erst vor dem Hintergrund des heutzutage weitestgehend elektronisch abgewickelten Zahlungsverkehrs lässt sich die Begründung für eine derartige Privilegierung kaum noch aufrechterhalten.[544] Dem gemeinschaftsrechtlichen Effizienzgebot erscheint daher durch einen Verzicht auf eine solche Regelung mehr Genüge getan als durch eine Übernahme in das Gemeinschaftsrecht. Entscheidend bleibt daher allein, dass aus gemeinschaftsrechtlicher Sichtweise der Gläubiger der Gegenforderung zugleich Schuldner der Hauptforderung ist. Dies gilt nicht nur in Bezug auf mitgliedstaatliche Behörden und Kassen, sondern auch in Bezug auf solche der Gemeinschaft.

In der Rechtssache „CCRE“ sah der Kläger im Falle gegenseitiger Forderungen, für die verschiedene Dienststellen der Kommission zuständig waren, eine Aufrechnung durch die Kommission als unzulässig an.[545] Eine derartige organisatorische Besonderheit kann ohne weiteres auch im Falle einer Aufrechnung der Gemeinschaft mit Forderungen aus finanziellen Sanktionen auftreten. Gemeinschaftsrechtlich stellen jedoch die Dienststellen der Kommission keine autonomen Einheiten dar. Die Rechtshandlungen werden nicht von den Generaldirektionen, sondern von der Kommission selbst beschlossen und vorgenommen, die in ihrer Eigenschaft als Haushaltsvollzieherin für die Gemeinschaft handelt.[546] Ein wertender Rechtsvergleich führt demnach zu dem Ergebnis, dass die Aufrechnung im Gemeinschaftsrecht nicht dadurch eingeschränkt wird, dass

544 Ebenso im Ergebnis *Burmester,* Verrechnung, S. 64; zurückhaltender *Gursky,* in: Staudinger, § 395 Rn. 3.

545 Siehe *EuG,* Slg. 2000, S. II-4099 (Rn. 47), Rs. T-105/99 – CCRE.

546 Stellungnahme der Kommission in Slg. 2000, II-4099 (4114, Rn. 50), Rs. T-105/99 – CCRE.

auf einer Seite zwei unterschiedliche Behörden, Dienststellen oder Kassen beteiligt sind.

Im französischen, belgischen und italienischen Recht ist im Verhältnis zwischen privaten Wirtschaftsteilnehmern und der öffentlichen Hand nur letzterer die Aufrechnung gestattet, während eine derartige Einschränkung den übrigen mitgliedstaatlichen Rechtsordnungen unbekannt ist.[547] Sofern aus der genannten Einschränkung dennoch ein allgemeiner Rechtsgrundsatz des Gemeinschaftsrechts abzuleiten wäre, könnte dies Auswirkungen auf Aufrechnungen der Gemeinschaft gegenüber den Mitgliedstaaten haben (im Verhältnis zwischen Bürgern und Mitgliedstaaten gilt, wie bereits angemerkt, allein nationales Recht). Jedoch ist das Verhältnis zwischen der Gemeinschaft und den Mitgliedstaaten grundlegend anderer Natur als dasjenige zwischen Bürger und (Heimat-) Staat.[548] Der oft subordinatorische Charakter des Rechtsverhältnisses zwischen Bürger und Staat findet im Verhältnis zwischen Gemeinschaft und Mitgliedstaaten insofern keine Parallele, als die Mitgliedstaaten gegenüber der Gemeinschaft keine Hoheitsgewalt ausüben können. Schon insofern erscheint eine Übertragung der eingangs genannten Privilegierung zugunsten des Staates auf das Gemeinschaftsrecht zweifelhaft. Zudem handelt es sich auch hier um traditionell bedingte Privilegierungen, dem das gemeinschaftsrechtliche Effizienzgebot entgegensteht. Ein generelles Aufrechnungsverbot gegenüber den Mitgliedstaaten gehört demnach bei wertendem Rechtsvergleich nicht zu den allgemeinen Rechtsgrundsätzen des Gemeinschaftsrechts. Dies kommt auch in der gesetzgeberischen Entscheidung des Art. 73 Abs. 1 S. 2 HO-EG zum Ausdruck, der, wie oben bereits dargelegt, nicht zwischen Mitgliedstaaten und anderen Schuldnern der Gemeinschaft unterscheidet.

2) Verhältnismäßigkeit

Es stellt sich des Weiteren die Frage, ob gemeinschaftsrechtliche Grenzen einer Aufrechnung der Gemeinschaft unter Verhältnismäßigkeitsaspekten bestehen.

Unter den Begriffen „Grundsätze einer ordnungsgemäßen Verwaltung“ bzw. „Grundsätze einer guten Verwaltungsführung“ hat der EuGH bereits vor der ausdrücklichen Anerkennung von Gemeinschaftsgrundrechten rechtsstaatliche Grundsätze des Verwaltungsverfahrens entwickelt, darunter den Grundsatz der Verhältnismäßigkeit. Dieser deckt sich inhaltlich weitgehend mit dem im deutschen öffentlichen Recht verankerten Verhältnismäßigkeitsprinzip.[549] Allerdings beschränkt sich der EuGH regelmäßig auf eine Prüfung der Erforderlichkeit und

547 Vgl. GA *Mancini*, Slg. 1985, 3441 (Nr. 6), Rs. 125/84 – Continental Irish Meat.

548 Siehe bereits oben S. 108.

549 Vgl. *EuGH*, Slg. 1979, 677 (Rn. 16/18), Rs. 122/78 – Buitoni; Slg. 1983, 395 (Rn. 7 f.), Rs. 66/82 – Fromencais / FORMA; Slg. 1985, 2889 (Rn. 20), Rs. 181/84 – Man (Sugar) / IBAP.

der Angemessenheit einer Maßnahme, ohne dogmatisch immer konsequent zwischen beiden Ebenen zu unterscheiden. Jedenfalls handelt es sich aber beim Grundsatz der Verhältnismäßigkeit um ein rechtsstaatliches Prinzip, das anerkanntermaßen auch auf der Ebene des Gemeinschaftsrechts rechtliche Wirkungen entfaltet.

In der vorliegenden Fallkonstellation gilt es jedoch zu beachten, dass der Aufrechnung kein Sanktionscharakter zukommt. Da es sich bei der Aufrechnung vielmehr um einen Modus des Erlöschens zweier gegenseitiger Forderungen handelt, bei der im Falle einer entsprechenden Parteierklärung die wechselseitig zu leistenden Zahlungen wirtschaftlich gesehen als erhalten angesehen werden können[550], läge es nicht fern anzunehmen, dass bei einer derart zu qualifizierenden Maßnahme der Verhältnismäßigkeitsgrundsatz von vornherein nicht eingreifen kann. Wenngleich aber die Aufrechnung als Zahlungsmodus grundsätzlich ein ökonomischer und interessengerechter Vorgang ist, so kann der Aufrechnungsgegner, der sich gegen die Wirkungen der einseitig erklärten Aufrechnung nicht wehren kann, in bestimmten Fällen ein reales Interesse an einem tatsächlichen Leistungsaustausch haben, so dass eine Aufrechnung für ihn nachteilig wäre. So kann etwa eine Aufrechnung der Gemeinschaft gegenüber einem Mitgliedstaat, einer Gebietskörperschaft oder einer nach haushaltsrechtlichen Grundsätzen wirtschaftenden Institution für diese mit haushaltsrechtlichen bzw. haushaltstechnischen Komplikationen verbunden sein, z. B. dann, wenn die gegenseitigen Forderungen verschiedene Haushaltsressorts betreffen. In einem solchen Fall gebietet es der Grundsatz der Verhältnismäßigkeit, die Aufrechnung nur mangels anderweitiger Realisierungsmöglichkeit der eigenen Forderung einzusetzen. Die Kommission ist daher in jedem Fall gehalten, die Nachteile eines tatsächlichen Leistungsaustauschs gegen etwaige Nachteile der Aufrechnung für den betroffenen Aufrechnungsgegner abzuwägen. Eine Aufrechnung kommt somit in der Regel nicht als Präventivmaßnahme, sondern in erster Linie als ultima ratio in Betracht, insbesondere dann, wenn ein Schuldner der Gemeinschaft seiner Zahlungspflicht nicht nachkommen will. Ein weiterer Aspekt, der den Ausschlag zugunsten einer Aufrechnung geben kann, ist die Zahlungsunfähigkeit des Aufrechnungsgegners, die freilich bei Mitgliedstaaten rein theoretischer Natur ist.

Festzuhalten bleibt, dass der Verhältnismäßigkeitsgrundsatz als allgemeiner Rechtsgrundsatz des Gemeinschaftsrechts auch einer Aufrechnung seitens der Gemeinschaft im Einzelfall Grenzen zu ziehen vermag. Im Falle der Zahlungs-

550 GA *Léger*, Slg. 2003, I-7617 (Nr. 81 ff.), Rs. C-87/01 P – CCRE m. w. N.; *Larenz*, Schuldrecht, § 18 VI. (S. 254 f.); *Fikentscher*, Schuldrecht, § 39 Rn. 284/292; *Mazeau, H., L. und J./ Chabas*, Droit civil, Rn. 1155; *De Page*, Droit civil Belge, Rn. 632; vgl. auch den Standpunkt der *Kommission*, Slg. 2000, II-4099 (4104, Rn. 10), Rs. T-105/99 – CCRE.

unwilligkeit eines sanktionierten Mitgliedstaates wird eine Aufrechnung allerdings den Anforderungen des Verhältnismäßigkeitsgrundsatzes regelmäßig genügen.

3) Grundsatz des Vertrauensschutzes

In der Rechtssache „CCRE"[551] wandte sich die Klägerin, eine Vereinigung französischen Rechts, gegen eine Aufrechnung seitens der Kommission unter anderem mit der Begründung, mit der Aufrechnung habe die Kommission gegen den Grundsatz des Vertrauensschutzes verstoßen.[552] Zwar lässt sich der Entscheidung des EuG keine nähere Begründung dieses Einwandes entnehmen, jedoch soll letzterer hier Anlass zu der Untersuchung sein, inwiefern der Grundsatz des Vertrauensschutzes allgemein als Aufrechnungsverbot in Betracht kommt. Als Ausprägung des Rechtsstaatsprinzips zählt der Grundsatz des Vertrauensschutzes nach ständiger Rechtsprechung des EuGH zu den allgemeinen Rechtsgrundsätzen des Gemeinschaftsrechts.[553] Voraussetzungen für sein Eingreifen sind neben einem objektiven Vertrauenstatbestand[554] die Schutzwürdigkeit des Vertrauens (subjektiver Vertrauenstatbestand)[555] sowie das Überwiegen des Individualinteresses gegenüber dem Gemeinschaftsinteresse.[556] In der eingangs erwähnten Rechtssache wiesen sowohl das EuG als auch später der EuGH die Aufrechnung bereits aus anderen Gründen ab, so dass über die Frage eines Verstoßes gegen den Grundsatz des Vertrauensschutzes nicht mehr entschieden zu werden brauchte.[557] Es erscheint allerdings fraglich, ob der besagte Grundsatz in Aufrechnungsfällen überhaupt eingreifen kann. Eigentlicher Anwendungsbereich des Vertrauensschutzes ist die Entwertung der Dispositionen des Bürgers durch Rechtsänderungen[558], genauer gesagt die Entziehung oder nachteilige Modifizierung bestehender Rechts- oder Interessenspositionen, wie etwa die Rückforderung geleisteter Beihilfen, die Kürzung, Aussetzung oder Einstellung regelmäßig geleisteter Förderprämien oder die nachteilige Änderung gesetzlicher Regelungen. Die Aufrechnung ist jedoch mit dem einseitigen Entzug bzw. der Entwertung einer Rechts- oder Interessensposition nicht vergleichbar. Zwar

---

551 *EuG,* Slg. 2000, II-4099 ff., Rs. T-105/99 – CCRE.
552 *EuG,* Slg. 2000, II-4099 (Rn. 24), Rs. T-105/99 – CCRE.
553 Vgl. nur *EuGH,* Slg. 1997, I-1999 (Rn. 35), Rs. C-90/95 P – De Compte / Parlament m. w. N.
554 *EuGH,* Slg. 1992, I-35 (Rn. 14), Rs. C-177/90 – Kühn.
555 *EuGH,* Slg. 1992, I-2901 (Rn. 34), verb. Rs. C-258/90 u. C-259/90 – Pesquerias De Bermeo und Naviera Laida / Kommission.
556 *Schwarze,* EU-Kommentar, Art. 6 EU Rn. 15 m. w. N.
557 *EuG,* Slg. 2000, II-4099 (Rn. 75), Rs. T-105/99 – CCRE; *EuGH,* Slg. 2003, I-7617 (Rn. 65), Rs. C-87/01 P – CCRE.
558 Vgl. *Schulze-Fielitz,* in: Dreher (Hrsg.), Grundgesetz, Art. 20 GG Rn. 135.

erlischt durch die Aufrechnung die Forderung des Aufrechnungsgegners, jedoch wird dieser zugleich von seiner Verbindlichkeit gegenüber dem Aufrechnenden befreit. Da die Aufrechnung rechtlich und wirtschaftlich der tatsächlichen Zahlung gleichzusetzen ist, ist nicht ersichtlich, welches Vertrauen des Aufrechnungsgegners hier verletzt sein sollte. Eine Vertrauensverletzung kann umso weniger angenommen werden, als die Aufrechnung in allen mitgliedstaatlichen Rechtsordnungen bekannt ist und daher auf nationaler Ebene jeder Rechtsträger damit rechnet bzw. rechnen muss, dass seine Forderungen im Wege der Aufrechnung erfüllt werden.[559]

Zudem ist der Grundsatz des Vertrauensschutzes als Ausprägung des Rechtsstaatsprinzips nur in solchen Rechtsverhältnissen anwendbar, in denen von einer Seite gegenüber der anderen unmittelbar Hoheitsgewalt ausgeübt werden kann.[560] Auf der Ebene des Gemeinschaftsrechts kommen diesbezüglich nur Rechtsverhältnisse zwischen der Gemeinschaft und den Unionsbürgern bzw. Rechtssubjekten des Privatrechts in Betracht. Ob sich auch öffentlichrechtliche Gebietskörperschaften der Mitgliedstaaten oder sonstige Rechtssubjekte des mitgliedstaatlichen öffentlichen Rechts auf den Grundsatz des Vertrauensschutzes berufen können, erscheint fraglich. Jedenfalls bestehen aber im Verhältnis zwischen der Gemeinschaft und den Mitgliedstaaten beiderseits keinerlei Befugnisse zur Ausübung hoheitlicher Gewalt. Für eine Aufrechnung der Gemeinschaft gegenüber einem Mitgliedstaat kommt deshalb der Grundsatz des Vertrauensschutzes als Aufrechnungsverbot von vornherein nicht in Betracht.

4) Beeinträchtigungen der praktischen Wirksamkeit des Gemeinschaftsrechts

Im Kontext der Erfüllung und Finanzierung von Gemeinschaftsvorhaben stellt sich die Frage, ob und unter welchen Voraussetzungen letztere einer Aufrechnung der Gemeinschaft Grenzen setzen können. Da der Aufrechnungsgegner durch die Aufrechnung die Möglichkeit verliert, frei über den ihm geschuldeten Geldbetrag zu verfügen, könnte dies im Falle einer Aufrechnung von Seiten der Gemeinschaft zu einer Gefährdung der mit der geschuldeten Zahlung verfolgten Gemeinschaftsziele führen. Als Anknüpfungspunkt für eine Beschränkung der Aufrechnungsmöglichkeit kommt hier der Grundsatz des effet utile bzw. der praktischen Wirksamkeit des Gemeinschaftsrechts in Betracht. Als die gesamte

---

559 So liegen denn auch im deutschen Verwaltungsrecht laut *Hartmann,* Aufrechnung, S. 226 die eigentlichen Probleme der behördlichen Aufrechnung in den Auswirkungen auf einen eventuellen Verwaltungsakt, durch welchen die behördliche Forderung begründet oder festgestellt wurde. Bei allen übrigen Aufrechnungskonstellationen ergeben sich dagegen keine Probleme, die über die zivilrechtliche Aufrechnungsproblematik hinausgingen.

560 Vgl. *Schwarze,* EU-Kommentar, Art. 6 EU Rn. 15 a.E.

Gemeinschaftsrechtsordnung durchdringendes Prinzip[561] steht die prinzipielle Anwendbarkeit des effet utile auf die gemeinschaftsrechtliche Aufrechnung außer Frage. Im Falle einer Aufrechnung von Seiten der Gemeinschaft ist freilich neben dem gemeinschaftlichen Interesse an der Fortführung des mit der Zahlung geförderten Gemeinschaftsvorhabens immer auch das gemeinschaftliche Interesse an einer effektiven Einziehung der Gemeinschaftsforderungen zu berücksichtigen. Es könnte demnach zu einer Kollision gegenläufiger Gemeinschaftsinteressen kommen, die eine Abwägung dahingehend erfordert, welches Vorgehen letztlich die größtmögliche Effektivität des Gemeinschaftsrechts zu gewährleisten vermag. Fraglich ist aber, ob die Wirksamkeit des Gemeinschaftsrechts durch die Aufrechnung überhaupt beeinträchtigt werden kann.

In der Rechtssache „CCRE“[562] hatte die Kommission mit dem „Conseil des communes et régions d'Europe“ (CCRE), einer Vereinigung französischen Rechts, Verträge im Rahmen zweier auf Grundlage der VO 1763/92[563] beschlossener Gemeinschaftsprogramme geschlossen. Nachdem der CCRE eine Rückzahlungsforderung der Kommission aufgrund von Streitigkeiten über die Einhaltung von Vertragsbestimmungen nicht hatte begleichen wollen, hatte die Kommission schließlich die Aufrechnung gegen Ansprüche des CCRE auf Zahlung von Gemeinschaftszuschüssen erklärt. Der daraufhin erhobenen Nichtigkeitsklage des CCRE gab das EuG mit der Begründung statt, da die geschuldeten Beträge von der Kommission nicht tatsächlich ausgezahlt worden seien, sei offensichtlich gewesen, dass sie nicht entsprechend ihrer Zweckbestimmung verwendet würden; aus diesem Grund sei die Durchführung der streitigen Aktionen, an denen ein gemeinschaftliches Interesse bestehe, gefährdet, was der praktischen Wirksamkeit des Gemeinschaftsrechts zuwiderlaufe.[564] Deshalb habe die Kommission im konkreten Fall nicht aufrechnen dürfen.[565]

Die Argumentation des EuG kann jedoch nur dann stichhaltig sein, wenn sich Aufrechnung und tatsächliche Auszahlung in ihren Rechtswirkungen unterscheiden. Dies scheint auf den ersten Blick insofern der Fall zu sein, als dem Gläubiger im Falle der Aufrechnung, anders als bei einer tatsächlichen Auszahlung, unter Umständen keine liquiden Mittel zur Verfügung stehen. Zwar unterliegt er seinerseits einer Zahlungspflicht gegenüber seinem Schuldner, so dass er tatsächlich erhaltene Beträge gegebenenfalls unmittelbar zurückzugewähren hät-

561 Vgl. nur *EuGH, Slg.* 1970, 825 (838) Rs. 9/70 – Leberpfennig; *EuGH, Slg.* 1979, 1629 (1642), Rs. 148/78 – Ratti, st. Rspr.; *Dauses,* in : Dauses (Hrsg.), EU-Wirtschaftsrecht, P IV Rn. 85; *Oppermann,* Europarecht, Rn. 686; *Streinz,* Everling-FS, S. 1491 (1492 ff.).

562 *EuG,* Slg. 2000, II-4099 ff., Rs. T-105/99 – CCRE; *EuGH,* Slg. 2003, I-7617 ff., Rs. C-87/01 P – CCRE.

563 Verordnung (EWG) Nr. 1763/92 des Rates vom 29. Juni 1992 über die finanzielle Zusammenarbeit mit allen Drittländern im Mittelmeerraum, ABl. Nr. L 181/5 vom 1.7.1992.

564 *EuG,* Slg. 2000, II-4099 (Rn. 63), Rs. T-105/99 – CCRE.

565 *EuG,* Slg. 2000, II-4099 (Rn. 74), Rs. T-105/99 – CCRE.

te, allerdings verliert er durch die Aufrechnung die Möglichkeit, frei über die erhaltenen Beträge zu verfügen. Stattdessen wird er so gestellt, als hätte er den erhaltenen Betrag (bzw. einen Teil davon) zur Tilgung seiner eigenen Zahlungspflicht postwendend zurückgezahlt. Im Falle einer Aufrechnung der Gemeinschaft gegen Zahlungsverpflichtungen im Rahmen von Gemeinschaftsaktionen ist jedoch zu beachten, dass die Zahlungen der Gemeinschaft vom Empfänger nicht zur Begleichung eigener Verbindlichkeiten, sondern ausschließlich zur Durchführung der entsprechenden Gemeinschaftsaktionen verwendet werden dürfen. Damit scheint eine Aufrechnung in derartigen Fallkonstellationen vom wirtschaftlichen Ergebnis her einer unzulässigen Verwendung von Gemeinschaftsmitteln gleichzukommen.[566]

Eine solche Einschätzung, die offenbar auch der Entscheidung des EuG zugrunde lag, griffe im Ergebnis aber zu kurz. Tatsächlich erzeugt die Aufrechnung Wirkungen, die denen der tatsächlichen Zahlung rechtlich und wirtschaftlich gleichwertig sind.[567] Rechtlich gesehen werden die wechselseitigen Schuldner von ihren Verpflichtungen ebenso frei wie im Falle des tatsächlichen Leistungsaustauschs. Finanziell gesehen ergibt sich für keine Seite ein Verlust, da auch die Auswirkungen auf die Vermögenslage identisch sind. Die Aufrechnung führt daher nicht zur Kürzung einer Zahlungsverpflichtung[568], sondern zur vollen Zahlung an den Gläubiger, da dieser in Höhe der Verringerung seines Schuldenstandes bereichert ist.[569] Der einzige Unterschied zwischen tatsächlicher Zahlung und Aufrechnung ist demnach, dass im letzteren Fall der Gläubiger in seiner Möglichkeit beschränkt wird, über den fraglichen Betrag frei zu verfügen.[570]

Die Annahme des EuG, dass hierdurch im Falle einer Aufrechnung der Gemeinschaft die Durchführung von Gemeinschaftsaktionen gefährdet wird, ist jedoch in mehrerlei Hinsicht unzutreffend: Zum einen wäre der Zahlungsempfänger auch dann in seiner freien Verfügung über die erhaltenen Beträge beschränkt, wenn die Gemeinschaft diese nach tatsächlicher Auszahlung zur Be-

[566] So wohl im Ergebnis wohl auch das *EuG*, Slg. 2000, II-4099 (Rn. 67), Rs. T-105/99 – CCRE.

[567] *EuGH*, Slg. 2003, I-7617 (Rn. 17), Rs. C-87/01 P – CCRE; GA *Léger*, ebd., Nr. 81, Fn. 94; ebenso die *Kommission*, ebd., S. 7643, Nr. 77 (a. A. aber noch in Slg. 1998, 2975 (2984, Nr. 18), Rs. C-132/95 – Jensen).

[568] Vgl. *EuGH*, Slg. 1998, 2975 (Rn. 61), Rs. C-132/95 – Jensen, nach dem die Aufrechnung eines Mitgliedstaates gegen Beihilfeansprüche eines EU-Bürgers nicht zu einer Kürzung der geschuldeten Beihilfe führt.

[569] So auch die Auffassung der in der Rs. Jensen beteiligten Mitgliedstaaten, Slg. 1998, 2975 (2986, Nr. 23), Rs. C-132/95 – Jensen.

[570] GA *Fennelly*, Slg. 1998, 2975 (Nr. 39), Rs. C-132/95 – Jensen; GA *Léger*, Slg. 2003, I-7617 (Nr. 89), Rs. C-87/01 P – CCRE.

friedigung ihrer eigenen Forderung pfänden ließe.[571] Des weiteren wäre es angesichts der grundsätzlichen Austauschbarkeit von Geld als Vermögensbestandteil[572] verfehlt anzunehmen, die Durchführung von Gemeinschaftsaktionen könnte vom Gläubiger der Gemeinschaftszahlungen ausschließlich mit den unmittelbar erhaltenen Beträgen finanziert werden. Da die von der Gemeinschaft geschuldeten Beträge im Falle einer Aufrechnung als ausgezahlt gelten, bleiben die hieraus folgenden gemeinschaftsrechtlichen Verpflichtungen des Gläubigers, insbesondere die Verpflichtung zur zweckgemäßen Verwendung der Mittel, grundsätzlich bestehen.[573] Sofern der Gläubiger zahlungsfähig ist, muss er demnach infolge der Aufrechnung die liquiden Mittel seinem sonstigen Vermögen entnehmen, so dass die Durchführung der streitigen Aktionen gewährleistet bleibt.[574] Es zeigt sich demnach, dass die Gewährleistung einer ordnungsgemäßen Durchführung von Gemeinschaftsaktionen keinesfalls durch die tatsächliche Auszahlung der Gemeinschaftsmittel, sondern allein durch die Solvenz des Zahlungsempfängers vermittelt wird.[575] Im Falle der Mitgliedstaaten ist eine Insolvenz faktisch ausgeschlossen. Sollte sich daher ein Mitgliedstaat bei erfolgter Aufrechnung auf den unzutreffenden Standpunkt stellen, keine Gemeinschaftsmittel erhalten zu haben und daher keine oder nur geringere Zahlungen an die Endbegünstigten leisten zu können, so wäre diese Situation nicht anders zu beurteilen, als wenn der Mitgliedstaat tatsächlich erhaltene Beträge zurückhielte. Die Rechtsschutzmöglichkeiten der Endbegünstigten weisen demnach keine aufrechnungsspezifischen Besonderheiten auf.[576]

Im Ergebnis ist festzustellen, dass eine Aufrechnung der Gemeinschaft gegenüber Forderungen eines Mitgliedstaates aus gemeinschaftsfinanzierten Programmen die Durchführung letzterer nicht gefährdet und folglich auch die praktische Wirksamkeit des Gemeinschaftsrechts nicht zu beeinträchtigen vermag. Ein diesbezügliches Aufrechnungsverbot kommt folglich nicht in Betracht.

---

571 GA *Fennelly,* Slg. 1998, 2975 (Nr. 39), Rs. C-132/95 – Jensen; GA *Léger,* Slg. 2003, I-7617 (Nr. 89), Rs. C-87/01 P – CCRE. Zur Fallkonstellation, in der es sich bei dem Zahlungsempfänger um einen Mitgliedstaat handelt, siehe sogleich.

572 *EuGH,* Slg. 2003, I-7617 (Rn. 32), Rs. C-87/01 P – CCRE; GA *Léger,* ebd., S. 7646, Nr. 91.

573 So auch die *Kommission,* Slg. 2000, II-4099 (4104, Rn. 10), Rs. T-105/99 – CCRE.

574 Siehe etwa zu den Modalitäten im Falle von Strukturfondszahlungen der Gemeinschaft unten S. 155 ff.

575 Vgl. *EuGH,* Slg. 2003, I-7617 (Rn. 32), Rs. C-87/01 P – CCRE; GA *Léger,* ebd., Nr. 99; GA *Fennelly,* Slg. 1998, 2975 (Nr. 50 und 53), Rs. C-132/95 – Jensen.

576 Vgl. etwa für Strukturfondszahlungen unten S. 156.

5) Überlagerungen durch sekundärrechtliche Spezialregelungen

Im Folgenden soll untersucht werden, inwieweit sich Aufrechnungsverbote unmittelbar oder mittelbar aus sekundärrechtlichen Sonderregelungen ableiten lassen. Angesichts der unüberschaubaren Fülle sekundärrechtlicher Regelungen können an dieser Stelle nur punktuelle Anknüpfungspunkte aufgezeigt werden.

a) Finanzkorrekturregelungen im Rahmen der Gemeinschaftsfonds

Die Verordnungen zu den gemeinschaftlichen Fonds enthalten durchweg Finanzkorrekturregelungen, nach denen die Kommission unter bestimmten Voraussetzungen dazu ermächtigt ist, im Falle von Mängeln, Fehlern und Rechtsverstößen im Zusammenhang mit der mitgliedstaatlichen Verwaltung und Verwendung von Gemeinschaftsmitteln die Beteiligung des betroffenen Fonds auszusetzen, zu kürzen oder ganz zu streichen.[577] Dabei muss zu den „erforderlichen Finanzkorrekturen" i. S. v. Art. 39 Abs. 3 Strukturfonds-VO, Art. H Abs. 2 des Anhangs II zur Kohäsionsfonds-VO auch eine Verrechnung zu Unrecht ausgezahlter Fondsbeteiligungen mit künftigen Fondszahlungen gehören. Diesbezüglich stellt sich die Frage, ob es sich bei den genannten Vorschriften um abschließende verfahrensrechtliche Regelungen in Bezug auf die Abwicklung des Zahlungsverkehrs im Rahmen der genannten Fonds handelt, die den Rückgriff auf eine Aufrechnung mit Zahlungsforderungen außerhalb des jeweiligen Fonds ausschließen, also etwa auch mit Forderungen der Gemeinschaft aus finanziellen Sanktionen gegen einen Mitgliedstaat. Zwar wäre es sowohl nach dem Wortlaut der Vorschriften als auch aus systematischen Gründen unzulässig, Rückforderungen im Rahmen eines bestimmten Fonds mit Zahlungsverpflichtungen im Rahmen eines anderen Fonds zu verrechnen; dies hat allerdings den Hintergrund, dass ein gegenteiliges Vorgehen zu einem Systembruch innerhalb der gemeinschaftlichen Fondsfinanzierung führen würde. Im Falle von Forderungen aus finanziellen Sanktionen ist die Sachlage jedoch eine andere: Zwar würde eine Aufrechnung auch hier Forderungen aus unterschiedlichen Haushaltsbereichen betreffen, jedoch bliebe hier die Trennung der gemeinschaftlichen Fonds weiterhin gewahrt. Des Weiteren ist daran zu erinnern, dass die Aufrechnung nicht zu einer Kürzung der wechselseitig geschuldeten Beträge führt, sondern einer tatsächlichen Auszahlung gleichwertig ist. Da die strikte Trennung der gemeinschaftlichen Fonds gewahrt bleibt, kann es dem betroffenen Mitgliedstaat zugemutet werden, die mit einer ausnahmsweise erklärten Aufrechnung verbundenen haushaltstechnischen Modifikationen auf sich zu nehmen und durch einen Transfer verfügbarer Haushaltsmittel auszugleichen. Die Finanzkorrekturbestimmungen der Strukturfonds-VO sowie der Kohäsionsfonds-VO verwehren es

[577] Art. 39 Abs. 3 Strukturfonds-VO, Art. H Abs. 2 des Anhangs II zur Kohäsionsfonds-VO, Art. 8 Abs. 1 und der 3 VO 1663/95.

der Gemeinschaft folglich nicht, gegen mitgliedstaatliche Forderungen im Rahmen der entsprechenden Fonds mit einer eigenen Forderung aus einer finanziellen Sanktion aufzurechnen.

b) Sekundärrechtliches Erfordernis einer ungeschmälerten Auszahlung von Gemeinschaftsmitteln

In der Rechtssache „Jensen“[578] hatte der EuGH über die Frage zu befinden, ob Art. 15 Abs. 3 der inzwischen außer Kraft getretenen VO 1765/92[579] im Sinne eines Aufrechnungsverbotes auszulegen war. Die Vorschrift besagte, dass Beihilfen aufgrund dieser Verordnung „den Begünstigten ungeschmälert auszuzahlen“ waren. Eine derartige Bestimmung dürfte sich in vielen sekundärrechtlichen Regelungskomplexen finden, welche die Vergabe von Gemeinschaftsmitteln betreffen. So bestimmt etwa Art. 32 Abs. 1 S. 5 der Strukturfonds-VO, dass die mitgliedstaatliche Zahlstelle dafür zu sorgen hat, dass „die Endbegünstigten den Betrag der Fondsbeteiligung, auf den sie Anspruch haben, möglichst rasch und vollständig erhalten, ohne dass irgendein Abzug, Einbehalt oder eine später erhobene spezifische Abgabe diesen Betrag verringern darf“. Nach dem Sinn und Zweck dieser Vorschrift, die praktische Wirksamkeit der gemeinschaftlichen Finanzierungen zu gewährleisten, muss diese Maßgabe auch für die Gemeinschaft gelten, welche die Gemeinschaftszuschüsse an die Zahlstellen leistet. Trotz des Außerkrafttretens der VO 1765/92 ist die Frage eines aus Art. 15 Abs. 3 dieser Verordnung abzuleitenden Aufrechnungsverbotes also sowohl für sekundärrechtliche Parallelvorschriften als auch für künftige Regelungen von Bedeutung. Obwohl die gesetzliche Anordnung einer ungeschmälerten Auszahlung auf den ersten Blick durchaus die Folgerung zulässt, dass eine Aufrechnung dadurch ausgeschlossen wird, ist es nicht Zweck derartiger Regelungen, Maßnahmen zur Eintreibung von Forderungen einzuschränken bzw. zu unterbinden.[580] Vielmehr stellen diese Regelungen sicher, dass die auszahlenden Behörden keine Verwaltungsgebühren oder -abgaben erhebt, die gerade anlässlich der Auszahlung bzw. Weiterleitung der jeweiligen EU-Fördermittel anfallen und damit zu einer faktischen Kürzung der Gemeinschaftsförderung führen.[581] Wie jedoch bereits dargelegt, führt eine Aufrechnung gerade nicht zu einer Kürzung des geschuldeten Betrages, sondern ist als dessen vollständige Auszahlung anzusehen. Letztlich können demnach Regelungen, die eine ungeschmälerte bzw. frei von

578 *EuGH*, Slg. 1998, 2975 ff., Rs. C-132/95 – Jensen.

579 Verordnung (EWG) Nr. 1765/92 des Rates vom 30. Juni 1992 zur Einführung einer Stützungsregelung für Erzeuger bestimmter landwirtschaftlicher Kulturpflanzen, ABl. Nr. L 181/12 vom 1.7.1992.

580 Vgl. *EuGH*, Slg. 1998, 2975 (Rn. 60), Rs. C-132/95 – Jensen; GA *Fennelly*, ebd., S. 2991, Nr. 39.

581 Vgl. GA *Fennelly*, Slg. 1998, 2975 (Nr. 39), Rs. C-132/95 – Jensen.

Abzügen oder Abgaben erfolgende Auszahlung von Gemeinschaftsmitteln an die Begünstigten verlangen, einer Aufrechnung nicht entgegenstehen.[582]

c) Besonderheiten des Zahlungsverkehrs im Rahmen der Strukturfonds

Fraglich ist, wie sich im Falle von Gemeinschaftszahlungen im Rahmen der Strukturfonds der Umstand auswirkt, dass gemäß Art. 32 Abs. 1 S. 1 der Strukturfonds-VO die Kommission die Zahlungen direkt an die einzelnen mitgliedstaatlichen Zahlstellen zu leisten hat und nicht an eine mitgliedstaatliche Zentralkasse; nach dem Recht des jeweiligen Mitgliedstaates kann die von einer etwaigen Aufrechnung betroffene Zahlstelle z. B. einer rechtlich eigenständigen Gebietskörperschaft angehören (in Deutschland z. B. Zahlstellen der Länder) oder selbst mit eigener Rechtspersönlichkeit ausgestattet sein. Rechnet in einem solchen Fall die Gemeinschaft gegen eine Zahlungsverpflichtung im Rahmen der Strukturfonds mit einer eigenen Forderung auf Grundlage einer Gemeinschaftssanktion auf, so stünde aus Sicht der betroffenen Zahlstelle bzw. ihres mitgliedstaatlichen Rechtsträgers der unterbliebenen tatsächlichen Auszahlung zunächst kein wirtschaftliches Äquivalent in Gestalt einer erloschenen *eigenen* Zahlungsverpflichtung gegenüber. Erloschen ist hier vielmehr die aus der finanziellen Gemeinschaftssanktion resultierende Zahlungsverpflichtung des Mitgliedstaates. Die Zahlstelle müsste demnach unter Umständen zur ordnungsgemäßen Durchführung des von der Aufrechnung betroffenen Förderprogramms selbst in Aktion treten, um die von der Gemeinschaft nicht tatsächlich ausgezahlten Mittel vom Mitgliedstaat (dem gegenüber die Kommission aufgerechnet hat) bzw. von dessen Behörden einzufordern. Infolgedessen könnte man annehmen, dass hierdurch die Durchführung des betroffenen Förderprogramms erschwert bzw. verzögert wird. Vor diesem Hintergrund könnte aus Art. 32 Abs. 1 S. 1 und 5 der Strukturfonds-VO ein Aufrechnungsverbot abzuleiten sein, welches es der Gemeinschaft verwehrt, mit Forderungen aus finanziellen Sanktionen gegen solche Zahlungsverpflichtungen aufzurechnen, die für Zahlstellen nationalrechtlich selbständiger Rechtsträger bestimmt sind.

Aus gemeinschaftsrechtlicher Sicht sind jedoch die Zahlstellen unmittelbar den Mitgliedstaaten zuzuordnen. Gläubiger der Gemeinschaftszahlungen i.S.d Strukturfonds-VO sind nicht die Zahlstellen selbst oder etwaige Gebietskörperschaften, denen die Zahlstellen nationalrechtlich unterstehen, sondern aus-

[582] Sofern die jeweilige Regelung den Begünstigten einen Zahlungsanspruch einräumt und der von der Aufrechnung betroffene Mitgliedstaat keine Zahlungen an die Begünstigten leistet, können diese den Mitgliedstaat gerichtlich auf Zahlung oder Schadensersatz in Anspruch nehmen oder aber versuchen, die Kommission zur Einleitung eines erneuten Vertragsverletzungsverfahrens zu bewegen. Vgl. hierzu unten S. 156.

schließlich die Mitgliedstaaten.[583] In der hier beschriebenen Aufrechnungssituation wären insofern, gemeinschaftsrechtlich betrachtet, Gläubiger der Gemeinschaftszahlungen und Schuldner der Gemeinschaftsforderung identisch. Da eine geschuldete Zahlung durch Aufrechnung vollständig geleistet werden kann, die gemeinschaftsrechtlichen Verpflichtungen des jeweiligen Mitgliedstaates aufgrund dieser Zahlung also vollumfänglich bestehen bleiben, muss das Defizit an liquiden Mitteln, welches bei der betroffenen mitgliedstaatlichen Zahlstelle durch die Aufrechnung eintritt, vom Mitgliedstaat ausgeglichen werden.[584] Auf diesen Umstand sollte die Kommission im Falle einer Aufrechnung ausdrücklich hinweisen, um zu vermeiden, dass der betroffene Mitgliedstaat die Aufrechnung unzutreffenderweise als Zahlungskürzung interpretiert. Kommt der Mitgliedstaat seiner Verpflichtung zum Ausgleich der haushaltstechnischen Verschiebung dennoch nicht nach, so begeht er erneut einen Vertragsverstoß. Da Art. 32 Abs. 1 S. 5 Strukturfonds-VO den Endbegünstigten der Fondszahlungen einen Rechtsanspruch auf die jeweilige Fondsbeteiligung einräumt, können die Endbegünstigten diesen Anspruch im Wege des – gemeinschaftsrechtlich überlagerten – nationalen Rechtsschutzes geltend machen bzw. den Mitgliedstaat im Rahmen eines gemeinschaftsrechtlichen Staatshaftungsanspruchs auf Schadensersatz verklagen.[585] Eine weitere Möglichkeit bestünde darin, die Kommission mit dem Rechtsverstoß zu befassen und auf diesem Wege die Einleitung eines weiteren Vertragsverletzungsverfahrens zu erreichen. Es erscheint jedoch unwahrscheinlich, dass ein Mitgliedstaat es auf ein weiteres Zwangsgeld ankommen lässt, nachdem er bereits die Erfahrung der zwangsweisen Durchsetzung der ersten Sanktion gemacht hat.

Im Ergebnis bleibt festzuhalten, dass sich aus Art. 32 Abs. 1 S. 1 und 5 Strukturfonds-VO kein Verbot einer Aufrechnung mit Strukturfondszahlungen ergibt. Wie bereits oben dargelegt, ist die Kommission jedoch im Hinblick auf den Verhältnismäßigkeitsgrundsatz gehalten, die bei einer Aufrechnung auftretenden haushaltstechnischen Komplikationen so gering wie möglich zu halten.[586]

6) Haushaltsrechtliche Einschränkungen auf Gemeinschaftsebene

Im Jahresbericht zum Haushaltsjahr 1980 kritisierte der Europäische Rechnungshof die Aufrechnungspraxis der Kommission im Rahmen des Haushaltsvollzugs mit der Begründung, hierdurch würden umfangreiche Operationen zum Nachteil der Haushaltstransparenz verschleiert.[587] Zu klären ist daher an dieser

[583] Insofern stünde der Zahlstelle auch kein eigenständiger Rechtsschutz gegen eine Aufrechnung der Gemeinschaft zu.

[584] Siehe oben S. 152.

[585] Zum letztgenannten Themenkomplex siehe *Böhm*, Gemeinschaftsrechtliche Staatshaftung.

[586] Siehe oben S. 146 ff.

[587] Jahresbericht zum Haushaltsjahr 1980, ABl. Nr. C 244/219 vom 31.12.1981.

Stelle, inwiefern eine Aufrechnung der Gemeinschaft mit haushaltsrechtlichen bzw. haushaltstechnischen Komplikationen auf Gemeinschaftsebene einhergeht, die gegebenenfalls ein Aufrechnungsverbot nach sich ziehen können. Das Bruttoprinzip als gemeinschaftsrechtlicher Haushaltsgrundsatz umfasst das grundsätzliche Verbot der Saldierung, welches Klarheit über den vollständigen Umfang aller Einnahmen und Ausgaben gewährleisten soll.[588] Dem steht es jedoch nicht prinzipiell entgegen, den tatsächlichen Leistungsaustausch durch die Aufrechnung zu ersetzen. Die betroffenen Parteien werden hierdurch so gestellt, als wären die wechselseitigen Auszahlungen real erfolgt. Sofern die wechselseitigen Forderungen im Jahresabschluss nicht zu einem Saldoposten zusammengefasst werden, ist das haushaltsrechtliche Bruttoprinzip nicht beeinträchtigt.[589] Dass die Aufrechnung mit den gemeinschaftsrechtlichen Haushaltsgrundsätzen zu vereinbaren ist, kommt auch in der gesetzgeberischen Entscheidung des Art. 73 Abs. 1 S. 2 HO-EG zum Ausdruck, der eine Einziehung durch Aufrechnung ausdrücklich vorsieht. Folglich sind keine haushaltsrechtlichen Einschränkungen ersichtlich, aus denen sich ein generelles Aufrechnungsverbot zu Lasten der Gemeinschaft ableiten ließe.

IV. Besonderheiten des Sanktionsverfahrens gemäß Art. 104 Abs. 11 EG

Art. 11 ff. der VO 1467/97 über die Beschleunigung und Klärung des Verfahrens bei einem übermäßigen Defizit konkretisieren das in Art. 104 EG Abs. 11 EG niedergelegte Sanktionsverfahren dahingehend, dass vom jeweiligen Mitgliedstaat zunächst die Leistung einer unverzinslichen Einlage verlangt (Art. 11 f. VO 1467/97) und diese dann für den Fall, dass das übermäßige Defizit nicht innerhalb von zwei Jahren korrigiert wurde, in eine Geldbuße umgewandelt wird (Art 12 VO 1467/97). Die Einlage dient demnach ihrem Sinn und Zweck nach als Sicherungsmittel für eine spätere Geldbuße. Die Konkretisierungen der Art. 11 ff. VO 1467/97 sind als verbindliche Verfahrensvorgaben zu verstehen, die es der Gemeinschaft verwehren, eine Geldbuße unabhängig von einer vom Mitgliedstaat bereits geleisteten Einlage zu verhängen. Da die Geldbuße zwingend unter Rückgriff auf die geleistete Einlage zu verhängen ist, kann sie von vornherein nicht Gegenstand einer Aufrechnung der Gemeinschaft sein.[590] Sollte allerdings der sanktionierte Mitgliedstaat bereits die Leistung der Einlage verweigern, so könnte mit der hierauf gerichteten Forderung der Gemeinschaft grundsätzlich aufgerechnet werden.

---

[588] *Schoo*, in: Schwarze (Hrsg.), EU-Kommentar, Art. 268 EG Rn. 15.

[589] Vgl. Stellungnahme der Kommission im Jahresbericht zum Haushaltsjahr 1980, ABl. Nr. C 244/219 vom 31.12.1981.

[590] So aber offenbar *Blumenwitz/ Schöbener*, Stabilitätspakt, S. 40.

D. Die Aufrechnung mit Gemeinschaftsforderungen aus finanziellen Sanktionen nach geltender Rechtslage

Nachdem die rechtlichen Voraussetzungen einer Aufrechnung im Gemeinschaftsrecht hinreichend konkretisiert wurden, sind sie nunmehr auf die dieser Arbeit zugrunde liegende Fallkonstellation einer durchzusetzenden finanziellen Sanktion der Gemeinschaft gegen einen Mitgliedstaat anzuwenden.

Gemäß Art. 73 Abs. 1 S. 2 HO-EG ist Voraussetzung für eine Aufrechnung der Gemeinschaft, dass die gegeneinander aufzurechnenden Forderungen gegenseitig und in ihren anspruchsbegründenden Tatsachen bewiesen, unbestreitbar oder jedenfalls unbestritten sind, dass es sich jeweils um Geldforderungen in konkret bezifferter oder bezifferbarer Höhe handelt und dass beide Forderungen durchsetzbar, also fällig, einrede- und bedingungsfrei sind.

Will die Gemeinschaft mit einer Sanktionsforderung gegen solche Zahlungsverpflichtungen aufrechnen, die gemäß Art. 30 Abs. 1 S. 1 Strukturfonds-VO an die mitgliedstaatlichen Zahlstellen zu leisten sind und gehören letztere selbständigen Gebieteskörperschaften an, so steht dies der Gegenseitigkeit beider Forderungen nicht entgegen. Ungeachtet der mitgliedstaatlichen Selbstorganisation begründet die Strukturfonds-VO ausschließlich Ansprüche zugunsten der Mitgliedstaaten selbst.[591] Schuldner der gemeinschaftlichen Sanktionsforderung und Gläubiger der gemeinschaftlichen Verpflichtung zur Zahlung von Strukturfördermitteln sind folglich identisch, so dass das Gegenseitigkeitserfordernis erfüllt ist.

Eine Gemeinschaftsforderung aus einem Sanktionsurteil des EuGH ist in ihren anspruchsbegründenden Tatsachen auch in jedem Fall bewiesen. Bestand und Höhe der Forderung stehen hier außer Frage, da sie durch eine rechtskräftige Gerichtsentscheidung festgestellt wurden. Dagegen können Sanktionen gemäß Art. 104 Abs. 11 EG, namentlich die Aufforderung an den betroffenen Mitgliedstaat zur Leistung einer unverzinslichen Einlage, vom betroffenen Mitgliedstaat noch vor dem EuGH angefochten werden. Sofern der Mitgliedstaat demnach Bestand oder Höhe der Gemeinschaftsforderung bestreitet, etwa weil er die Sanktion als solche für unzulässig hält, so ist die Forderung der Gemeinschaft nicht „sicher" i. S. v. Art. 73 Abs. 1 S. 2 HO-EG, so dass die Voraussetzungen einer Aufrechnung nicht erfüllt sind. Letztere ist erst dann möglich, wenn der EuGH rechtskräftig über die Rechtmäßigkeit der Sanktion entschieden hat. Fasst man dagegen Art. 73 Abs. 1 S. 2 HO-EG entgegen der hier vertretenen Auffassung nicht als Rechtsgrundlage einer Aufrechnung der Gemeinschaft gegenüber Mitgliedstaaten auf und greift stattdessen auf den allgemeinen Rechtsgrundsatz zurück, ist die Aufrechnung auch außergerichtlich möglich, da hier

[591] Siehe oben S. 115.

die Liquidität der Gemeinschaftsforderung nicht zu den tatsbestandlichen Voraussetzungen der Aufrechnung gehört.

Bei Sanktionsforderungen der Gemeinschaft handelt es sich grundsätzlich um fällige, einrede- und bedingungsfreie Zahlungsforderungen in konkret beziffenter Höhe. Gleiches dürfte regelmäßig auch für Zahlungsforderungen der Mitgliedstaaten im Rahmen der Gemeinschaftsfonds gelten.

Im Ergebnis erweist sich die Aufrechnung mit einer Forderung der Gemeinschaft aus einem Sanktionsurteil gemäß Art. 228 Abs. 2 EG unabhängig von der gewählten Rechtsgrundlage in aller Regel als unproblematisch. Im Falle einer Einlageforderung auf der Grundlage eines Sanktionsbeschlusses gemäß Art. 104 Abs. 11 EG ist die Aufrechnung dagegen nach Art. 73 Abs. 1 S. 2 HO-EG zunächst ausgeschlossen, wenn der betroffene Mitgliedstaat Bestand oder Höhe der Sanktionsforderung bestreitet und keine rechtskräftige Entscheidung hierüber vorliegt.

E. Rechtsschutzmöglichkeiten der betroffenen Mitgliedstaaten

Wie bereits angesprochen, handelt es sich bei der Aufrechnungserklärung der Gemeinschaft um eine Entscheidung i. S. v. Art. 249 Unterabs. 4 EG, die vom betroffenen Mitgliedstaat im Wege der Nichtigkeitsklage gemäß Art. 230 EG angegriffen werden kann. Da im Falle einer finanziellen Sanktion gemäß Art. 228 Abs. 2 EG die tatbestandlichen Voraussetzungen einer Aufrechnung praktisch immer gegeben sind und konkret in Betracht kommende Aufrechnungsverbote nach den obigen Ausführungen nur in ganz besonderen Fallkonstellationen eingreifen, hat eine solche Nichtigkeitsklage hier allerdings in aller Regel keine Aussicht auf Erfolg. Anders kann sich die Sachlage im Falle eines Sanktionsbeschlusses gemäß Art. 104 Abs. 11 EG darstellen, wenn dieser zu Unrecht erfolgte.

§ 3 Aussetzung von Zahlungen

Neben Zwangsvollstreckung und Aufrechnung kommt als Mittel zur Durchsetzung finanzieller Sanktionen der Gemeinschaft gegen Mitgliedstaaten auch die Aussetzung bzw. die Zurückhaltung fälliger Gemeinschaftszahlungen in Betracht.

A. Grundsätzliche Zulässigkeitseinwände

Eine solche Maßnahme wird in der Literatur vereinzelt für mit dem Gemeinschaftsrecht sowie mit den fundamentalen Zielen der Gemeinschaft schlechthin unvereinbar gehalten.[592] Die Zurückhaltung von Gemeinschaftsmitteln stelle einen Eingriff in die Souveränität der Mitgliedstaaten dar und widerspreche (in Bezug auf die Durchsetzung von Urteilen des EuGH) dem Grundsatz, dass die Befolgung von Gerichtsurteilen in den Händen der Mitgliedstaaten liege.[593] Bereits im Rahmen der Frage einer eventuellen Zwangsvollstreckung wurde jedoch herausgearbeitet, dass ein derartiger Grundsatz im Gemeinschaftsrecht nicht uneingeschränkt existiert, sondern in mehrerlei Hinsicht durchbrochen ist. Insofern kann eine vermeintliche prinzipielle Unzulässigkeit einer Zurückhaltung von Gemeinschaftsmitteln zur Durchsetzung finanzieller Sanktionen nicht auf die genannte Argumentation gestützt werden.

B. Rechtsgrundlage einer Aussetzungsbefugnis

Wenngleich demnach die Befugnis der Gemeinschaft zur Aussetzung von Zahlungen an den sanktionierten Mitgliedstaat grundsätzlich denkbar ist, bedarf es hierfür mit Blick auf das Prinzip der begrenzten Einzelermächtigung einer gemeinschaftsrechtlichen Ermächtigungsgrundlage.

I. Aussetzungsbefugnis aus Art. 228 EG?

Curtin und *Barniville* halten im Lichte der Vertragssystematik eine extensive Interpretation von Art. 228 Abs. 1 EG dahingehend für denkbar, dass der EuGH die Kommission zur Aussetzung von Gemeinschaftszahlungen an den in einem Vertragsverletzungsverfahren verurteilten Mitgliedstaat ermächtigen kann, räumen jedoch ein, dass Art. 228 EG seinem Wortlaut nach eine derartige Befugnis nicht vorsieht.[594] Eine auf diese Interpretation gestützte Aussetzungsbefugnis würde demnach allenfalls Zwangsgelder und Pauschalbeträge nach Art. 228 Abs. 2 EG erfassen.

Art. 228 Abs. 1 EG sieht seinem Wortlaut nach vor, dass der in einem Vertragsverletzungsverfahren verurteilte Mitgliedstaat „die Maßnahmen zu ergreifen" hat, „die sich aus dem Urteil des Gerichtshofes ergeben". Dies bedeutet nicht etwa, dass der EuGH dazu befugt ist, dem beklagten Mitgliedstaat im Wege eines Verpflichtungsurteils konkrete Maßnahmen zur Abstellung des in Frage stehenden Vertragsverstoßes aufzuerlegen. Vielmehr ergeht lediglich ein Feststellungsurteil mit dem Inhalt, dass der beklagte Mitgliedstaat durch ein bestimmtes Verhalten gegen Gemeinschaftsrecht verstoßen hat.[595] Der verurteilte Mitgliedstaat muss nun die erforderlichen Maßnahmen treffen, um diesen Gemeinschaftsrechtsverstoß unverzüglich abzustellen, wobei ihm hinsichtlich der

[592] Vgl. *Heidig*, Zwangsgelder, S. 185; *Tesauro*, FIDE, S. 150; *ders.*, Sanctions, S. 17 (21).
[593] *Heidig*, Zwangsgelder, S. 185.
[594] *Curtin/Barniville*, FIDE, S. 236.
[595] Vgl. *Ehricke*, in: Streinz (Hrsg.), EUV/EGV, Art. 228 EG Rn. 2.

Wahl der Mittel ein Ermessensspielraum zusteht.[596] Inwiefern die Vertragssystematik Anhaltspunkte dafür liefert, dass Art. 228 Abs. 1 EG einer Auslegung im Sinne einer Befugnis des EuGH zugänglich sein soll, die Kommission zur Aussetzung von Gemeinschaftszahlungen an den verurteilten Mitgliedstaat zu ermächtigen, wie von *Curtin* und *Barniville* angenommen, ist unklar. Im Gegenteil spricht – neben dem Wortlaut der Vorschrift – die Systematik gerade dafür, dass Art. 228 Abs. 1 EG nicht in einem solchen Sinne ausgelegt werden kann. Hätte der EuGH von je her schon gemäß Art. 228 Abs. 1 EG Sanktionskompetenzen zur Durchsetzung seiner Urteile gehabt, so hätte es der Neueinführung des Sanktionsverfahrens gemäß Art. 228 Abs. 2 EG nicht bedurft.[597] Letzteres wurde auch nicht etwa deshalb eingeführt, weil bereits aufgrund von Art. 228 Abs. 1 EG praktizierte Sanktionen nicht ausgereicht hätten. Vielmehr wurde durch Art. 228 Abs. 2 EG eine Sanktionsmöglichkeit im Rahmen des Vertragsverletzungsverfahrens nach Art. 226 ff. EG überhaupt erst geschaffen. Folglich bietet Art. 228 Abs. 1 EG der Gemeinschaft keine Rechtsgrundlage für die Aussetzung von Zahlungen gegenüber einem verurteilten Mitgliedstaat.

II. Sekundärrechtliche Ansatzpunkte im Regelungsbereich der EU-Fonds

Ansatzpunkte für eine Zurückbehaltung von Gemeinschaftszahlungen an finanziell sanktionierte Mitgliedstaaten könnten dagegen im Regelungsbereich der EU-Fonds zu finden sein.

1) Strukturfonds und Kohäsionsfonds

Im Anwendungsbereich der Strukturfonds kommt als Ansatzpunkt das in Art. 39 Strukturfonds-VO normierte Finanzkorrekturverfahren in Betracht. Gemäß Art. 39 Abs. 1 Strukturfonds-VO sind die Mitgliedstaaten dazu verpflichtet, die rechtmäßige Durchführung der gemeinschaftlich geförderten Strukturinterventionen zu kontrollieren und im Fall von Unregelmäßigkeiten die Gemeinschaftsbeteiligung an der betroffenen Aktion zu kürzen oder zu streichen. Dabei ist der Tatbestand der Unregelmäßigkeit gemäß Art. 1 Abs. 2 der VO 2988/95[598] bei jedem gemeinschaftsrechtlichen Verstoß eines Wirtschaftsteilnehmers gegeben, der einen Schaden für den Gemeinschaftshaushalt bewirkt hat bzw. bewirken würde. Gemäß Art. 39 Abs. 2 S. 1 Strukturfonds-VO ist die Kommission befugt, die im Rahmen eines bestimmten Förderprogramms anfallenden Zwischenzahlungen an einen Mitgliedstaat auszusetzen, wenn sie feststellt, dass der Mitglied-

[596] *Ehricke*, in: Streinz (Hrsg.), EUV/EGV, Art. 228 EG Rn. 1.
[597] Vgl. *Karpenstein/ Karpenstein*, in: Grabitz/ Hilf (Hrsg.), EUV/EGV, Art. 228 EG Rn. 4.
[598] Verordnung (EG, Euratom) Nr. 2988/95 des Rates vom 18. Dezember 1995 über den Schutz der finanziellen Interessen der Europäischen Gemeinschaften, ABl. Nr. L 312/1 vom 23.12.1995.

staat seinen in Art. 39 Abs. 1 Strukturfonds-VO normierten Verpflichtungen nicht nachkommt (Art. 39 Abs. 2 S. 1 lit. a Strukturfonds-VO), dass er also im Falle von Unregelmäßigkeiten bei der Durchführung einer Gemeinschaftsaktion untätig geblieben ist bzw. nicht die erforderlichen Finanzkorrekturen vorgenommen hat. Eine Aussetzung der Zwischenzahlungen ist ferner zulässig, wenn es sich erweist, dass die finanzielle Beteiligung des jeweiligen Strukturfonds an einer bestimmten Maßnahme teilweise oder insgesamt nicht gerechtfertigt ist (Art. 39 Abs. 2 S. 1 lit. b Strukturfonds-VO) oder dass die Verwaltungs- und Kontrollsysteme des Mitgliedstaates in Bezug auf die fragliche Maßnahme beträchtliche Mängel aufweisen, die zu systematischen Unregelmäßigkeiten führen können (Art. 39 Abs. 2 S. 1 lit. c Strukturfonds-VO). Da sich aus Art. 12 Stukturfonds-VO ergibt, dass alle von den Strukturfonds finanzierten bzw. zu finanzierenden Maßnahmen mit dem primären und sekundären Gemeinschaftsrecht insgesamt vereinbar sein müssen, ist die finanzielle Beteiligung eines Gemeinschaftsfonds an einer Maßnahme grundsätzlich bei jedem Gemeinschaftsrechtsverstoß eines Mitgliedstaates bei der Durchführung der Maßnahme teilweise oder sogar insgesamt als nicht gerechtfertigt anzusehen, so dass die Kommission gemäß Art. 39 Abs. 2 S. 1 lit. b Strukturfonds-VO die weiteren Zwischenzahlungen aussetzen kann.[599] Eine Parallelregelung hierzu findet sich in Art. H Abs. 1 des Anhangs II zur Kohäsionsfonds-VO. Auch hier kann die Kommission Zwischenzahlungen an einen Mitgliedstaat aussetzen, wenn die finanzielle Beteiligung der Gemeinschaft an der betroffenen Maßnahme ganz oder teilweise nicht gerechtfertigt ist bzw. der Mitgliedstaat im Falle von Unregelmäßigkeiten nicht die erforderlichen Korrekturmaßnahmen ergriffen hat.[600]

Zu prüfen ist nun, ob die Kommission auf Grundlage der in Art. 39 Abs. 2 S. 1 lit. b Strukturfonds-VO und Art. H Abs. 1 des Anhangs II zur Kohäsionsfonds-VO normierten Befugnisse Zahlungen an einen Mitgliedstaat aussetzen kann,

[599] Freilich ist diese Zahlungsaussetzung nur ein Zwischenstadium im Finanzkorrekturverfahren des Art. 39 Strukturfonds-VO. Die Kommission muss dem betroffenen Mitgliedstaat die Möglichkeit einräumen, sich zu den verfahrensmäßigen Beanstandungen zu äußern bzw. im Rahmen einer Anhörung eine Einigung über das weitere Vorgehen zu erzielen (Art. 39 Abs. 2 S. 1 und 2 Strukturfonds-VO). Kommt eine solche Einigung in dem von der Kommission festgesetzten Zeitraum nicht zustande und hat der Mitgliedstaat auch keinerlei Finanzkorrekturen vorgenommen, so kann die Kommission selbst die erforderlichen Maßnahmen ergreifen, indem sie die Fondsbeteiligung an der betreffenden Strukturmaßnahme kürzt oder vollständig streicht (Art. 39 Abs. 3 S. 1 lit. b Strukturfonds-VO).

[600] Auch eine solche Zahlungsaussetzung ist wie im Falle der Strukturfonds-VO ein Zwischenstadium im Finanzkorrekturverfahren. Das weitere Verfahren erfolgt parallel zur Strukturfonds-VO (siehe oben Fn. 599), Art. H des Anhangs II zur Kohäsionsfonds-VO i. V. m. Art. 19 Verordnung (EG) Nr. 1386/2002 der Kommission vom 29. Juli 2002 mit Durchführungsvorschriften zur Verordnung (EG) Nr. 1164/94 des Rates in Bezug auf die Verwaltungs- und Kontrollsysteme bei Kohäsionsfondsinterventionen und das Verfahren für die Vornahme von Finanzkorrekturen, ABl. Nr. L 201/5 vom 31.7.2002.

wenn dieser sich weigert, eine ihm auferlegte finanzielle Sanktion gemäß Art. 104 Abs. 11 EG bzw. Art. 228 Abs. 2 EG zu begleichen. In diesem Zusammenhang wirft *Härtel* die Frage auf, ob nicht ein sachlicher Zusammenhang zwischen dem Vertragsverstoß, welcher der finanziellen Sanktion zugrunde liegt, und der zurückgehaltenen Zahlung bestehen muss, was sie im Ergebnis bejaht.[601] Tatsächlich geht es hier jedoch nicht um die Frage eines etwaigen Sachzusammenhangs, sondern darum, ob die tatbestandsmäßigen Voraussetzungen der jeweiligen Aussetzungsbefugnisnorm gegeben sind. Ist dies der Fall, so kann die Kommission auf der Rechtsfolgenseite Zahlungen an den betreffenden Mitgliedstaat aussetzen. Andernfalls würde sie die ihr eingeräumte Kompetenz überschreiten und damit gemeinschaftsrechtswidrig handeln.

Die Voraussetzungen, unter denen Art. 39 Abs. 2 Strukturfonds-VO die Kommission zur Aussetzung von Zahlungen ermächtigt, wurden bereits oben genannt. Anwendbar ist diese Aussetzungsbefugnis demnach ausschließlich auf Gemeinschaftsrechtsverstöße eines Mitgliedstaates im Rahmen der Durchführung eines Gemeinschaftsprogramms, das von einem oder mehreren *Strukturfonds* kofinanziert wird. Entsprechend beschränkt sich der Anwendungsbereich der Aussetzungsbefugnis gemäß Art. H Abs. 1 des Anhangs II zur Kohäsionsfonds-VO auf Unregelmäßigkeiten in Bezug auf vom Kohäsionsfonds finanzierte Vorhaben. Aus diesen tatbestandlichen Voraussetzungen ergibt sich notwendigerweise, dass Gemeinschaftsrechtsverstöße eines Mitgliedstaates im Rahmen einer Operation, die etwa ausschließlich über die EAGFL-Abteilung Garantie finanziert wird, für eine Aussetzung von Zahlungen aus den Strukturfonds bzw. aus dem Kohäsionsfonds nicht in Betracht kommen. Dies rechtfertigt sich aus der für die jeweiligen Fonds getrennten Mittelzuweisung, die andernfalls unterlaufen würde.[602] Darüber hinaus bezweckt Art. 39 Abs. 2 Strukturfonds-VO nicht, die Mitgliedstaaten allgemein zu gemeinschaftsrechtskonformem Verhalten anzuhalten, sondern die ordnungsgemäße bzw. rechtmäßige Durchführung der von den Strukturfonds kofinanzierten Programme zu gewährleisten. Dies ergibt sich aus Art. 39 Abs. 2 und 3 Strukturfonds-VO, da die Kommission die Zwischenzahlung nur so lange aussetzt bzw. aussetzen darf, bis sie mit dem betroffenen Mitgliedstaat eine Einigung über das weitere Vorgehen bei der Durchführung der fraglichen Strukturintervention erzielt hat oder der Mitgliedstaat bzw. die Kommission die erforderlichen Finanzkorrekturen vorgenommen hat.

Auch dann jedoch, wenn ein sachlicher Zusammenhang zwischen dem Vertragsverstoß eines Mitgliedstaates, auf dessen Grundlage diesem eine finanzielle Sanktion auferlegt wird, und derjenigen Zahlung besteht, die zurückgehalten werden soll, erscheint fraglich, ob sich die Kommission der Zahlungsaussetzung

---

[601] *Härtel*, EuR 2001, 617 (624, 626).

[602] So auch *Härtel*, EuR 2001, 617 (626 f.).

auch zur Durchsetzung der finanziellen Sanktion bedienen kann, wie *Härtel*[603] meint. Gemäß Art. 39 Abs. 2 Strukturfonds-VO „setzt die Kommission die ausstehenden Zwischenzahlungen aus“, wenn die bereits genannten Bedingungen erfüllt sind. Ein Ermessen steht ihr dabei nach dem Wortlaut der Vorschrift nicht zu, was auch eine grammatikalische Auslegung der anderen Sprachfassungen des Art. 39 Abs. 2 Strukturfonds-VO bestätigt.[604] Wenn aber die Zwischenzahlungen unter den genannten Voraussetzungen ohnehin ausgesetzt werden müssen, hat die Kommission keine Möglichkeit, mit Hilfe dieses Instruments auch eine finanzielle Sanktion gegen den betroffenen Mitgliedstaat durchzusetzen.[605] Das fehlende Ermessen der Kommission hinsichtlich der Aussetzung der ausstehenden Zwischenzahlungen wird auch durch eine systematische Auslegung bestätigt: Während Art. 39 Abs. 2 Strukturfonds-VO vorsieht, dass die Kommission unter den genannten Voraussetzungen die Zwischenzahlungen *aussetzt*, bestimmt Art. 39 Abs. 3 Strukturfonds-VO, dass die Kommission die dort genannten Maßnahmen ergreifen *kann*. Ein Vergleich mit den anderen Sprachfassungen der Strukturfonds-VO fördert denselben Formulierungsunterschied zutage.[606] Da folglich der Kommission kein Ermessen hinsichtlich der Aussetzung der Zwischenzahlungen zusteht, kann letztere von vornherein nicht zur Durchsetzung einer finanziellen Sanktion eingesetzt werden, selbst dann nicht, wenn der Vertragsverstoß, welcher der Sanktion zugrunde liegt, im Zusammenhang mit der Durchführung einer Fördermaßnahme im Sinne der Strukturfonds-VO steht.

Entsprechendes gilt für die Auslegung der Parallelvorschrift in Art. H Abs. 1 des Anhangs II zur Kohäsionsfonds-VO. Auch hier steht der Kommission im

[603] EuR 2001, 617 (626 f.).

[604] Dass die englische Formulierung „the Commission *shall*“ nicht auf eine Sollvorschrift und damit auf ein Ermessen der Kommission hindeutet, ergibt ein Vergleich mit anderen Bestimmungen der Strukturfonds-VO, in denen sich die Formulierung „shall“ ebenfalls findet, ohne dass die jeweils entsprechende Bestimmung in anderen Übersetzungen im Sinne einer Sollvorschrift formuliert wäre. So sieht etwa Art. 39 Abs. 3 S. 2 Strukturfonds-VO in der deutschen Fassung wortlautgemäß vor, dass die Kommission die Finanzkorrekturen unter Berücksichtigung des Verhältnismäßigkeitsgrundsatzes *vornimmt*, während die englische Übersetzung wiederum die Formulierung „shall“ wählt. Es kann jedoch kaum Sinn und Zweck der Vorschrift sein, der Kommission hinsichtlich der Beachtung des Verhältnismäßigkeitsgrundsatzes, der zu den allgemeinen Rechtsgrundsätzen des Gemeinschaftsrechts zählt (siehe oben S. 146) ein Ermessen einzuräumen.

[605] Stünde der Kommission ein Ermessen hinsichtlich der Aussetzung der ausstehenden Zwischenzahlungen zu, würde sich freilich die Anschlussfrage stellen, ob ein Einsatz dieses Rechtsinstruments zur Durchsetzung einer finanziellen Sanktion nicht ermessensmissbräuchlich und damit gemeinschaftsrechtlich unzulässig wäre. Siehe dazu unten S. 166.

[606] In der englischen Fassung findet sich im Gegensatz zu der sonst gebrauchten Formulierung „shall“ in Art. 39 Abs. 3 Strukturfonds-VO die Formulierung „the Commission *may*“; in der französischen Fassung steht die Formulierung „la Commission *suspend*“ in Abs. 2 der Formulierung „la Commission *peut* décider“ in Abs. 3 gegenüber.

Falle des Vorliegens der gesetzlichen Voraussetzungen kein Ermessen bezüglich der Aussetzung der weiteren Zahlungen zu, so dass ihr ein Rückgriff darauf zur Durchsetzung finanzieller Sanktionen versperrt bleibt.

2) Besonderheiten der Kohäsionsfonds-VO in Bezug auf die mitgliedstaatliche Pflicht zur Vermeidung übermäßiger Haushaltsdefizite

Eine Sondervorschrift in Bezug auf die Pflicht zur Vermeidung übermäßiger Haushaltsdefizite enthält Art. 6 Kohäsionsfonds-VO. Danach werden aus dem Kohäsionsfonds keine neuen Vorhaben oder, im Fall bedeutender Vorhaben, keine neuen Vorhabenphasen mehr finanziert, wenn der Rat mit qualifizierter Mehrheit auf Empfehlung der Kommission feststellt, dass der Mitgliedstaat gegen seine Pflicht zur Vermeidung eines übermäßigen Haushaltsdefizits verstoßen hat (Art. 6 Abs. 1 S. 1 Kohäsionsfonds-VO). Die Aussetzung der Finanzierung endet, wenn der Rat durch Beschluss feststellt, dass ein übermäßiges Haushaltsdefizit oder die konkrete Gefahr eines solchen nicht mehr besteht (Art. 6 Abs. 1 S. 1 Kohäsionsfonds-VO). Damit verfügt die Gemeinschaft zumindest gegenüber den Kohäsionsländern über ein sehr effektives Sanktionsinstrument, um diese zur Einhaltung der gemeinschaftsrechtlichen Haushaltsdisziplin zu bewegen. Mit Blick auf die Beträge der zuletzt im Rahmen des Kohäsionsfonds erfolgten Mittelbindungen[607] würden die Kohäsionsländer durch die Aussetzung weiterer Zahlungen an empfindlicher Stelle getroffen.

Demzufolge läge es nahe, ein Kohäsionsland mit einem übermäßigen Haushaltsdefizit, welches sich weigerte, eine ihm auferlegte unverzinsliche Einlage gemäß Art. 104 Abs. 11 EG zu leisten[608], durch die Aussetzung weiterer Zahlungen aus dem Kohäsionsfonds zur Leistung der Einlage zu zwingen. Jedoch ist auch die Aussetzungsbefugnis gemäß Art. 6 Abs. 1 S. 1 Kohäsionsfonds-VO derart ausgestaltet, dass der Kommission im Falle des Vorliegens der gesetzlichen Voraussetzungen kein Handlungsermessen zusteht. Dem Wortlaut nach „werden keine neuen Vorhaben [...] finanziert“, wenn ein übermäßiges Haushaltdefizit vorliegt bzw. zu erwarten ist. Da folglich der Kommission auch hinsichtlich einer Zahlungsaussetzung gemäß Art. 6 Abs. 1 S. 1 Kohäsionsfonds-

[607] Vgl. etwa *Europäische Kommission,* Gesamtbericht 2004, S. 114. Demnach wurden im Jahr 2004 im Rahmen des Kohäsionsfonds allein zugunsten Spaniens Mittelbindungen in Höhe von ca. 1,7 Milliarden Euro vorgenommen, zugunsten Polens in Höhe von 1,4 Milliarden Euro. Die Mittelbindungen zugunsten der übrigen Kohäsionsländer waren zwar erheblich niedriger, bewegten sich aber – außer im Falle von Malta, Zypern und Slowenien – immer noch im dreistelligen Millionenbereich.

[608] Es wird daran erinnert, dass ein *Bußgeld* gemäß Art. 104 Abs. 11 EG zwingend durch die Umwandlung der zuvor geleisteten Einlage verhängt wird, so dass die Eintreibung auf keinerlei rechtliche oder tatsächliche Probleme stoßen kann (siehe oben S. 66).

VO kein Ermessen zusteht, kann die Leistung einer Einlage gemäß Art. 104 Abs. 11 EG auf diesem Weg nicht durchgesetzt werden.

3) EAGFL-Garantie

Im Bereich des EAGFL-Garantie erfolgt die Finanzierung auf der Grundlage monatlicher Vorschusszahlungen und eines jährlichen Rechnungsabschlusses (Art. 7 GAP-VO).[609] Die Vorschusszahlungen können gemäß Art. 4 Abs. 6 VO 296/96[610] nur dann ausgesetzt werden, wenn ein Mitgliedstaat die Unterlagen, die zur buchmäßigen Erfassung der getätigten und noch zu tätigenden Ausgaben im Rahmen eines Programms zur Entwicklung des ländlichen Raumes erforderlich sind, nicht oder verspätet einreicht. Gemeinschaftsrechtsverstöße eines Mitgliedstaates – wie etwa die Zahlungsverweigerung im Falle einer finanziellen Sanktion – kommen hier also von vornherein nicht als Anknüpfungspunkt für eine Aussetzung von Zahlungen in Betracht.

4) Gemeinschaftszuschüsse für transeuropäische Netze

Etwas anderes könnte sich im Anwendungsbereich der TEN-VO ergeben. Gemäß Art. 13 Abs. 1 TEN-VO überprüft die Kommission, ob die gemäß der TEN-VO kofinanzierten Aktionen so durchgeführt werden, dass der gewährte Gemeinschaftszuschuss gerechtfertigt erscheint. Sollte dies nicht der Fall sein, so *kann* die Kommission unter den in Art. 13 Abs. 2 TEN-VO normierten Voraussetzungen den Zuschuss zu der betreffenden Aktion aussetzen.[611] Im Gegensatz zu den oben diskutierten Aussetzungsbefugnissen ist die vorliegende Norm also ausdrücklich als Kann-Vorschrift ausgestaltet und räumt der Kommission ein Handlungsermessen ein. Fraglich ist nunmehr, ob im Falle eines finanziell sanktionierten, aber zahlungsunwilligen Mitgliedstaates die Kommission von dem Ermessen, welches ihr Art. 13 Abs. 2 TEN-VO einräumt, in der Weise Gebrauch machen kann, dass sie die Zahlungsaussetzung von der Zahlung der finanziellen Sanktion durch den betroffenen Mitgliedstaat abhängig macht. Zweifelhaft erscheint dies insofern, als ein solches Vorgehen als ermessensmissbräuchlich anzusehen sein könnte.

Die Rechtsbegriffe des Ermessens sowie des Ermessensmissbrauchs sind auch dem Gemeinschaftsrecht bekannt. So taucht der Begriff des Ermessens-

---

609 Siehe auch VO 1663/95; bzgl. der monatlichen Vorschusszahlungen siehe VO 296/96.

610 Siehe oben Fn. 442.

611 Art. 13 Abs. 2 TEN-VO: „Nach der Prüfung gemäß Absatz 1 kann die Kommission den Zuschuss zu der betreffenden Aktion kürzen, aussetzen oder streichen, wenn die Prüfung ergibt, dass eine Unregelmäßigkeit gegeben ist oder eine der in der Entscheidung zur Gewährung des Zuschusses genannten Bedingungen nicht erfüllt wurde und insbesondere eine erhebliche Veränderung der Art oder der Durchführungsbedingungen des Vorhabens vorliegt, zu der die Zustimmung der Kommission nicht eingeholt wurde."

missbrauchs etwa in Art. 230 Abs. 2 EG auf, der die Zuständigkeit des EuGH für Nichtigkeitsklagen gegen Handlungen der EU-Organe regelt. Die allgemeinen gemeinschaftsrechtlichen Grenzen administrativen Ermessens können sich folglich an der Auslegung des Ermessensbegriffs in Art. 230 EG orientieren. Der gemeinschaftsrechtliche Ermessensbegriff ist autonom durch das Gemeinschaftsrecht geprägt und mit der im deutschen Recht gebräuchlichen Terminologie nicht deckungsgleich.[612] Wenn auch der Ermessensbegriff des Art. 230 Abs. 2 EG in den verschiedenen Sprachfassungen nicht ganz einheitlich verwendet wird[613], so sind sich doch Rechtsprechung und Literatur darin einig, dass „Ermessensmissbrauch" i. S. v. Art. 230 EG jedenfalls auch ein „détournement de pouvoir" umfasst, wie es im französischen Verwaltungsrecht bekannt und in die französische Fassung des Art. 230 Abs. 2 EG eingeflossen ist.[614] Ein Ermessensmissbrauch liegt demnach vor, wenn die Verwaltung andere als die ihr generell oder durch Gesetz vorgeschriebenen Ziele verfolgt (Zweckverfehlung).[615]

Zur Klärung der Frage, ob eine Aussetzung von Zahlungen gemäß Art. 13 TEN-VO zum Zwecke der Durchsetzung finanzieller Sanktionen gegen einen Mitgliedstaat als ermessensmissbräuchlich anzusehen ist, ist folglich zu ermitteln, ob sich die Kommission hiermit im Rahmen der gemeinschaftsrechtlich bzw. konkret durch Art. 13 TEN-VO vorgeschriebenen Ziele bewegen würde. Der generelle Regelungszweck der TEN-VO liegt gemäß ihrer amtlichen Bezeichnung zunächst darin, Grundregeln für die Gewährung von Gemeinschaftszuschüssen zu Projekten zu schaffen, welche die Gemeinschaftspolitik der Transeuropäischen Netze betreffen. Dies würde freilich begrifflich noch nicht ausschließen, die Einhaltung des Gemeinschaftsrechts bzw. die Zahlung auferlegter finanzieller Sanktionen durch die Mitgliedstaaten zur Bedingung der Zuschussgewährung zu machen. Gemäß Art. 13 TEN-VO können Zahlungen ausgesetzt werden, wenn eine Überprüfung der subventionierten Vorhaben ergibt,

612 *Ehricke*, in: *Streinz*, EUV/EGV, Art. 230 EG Rn. 79.

613 Vgl. *Bleckmann*, Ermessensfehlerlehre, S. 215.

614 Vgl. etwa *EuGH*, Slg. 1996, I-5755 (Rn. 69), Rs. C-84/94 – Vereinigtes Königreich / Rat; Slg. 1998, I-2265 (Rn. 64), Rs. C-180/96 – Vereinigtes Königreich / Kommission; GA *Lagrange*, Slg. 1954/55, 154 (158 ff.), Rs. 3/54 – Assider ("excès de pouvoir"); *ders.*, Slg. 1955/56, 231 (253 f.), Rs. 8/55 – Fédération Chrabonnière de Belgique; *Bleckmann*, Ermessensfehlerlehre, S. 215 m. w. N.; *Ehricke*, in: *Streinz*, EUV/EGV, Art. 230 EG Rn. 79 m. w. N.

615 Vgl. *EuGH*, *Slg*. 1996, I-5755 (Rn. 69), Rs. C-84/94 – Vereinigtes Königreich / Rat; Slg. 1998, I-2265 (Rn. 64), Rs. C-180/96 – Vereinigtes Königreich / Kommission; GA *Lagrange*, Slg. 1955/56, 231 (255 f.), Rs. 8/55 – Fédération Chrabonnière de Belgique. Der EuGH hat den Begriff des Ermessensmissbrauchs im Laufe seiner Rechtsprechung über die Kontrolle der Zweckverfehlung hinaus zu einem umfassenden Willkürverbot ausgedehnt (vgl. dazu *Bleckmann*, Ermessensfehlerlehre, S. 215 ff.). Für die vorliegende Untersuchung genügt jedoch der im gemeinschaftsrechtlichen Begriff des Ermessensmissbrauchs jedenfalls enthaltene Aspekt der Zweckverfehlung.

dass „Unregelmäßigkeiten“ (d. h. Rechtsverstöße[616]) bei der Durchführung gegeben sind oder eine der Bedingungen, die in der Entscheidung zur Zuschussgewährung genannt sind, nicht erfüllt ist (Art. 13 Abs. 2 TEN-VO), so dass die Zuschussgewährung durch die Gemeinschaft ganz oder teilweise nicht gerechtfertigt erscheint (Art. 13 Abs. 1 TEN-VO). Aus dieser Vorschrift könnte zu schließen sein, dass die in Art. 13 Abs. 2 TEN-VO genannten Maßnahmen nur dem Zweck dienen, die rechtmäßige Durchführung der subventionierten Vorhaben zu gewährleisten und gegebenenfalls zu erzwingen. Mangels ausdrücklicher Angaben erscheint allerdings nicht von vornherein ausgeschlossen, dass bei Vorliegen der gesetzlichen Voraussetzungen für eine Zahlungsaussetzung diese auch zur Erreichung anderer legitimer Gemeinschaftsziele eingesetzt werden darf. Einen Anhaltspunkt dafür, welche Zwecke mit der Aussetzung von Zahlungen gemäß Art. 13 Abs. 2 TEN-VO zulässigerweise verfolgt werden können, kann sich möglicherweise aus Inhalt und Umfang der primärrechtlichen Verordnungsermächtigung ergeben, welche der TEN-VO zugrunde liegt. Gestützt ist die TEN-VO ausdrücklich auf den damaligen Art. 129d Abs. 3 EGV (heute Art. 156 Abs. 1 EG), nach welchem der Rat „die übrigen Maßnahmen nach Artikel 129c Absatz 1“ (heute Art. 155 Abs. 1 EG) erlassen konnte, zu denen gemäß Art. 155 Abs. 1 3. Spiegelstrich EG (ex-Art. 129c Abs. 1 3. Spiegelstrich EGV) auch die Rahmenregelungen für die Finanzierung von Vorhaben in diesem Bereich zählen. Gemäß Art. 155 Abs. 1 EG werden die dort aufgeführten Maßnahmen „zur Erreichung der Ziele des Artikels 154“ (ex-Art. 129b EGV) vorgenommen. Nach Art. 154 EG dient der Auf- und Ausbau transeuropäischer Netze dazu, den Wirtschaftsbeteiligten sowie den regionalen und lokalen Gebietskörperschaften in vollem Umfang die Vorteile zugute kommen zu lassen, die sich aus der Schaffung des Binnenmarktes ergeben, sowie dazu, einen Beitrag zur Verwirklichung der Ziele der Art. 14 EG (ex-Art. 7a EGV) und 158 EG (ex-Art. 130a EGV) zu leisten. Die Ziele des Art. 158 EG umfassen strukturpolitische Maßnahmen zur Stärkung des wirtschaftlichen und sozialen Zusammenhalts sowie zur Verringerung der Unterschiede im Entwicklungsstand der verschiedenen Regionen, während Art. 14 EG auf die Verwirklichung eines Binnenmarktes abzielt, in dem der freie Verkehr von Waren, Personen, Dienstleistungen und Kapital gewährleistet ist. Aus den Zielen, die hiernach der TEN-VO zugrunde liegen, kann ein sachlicher Rahmen abgesteckt werden, innerhalb dessen sich alle Maßnahmen bewegen müssen, welche auf der Grundlage der TEN-VO ergehen. Hauptziel dieser Maßnahmen ist es demzufolge, die technischen und infrastrukturellen Voraussetzungen für den freien Verkehr von Waren, Personen, Dienstleistungen und Kapital durch den Auf- und Ausbau transeuropäischer Netze zu schaffen bzw. zu verbessern und dabei langfristig insbesondere auch strukturelle und entwicklungsmäßige Unterschiede zwischen den verschiedenen

616 Siehe oben S. 161.

Regionen innerhalb der Gemeinschaft zu beseitigen. Folglich gehört es *nicht* zu den Zielen der TEN-VO im Allgemeinen und von Art. 13 TEN-VO im Besonderen, allgemein die einheitliche Anwendung des Gemeinschaftsrechts durch die Mitgliedstaaten zu gewährleisten. Ein solches Ziel würde den durch die Verordnungsermächtigung des Art. 129d Abs. 3 EGV vorgegebenen Rahmen sprengen und wäre damit gemeinschaftsrechtlich unzulässig, selbst wenn es sich nur um ein Nebenziel von untergeordneter Bedeutung handelte.

Eine solche Auslegung des Art. 13 TEN-VO lässt sich auch durch die folgende Überlegung untermauern: Das Gemeinschaftsrecht und die hierdurch entstehenden Rechtsbeziehungen zwischen Mitgliedstaaten und der Gemeinschaft sind außerordentlich komplex und daher nicht immer durch Rechtsklarheit und Rechtssicherheit gekennzeichnet. Schon deshalb muss es regelmäßig seitens der Mitgliedstaaten zu gewissen objektiven Rechtsverstößen kommen, die jedoch nicht in jedem Fall als Ausdruck einer „rechtsfeindlichen" Gesinnung begriffen werden müssen. Vor diesem Hintergrund kann es weder Aufgabe noch Ziel des Gemeinschaftsrechts sein, die Gewährung bestimmter Vorteile zugunsten der Mitgliedstaaten von der Abwesenheit jeglicher Rechtsverstöße abhängig zu machen. Da ein solcher Rechtszustand angesichts der bereits erwähnten Komplexität der gemeinschaftsrechtlichen Rechtsbeziehungen unrealistisch ist, würde letztlich die Effektivität des Gemeinschaftsrechts beeinträchtigt und die Durchführung der Gemeinschaftspolitiken stark gehemmt, wenn jeder Rechtsverstoß die Zahlung von Gemeinschaftszuschüssen zu Vorhaben von gemeinschaftlichem Interesse zum Erliegen bringen könnte. In Bezug auf Vorhaben zum Ausbau transeuropäischer Netze muss dies umso mehr gelten, als die Verwirklichung des Binnenmarktes und damit auch die Schaffung der technischen und infrastrukturellen Voraussetzungen innerhalb der gemeinschaftlichen Ziele einen überragenden Stellenwert einnehmen.

Fraglich ist jedoch, ob eine Aussetzung von Zahlungen gemäß Art. 13 Abs. 2 TEN-VO zur Durchsetzung einer finanziellen Sanktion gegen einen Mitgliedstaat nicht dann in Betracht käme, wenn letztere im Zusammenhang mit der gemeinschaftsrechtswidrigen Durchführung eines Vorhabens gemäß TEN-VO durch den Mitgliedstaat steht. Da Sanktionen gemäß Art. 104 Abs. 11 EG von vornherein keinen Sachzusammenhang zu Vorhaben im Bereich der Transeuropäischen Netze aufweisen können, kommt hier nur ein Zwangsgeld oder ein Pauschalbetrag gemäß Art. 228 Abs. 2 EG in Betracht. Wie bereits dargelegt, steht es in einem solchen Fall im Ermessen der Kommission, ob sie weitere Zuschüsse zu dem besagten Vorhaben aussetzt oder nicht. Wollte sie nun mittels dieses Ermessens Druck auf den betroffenen Mitgliedstaat ausüben, die ihm auferlegte finanzielle Sanktion zu begleichen, so wäre ein solches Vorgehen nur dann rechtmäßig, wenn sich diese Form der Ermessensausübung im Rahmen der gemeinschaftsrechtlich zulässigen Handlungszwecke bewegen würde. Wie bereits dargelegt, beschränkt sich der Regelungszweck der TEN-VO darauf, die technischen und infrastrukturellen Voraussetzungen für den freien Verkehr von Waren, Personen, Dienstleistungen und Kapital durch den Auf- und Ausbau transeuropäischer Netze zu schaffen bzw. zu verbessern. Dieses Ziel wird insbesondere durch die gemeinschaftliche Subventionierung entsprechender mitgliedstaatlicher Vorhaben gefördert. Demgegenüber zielt eine Sanktion gemäß Art. 228 Abs. 2 EG nicht speziell auf die Durchführung bestimmter Gemeinschaftspolitiken ab, sondern hat die Befolgung eines Vertragsverletzungsurteils gegen den betroffenen Mitgliedstaat im Auge, unabhängig davon, welchen Sachbereich des Gemeinschaftsrechts dieses Urteil betrifft. Zwar dient die Sanktion regelmäßig auch als Zwangsmittel, um den verurteilten Mitgliedstaat zur Abstellung des ursprünglichen Vertragsverstoßes zu bewegen; im Gegensatz zu den in Art. 13 Abs. 2 TEN-VO vorgesehenen Maßnahmen, zu denen auch die Aussetzung von Zahlungen zählt, wird die gemäß Art. 228 Abs. 2 EG verhängte Sanktion jedoch nicht völlig gegenstandslos, sobald der Mitgliedstaat den Vertragsverstoß abgestellt hat. Die bis dahin angefallenen Beträge sind von dem verurteilten Mitgliedstaat nichtsdestotrotz zu zahlen, so dass die Sanktion insofern eine sachliche und rechtliche Loslösung von ihrem ursprünglichen Gegenstand erfährt.

Die TEN-VO weist der Kommission die Aufgabe zu, die rechtmäßige Durchführung der bezuschussten Vorhaben zu überwachen und gegebenenfalls durch die Ergreifung von Sanktionsmaßnahmen gemäß Art. 13 Abs. 2 TEN-VO zu erzwingen. Diesem Ziel liefe es jedoch zuwider, wenn die Kommission stattdessen die fälligen Zahlungen hinauszögern würde, um ein Zwangsgeld bzw. einen Pauschalbetrag durchzusetzen. Statt die Durchführung der betreffenden Vorhaben zu gewährleisten, würde die Kommission diese zur Verfolgung sachfremder Ziele behindern. Zudem dürfen nach Art. 13 Abs. 2 TEN-VO die Zuschüsse zu einem Vorhaben nur solange zurückgehalten werden, wie dessen rechtmäßige Durchführung nicht gewährleistet ist. Trifft der betroffene Mitgliedstaat die hierfür erforderlichen Maßnahmen, muss die Kommission die Zahlungsunterbrechung selbst dann beenden, wenn der Mitgliedstaat eine noch ausstehende finanzielle Sanktion gemäß Art. 228 Abs. 2 EG, welche ihm in Folge seines Verstoßes gegen die Vorgaben der TEN-VO auferlegt wurde, nicht beglichen hat. Selbst wenn also ein Sachzusammenhang zwischen einer finanziellen Sanktion gemäß Art. 228 Abs. 2 EG und einem gemäß der TEN-VO subventionierten Vorhaben besteht, wäre eine Aussetzung weiterer Zuschüsse gemäß Art. 13 Abs. 2 TEN-VO als ermessensmissbräuchlich und damit gemeinschaftsrechtswidrig zu qualifizieren.

III. Zurückbehaltungsrecht als allgemeiner Rechtsgrundsatz

Fraglich ist, ob die Gemeinschaft Zahlungen an einen Mitgliedstaat auf der Grundlage allgemeiner Rechtsgrundsätze aussetzen kann. Zu denken ist dabei an eine Art allgemeines Zurückbehaltungsrecht, wie es etwa im deutschen Recht nach § 273 BGB vorgesehen ist. Sowohl in den kontinentaleuropäischen

Rechtsordnungen als auch im Common Law ist der Schuldner dazu berechtigt, seine Leistung unter bestimmten Voraussetzungen zurückzuhalten.[617] In Frankreich, Belgien, Luxemburg, Österreich, Spanien und Dänemark ist diese Regel zwar nicht gesetzlich verankert, jedoch von den Gerichten, basierend auf speziellen Normen und allgemeinen Rechtsprinzipien, als allgemeine Grundregel eingeführt worden.[618] In allen genannten Fällen knüpfen die bestehenden Regelungen jedoch in erster Linie an synallagmatische Verträge an. Ein allgemeines Zurückbehaltungsrecht wie dasjenige des § 273 BGB existiert in den anderen Rechtsordnungen in dieser Form nicht. Dies spricht dagegen, einen allgemeinen Rechtsgrundsatz zu begründen, welcher dem allgemeinen Zurückbehaltungsrecht des § 273 BGB entspricht. Wie bereits dargelegt, wäre es auch angesichts der unüberschaubaren Rechtsbeziehungen zwischen Gemeinschaft und Mitgliedstaaten willkürlich und der Effektivität des Gemeinschaftsrechts abträglich, Rechtsverstöße eines Mitgliedstaates zum Anknüpfungspunkt für die Zurückhaltung von Zahlungen zu machen, die innerhalb eines sachlich völlig eigenständigen Rechtsverhältnisses zu leisten sind. Dies widerspräche auch dem Prinzip der getrennten Mittelzuweisung an die Gemeinschaftsfonds. Auch können allgemeine Rechtsgrundsätze nur insofern eingreifen, als die jeweilige Materie nicht bereits durch geschriebene Normen abschließend geregelt ist. Insofern sind jedoch die in den Fonds-VOen enthaltenen Bestimmungen über die Aussetzung von Zahlungen im Rahmen der Finanzkontrolle als abschließende Regelungen zu betrachten, die durch den Rückgriff auf allgemeine Rechtsgrundsätze unterlaufen würden. Soweit ersichtlich, enthalten auch die Verordnungen aller sonstigen Finanzinstrumente Regelungen zur Aussetzung von Zahlungen im Rahmen der Finanzkontrolle, so dass hier das zu den Fonds-VOen Gesagte entsprechend gilt. Im Ergebnis ist folglich festzuhalten, dass ein allgemeines Zurückbehaltungsrecht keinen allgemeinen Rechtsgrundsatz des Gemeinschaftsrechts darstellt, auf dessen Grundlage die Kommission zur Durchsetzung einer finanziellen Sanktion Zahlungen an den sanktionierten Mitgliedstaat aussetzen könnte.

IV. Aussetzungsbefugnis kraft Aufrechnungsbefugnis?

Erwägenswert wäre es anzunehmen, dass eine Befugnis der Gemeinschaft zur Aussetzung von Zahlungen zumindest dort besteht, wo sie auch zur Aufrechnung berechtigt ist. Es könnte als qualitatives Minus gegenüber einer Aufrechnung mit Zahlungsverpflichtungen der Gemeinschaft anzusehen sein, wenn die Gemeinschaft die entsprechenden Beträge stattdessen bis zur Zahlungsbereitschaft des finanziell sanktionierten Mitgliedstaates zurückhielte. Ebenso könnte

[617] Vgl. *von Bar/Zimmermann*, Europäisches Vertragsrecht, S. 492 ff.
[618] *Von Bar/Zimmermann*, Europäisches Vertragsrecht, S. 492 f.

die Kommission die Aufrechnung nur androhen und dann bis zur Zahlung der finanziellen Sanktion durch den betroffenen Mitgliedstaat eigene Zahlungen an diesen aussetzen.

Gegen eine solche Vorgehensweise spricht jedoch, dass die Zurückhaltung von Zahlungen, wie bereits oben dargelegt, ihrer Natur nach ein andersartiger Rechtsbehelf ist als die Aufrechnung.[619] Der wesentliche Unterschied zwischen Aufrechnung und Zurückbehaltung liegt darin, dass die Aufrechnung primär Schuldtilgungsgeschäft ist, der Schuldner also ein Erfüllungssurrogat an den Gläubiger leistet, während sich der Schuldner im Falle der Zurückbehaltung zunächst rein passiv verhält, um auf diese Weise die Erfüllung seiner eigenen, gegenläufigen Forderung zu erzwingen. Während die Aufrechnung zur tatsächlichen Auszahlung des geschuldeten Betrages führt, stellt die Aussetzung ein Zwangsinstrument zur Durchsetzung der eigenen Forderung dar, so dass sie nicht als qualitatives Minus gegenüber der Aufrechnung angesehen werden kann. Durch eine Aussetzung von Zahlungen anstelle einer zulässigen Aufrechnung würde die Kommission folglich ihre Kompetenzen überschreiten, so dass aus einer Aufrechnungsbefugnis nicht a maiore ad minus auf eine Aussetzungsbefugnis geschlossen werden kann.

§ 4 Sanktionen gemäß Art. 7 EU

Eine ebenfalls in Betracht zu ziehende Möglichkeit zur Durchsetzung finanzieller Sanktionen gegen Mitgliedstaaten ist die Aussetzung von Vertragsrechten gemäß Art. 7 Abs. 3 EU. Art. 7 Abs. 2 EU sieht zunächst ein bestimmtes Verfahren vor, in dessen Rahmen der Rat einstimmig feststellen kann, dass eine schwerwiegende und anhaltende Verletzung der in Art. 6 Abs. 1 EU genannten Grundsätze durch einen Mitgliedstaat vorliegt. Dabei handelt es sich um die Grundsätze der Freiheit, der Demokratie, der Achtung der Menschenrechte und Grundfreiheiten sowie der Rechtsstaatlichkeit. Wurde die Feststellung gemäß Art. 7 Abs. 2 EU getroffen, dass ein Mitgliedstaat gegen einen oder mehrere dieser Grundsätze verstoßen hat, so kann der Rat, der in der Zusammensetzung der Staats- und Regierungschefs tagt, gemäß Art. 7 Abs. 3 EU mit qualifizierter Mehrheit beschließen, bestimmte vertragliche Rechte des vertragsbrüchigen Mitgliedstaates auszusetzen, etwa dessen Stimmrecht im Rat. Gemäß Art. 309 Abs. 1 und 2 EG gilt dies nicht nur für Vertragsrechte gemäß EU-Vertrag, sondern auch für solche, die sich aus dem EG-Vertrag ergeben.[620]

Aus der Formulierung „bestimmte Rechte" in Art. 7 Abs. 3 EU, 309 Abs. 2 EG ergibt sich zum einen, dass prinzipiell vertraglich zugesicherte Rechtspositi-

---

[619] *Gursky* in: Staudinger, Vorbem zu den §§ 387 ff. Rn. 11.

[620] Art. 204 EAG enthält eine entsprechende Regelung.

onen aller Art als Anknüpfungspunkt für einen Sanktionsbeschluss nach Art. 7 Abs. 3 EU in Betracht kommen, zum anderen, dass der Rat nicht die Suspendierung des gesamten EU- bzw. EG-Vertrags in Bezug auf einen Mitgliedstaat beschließen kann, sondern konkrete und begrenzte Rechte benennen muss.[621] Zu den Rechten, die gemäß Art. 7 Abs. 3 EU und Art. 309 Abs. 1 und 2 EG ausgesetzt werden können, zählen neben den Stimmrechten im Rat insbesondere auch Teilnahmerechte eines Mitgliedstaates, wie etwa Anwesenheits-, Rede- und Mitwirkungsrechte innerhalb bestimmter Gremien und Organe.[622] Auch eine Versagung von Finanzmitteln, welche dem Mitgliedstaat grundsätzlich zustehen, kommt in Betracht.[623]

Art. 7 Abs. 2 EU setzt voraus, dass eine schwerwiegende und anhaltende Verletzung der in Art. 6 Abs. 1 EU aufgeführten Grundsätze durch einen Mitgliedstaat vorliegt. Sofern eine finanzielle Sanktion gegen einen Mitgliedstaat auf die Verletzung von Grundfreiheiten des EG-Vertrages zurückgeht, scheint diesbezüglich ein Verstoß gegen ein in Art. 6 Abs. 1 EU genanntes Rechtsgut in Betracht zu kommen, da dort unter anderem von „Grundfreiheiten" die Rede ist. Tatsächlich sind hier aber nicht die Grundfreiheiten des EG-Vertrages gemeint, sondern vielmehr Individualrechte mit Grundrechtscharakter, die sowohl über die in diesem Zusammenhang genannten Menschenrechte als auch über die in Art. 6 Abs. 2 EU genannten Grundrechte, wie sie in der EMRK gewährleistet sind, hinausgehen.[624] Die Formulierung „Menschenrechte und Grundfreiheiten" ist ein feststehender Begriff, der sich auch im dritten Erwägungsgrund der Präambel des EU-Vertrages wiederfindet und der EMRK entstammt.[625] Die begriffliche Unterscheidung zwischen Menschenrechten und Grundfreiheiten ist historisch bedingt und geht auf die Annahme zurück, dass die Menschenrechte die Grundlage für die Entwicklung der Grundfreiheiten seien.[626] In dem Verstoß eines Mitgliedstaates gegen eine oder mehrere Grundfreiheiten des EG-Vertrages liegt folglich kein Verstoß gegen „Grundfreiheiten" i. S. v. Art. 6 Abs. 1 EU, so dass auf diesen Aspekt ein Sanktionsbeschluss gemäß Art. 7 Abs. 3 EU nicht gestützt werden kann.

Im Falle der Missachtung einer finanziellen Sanktion durch einen Mitgliedstaat vertritt *Heidig* die Auffassung, dass der Grundsatz der Rechtsstaatlichkeit, der ebenfalls zu den in Art. 6 Abs. 1 EU aufgeführten Rechtsgütern zählt, tan-

---

621 *Schorkopf*, Homogenität, S. 167.

622 Ebd., S. 167 ff.

623 *Hummer/ Obwexer*, EuZW 2000, 485 (488); *Monjal*, RMUE 1998, 69 (80 f. mit Fn. 37); *Schorkopf*, DVBl. 2000, 1032 (1040).

624 *Pechstein*, in: Streinz (Hrsg.), EUV/EGV, Art. 6 EU Rn. 6.

625 Vgl. *Beutler*, in: GTE, EGV/EUV, Art. F EUV Rn. 27; *Schorkopf*, Homogenität, S. 92.

626 Vgl. den Wortlaut des dritten und vierten Erwägungsgrundes der Präambel zur EMRK; dazu *Frowein*, in: Frowein/ Peukert (Hrsg.), EMRK, Präambel Rn. 3; *Schorkopf*, Homogenität, S. 92.

giert sei; das Rechtsstaatsprinzip umfasse die Pflicht aller an gerichtlichen Verfahren Beteiligten zur Befolgung der Urteile.[627] Der Begriff der Rechtsstaatlichkeit wurde als Sammelbegriff für die zentralen Bedingungen der Legalität staatlichen Handelns aus den Rechtsordnungen der Mitgliedstaaten in den EU-Vertrag übernommen.[628] Wesentliche Elemente des Rechtsstaatsprinzips sind die Grundsätze der Gesetzmäßigkeit der Verwaltung, der Bestimmtheit, der Rechtssicherheit, des Vertrauensschutzes sowie der Verhältnismäßigkeit[629], die allen mitgliedstaatlichen Rechtsordnungen gemeinsam sind und nach gefestigter Rechtsprechung des EuGH zu den allgemeinen Rechtsgrundsätzen des Gemeinschaftsrechts gehören.[630]

All diesen Grundsätzen ist allerdings gemein, dass sie ausschließlich Träger hoheitlicher Gewalt binden.[631] Es stellt sich hier deshalb die Frage, ob Handlungen eines Mitgliedstaates gegenüber der Gemeinschaft vom Grundsatz der Rechtsstaatlichkeit gemäß Art. 6 Abs. 1 EU überhaupt erfasst sind. Dies kann insofern zweifelhaft sein, als der einzelne Mitgliedstaat gegenüber der Gemeinschaft über keinerlei Hoheitsgewalt verfügt bzw. zu der Gemeinschaft nicht in einem vergleichbaren Verhältnis steht wie zu seinen Bürgern. Dies ergibt sich aus dem supranationalen Charakter der Gemeinschaft, welcher durch die Übertragung hoheitlicher Befugnisse von mitgliedstaatlicher Ebene auf die Gemeinschaftsebene gekennzeichnet ist.[632] Hierdurch ist es der Gemeinschaft nicht nur möglich, in Bereichen tätig zu werden, die ursprünglich dem Souveränitätsbereich der Mitgliedstaaten zuzurechnen waren. Vielmehr ist die Gemeinschaft in der Lage, Rechtshandlungen auch gegen den Willen einzelner oder unter Umständen sogar mehrerer Mitgliedstaaten vorzunehmen. Durch ihre Verbindlichkeit und ihren supranationalen Charakter sind diese Kompetenzen hoheitlichen Befugnissen vergleichbar. Demgegenüber enthält das Gemeinschaftsrecht keinerlei Normen, welche es den Mitgliedstaaten ermöglichen, einseitig von der Gemeinschaft qua Hoheitsakt ein bestimmtes Tun, Dulden oder Unterlassen zu fordern. Eine solche Forderung können die Mitgliedstaaten einzig und allein im Rahmen des gemeinschaftsrechtlichen Rechtsschutzsystems realisieren, für welches der EuGH und damit die Gemeinschaft selbst zuständig ist. Da die Mitgliedstaaten folglich gegenüber der Gemeinschaft nicht als Träger öffentlicher

[627] *Heidig*, Zwangsgelder, S. 189, der von einer *Verletzung* allerdings erst im Falle regelmäßiger Missachtung finanzieller Sanktionen ausgeht.

[628] *Pechstein*, in: Streinz (Hrsg.), EUV/EGV, Art. 6 EU Rn. 7; *Stumpf*, in: Schwarze (Hrsg.), EU-Kommentar, Art. 6 EU Rn. 14.

[629] Vgl. für das deutsche Verfassungsrecht *Jarass*, Grundgesetz, Art. 20 GG Rn. 28 ff.

[630] Vgl. *Schweitzer/ Hummer*, Europarecht, Rn. 791 sowie *Streinz*, Europarecht, Rn. 369, jeweils m. w. N.

[631] Vgl. aus der deutschen Literatur *Schulze-Fielitz*, in: Dreier (Hrsg.), GG, Art. 20 Rn. 207.

[632] Siehe oben S. 108.

Gewalt qualifiziert werden können, können sie insofern durch den Grundsatz der Rechtsstaatlichkeit nicht gebunden sein.

Eine finanzielle Sanktion der Gemeinschaft gegen einen Mitgliedstaat erschöpft sich in der gemeinschaftsrechtlichen Verpflichtung des betroffenen Mitgliedstaates, einen bestimmten Betrag an die Gemeinschaft zu zahlen. Folglich betrifft die Sanktion unmittelbar nur das Verhältnis zwischen der Gemeinschaft und dem Mitgliedstaat, nicht dagegen dasjenige zwischen dem Mitgliedstaat und den EU-Bürgern. Da folglich im Falle der Missachtung der Sanktion nach den obigen Ausführungen der Grundsatz der Rechtsstaatlichkeit nicht einschlägig ist, kann letzterer durch die Zahlungsverweigerung von vorneherein nicht verletzt sein. Anders könnte dies im Falle eines Vertragsverletzungsurteils zu beurteilen sein. Sofern sich die Vertragsverletzung, welche diesem Urteil zugrunde liegt, auf die innerstaatliche Umsetzung des Gemeinschaftsrechts durch den verurteilten Mitgliedstaat bezieht, handelt dieser nicht nur gegenüber der Gemeinschaft, sondern auch gegenüber seinen Bürgern rechtswidrig. Da in diesem Fall auch das Verhältnis zwischen Mitgliedstaat und EU-Bürgern betroffen ist, könnte in der Vertragsverletzung unter Umständen zugleich eine Verletzung des Grundsatzes der Rechtsstaatlichkeit liegen.

Selbst wenn in einem solchen Fall im Anschluss an das Vertragsverletzungsurteil ein Sanktionsurteil gemäß Art. 228 Abs. 2 EG erginge, so könnte ein etwaiger Beschluss gemäß Art. 7 Abs. 3 EU zur Aussetzung von Vertragsrechten nach den vorangegangenen Ausführungen ausschließlich an die ursprüngliche, aufrechterhaltene Vertragsverletzung anknüpfen, nicht dagegen an das anschließende Sanktionsurteil. Zur Durchsetzung des Sanktionsurteils wäre eine solche Maßnahme folglich nicht geeignet, so dass sie für die vorliegende Untersuchung außer Betracht bleibt. Festzuhalten ist, dass entgegen der Auffassung *Heidigs* der Grundsatz der Rechtsstaatlichkeit im Falle der Missachtung einer finanziellen Sanktion durch einen Mitgliedstaat nicht berührt ist, so dass schon insofern ein Beschluss gemäß Art. 7 Abs. 3 EU zur Durchsetzung der finanziellen Sanktion ausscheidet.

Selbst wenn man jedoch davon ausginge, dass der Grundsatz der Rechtsstaatlichkeit tangiert ist, kann von einer *schwerwiegenden und anhaltenden Verletzung* dieses Grundsatzes nur dann die Rede sein, wenn der betreffende Mitgliedstaat Sanktionsentscheidungen systematisch und über einen längeren Zeitraum missachtet[633]; in einer rechtsstaatlich verfassten Gemeinschaft kann es in Bezug auf die Befolgung verpflichtender Rechtsakte nur darauf ankommen, dass diese in den weit überwiegenden Fällen beachtet werden.[634] In der Nichtbeachtung einer finanziellen Sanktion der Gemeinschaft liegt jedoch noch keine systematische Missachtung des Gemeinschaftsrechts, so dass auch keine

[633] So auch *Heidig*, Zwangsgelder, S. 189 f.
[634] Vgl. *Heidig*, Zwangsgelder, S. 189.

schwerwiegende und anhaltende Verletzung des Grundsatzes der Rechtstaatlichkeit i. S. v. Art. 7 Abs. 2 EU. Eine Aussetzung von Vertragsrechten gemäß Art. 7 Abs. 3 EU zur Durchsetzung einer einzelnen finanziellen Sanktion gegen einen Mitgliedstaat kommt also auch insoweit nicht Betracht.

§ 5 Maßnahmen des allgemeinen Völkerrechts

Im Falle einer anhaltenden Vertragsverletzung durch einen Mitgliedstaat wird in der Literatur teilweise vertreten, nach Ausschöpfung aller vom Gemeinschaftsrecht zur Verfügung gestellten Verfahren und Instrumente komme als ultima ratio ein Rückgriff auf Maßnahmen des allgemeinen Völkerrechts in Betracht.[635] Unter allgemeinem Völkerrecht sind entsprechend den Regeln des Art. 38 des Statuts des Internationalen Gerichtshofes das Völkergewohnheitsrecht sowie die allgemeinen Rechtsgrundsätze des Völkerrechts zu verstehen.[636] Als mögliche Maßnahmen des allgemeinen Völkerrechts zur Durchsetzung einer gemeinschaftsrechtlichen Sanktion gegen einen Mitgliedstaat wären etwa die Retorsion, die Repressalie, die Einrede des nicht erfüllten Vertrages sowie die Vertragssuspendierung aufgrund einer erheblichen Vertragsverletzung gemäß Art. 60 Abs. 2 der Wiener Vertragsrechtskonvention (WVK) zu nennen. Die Retorsion ist eine rechtmäßige, jedoch „unfreundliche", die Interessensphäre eines anderen Staates berührende einseitige Reaktion auf dessen ebenfalls „unfreundliches" oder sogar völkerrechtswidriges Verhalten und damit die mildeste Form einer völkerrechtlichen Sanktion.[637] Demgegenüber beinhaltet die Repressalie Maßnahmen, die an sich völkerrechtswidrig, aber unter bestimmten Voraussetzungen zulässig sind.[638] Es handelt sich folglich um Rechtseingriffe eines in seinen völkerrechtlichen Rechtsgütern verletzten Staates in einzelne Rechtspositionen des Verletzerstaates, mit dem Ziel, diesen zur Wiedergutmachung des Unrechts zu bewegen.[639]

Der zu erwägende Rückgriff auf Zwangsmittel des Völkerrechts zur Durchsetzung finanzieller Sanktionen berührt die kontrovers diskutierte Frage nach der allgemeinen Geltung völkerrechtlicher Regeln innerhalb der Gemeinschafts-

---

635 Vgl. *Bleckmann*, Europarecht, Rn. 827; *Karpenstein/ Karpenstein*, in: Grabitz/ Hilf (Hrsg.), EUV/EGV, Art. 228 Rn. 47; *Jakob*, Sanktionen, S. 126 ff.; *Oppermann*, Europarecht, Rn. 599, 689; aus dem älteren Schrifttum *Bleckmann*, RIW 1978, 91 (93 f.); Däubler, NJW 1968, 325 (331).

636 *Schwarze*, EuR 1983, 1 (3).

637 *Ipsen*, Völkerrecht, § 59 Rn. 44.

638 *Ipsen*, Völkerrecht, § 59 Rn. 45.

639 *Ders.*, ebd.

rechtsordnung, die Gegenstand grundsätzlicher Überlegungen ist.[640] Für die vorliegende Untersuchung bedarf jedoch ausschließlich die Frage des Einsatzes völkerrechtlicher Zwangsmittel innerhalb der Gemeinschaft einer näheren Untersuchung. Dabei ist zunächst zwischen völkerrechtlichen Zwangsmaßnahmen seitens der Gemeinschaft und solchen seitens eines anderen Mitgliedstaates zu differenzieren. Wenn auch die Gemeinschaft gemäß Art. 281 EG als Völkerrechtssubjekt grundsätzlich völkerrechtlich handlungsfähig ist, so ergeben sich ihre Befugnisse in Übereinstimmung mit dem bereits mehrfach genannten Prinzip der begrenzten Einzelermächtigung ausschließlich aus den Gründungsverträgen bzw. aus dem hieraus abgeleiteten Sekundärrecht. Dies entspricht auch der völkerrechtlichen Sichtweise, welche die Befugnisse internationaler Organisationen unabhängig von deren grundsätzlicher Völkerrechtssubjektivität auf die in den Gründungsverträgen enthaltenen Zuweisungsakte der Gründerstaaten beschränkt.[641] Als Konsequenz dieser abgeleiteten Handlungsfähigkeit ist es der Gemeinschaft in jedem Fall untersagt, gegenüber einem Mitgliedstaat einseitig auf völkerrechtliche Sanktionsinstrumente zurückzugreifen, da der EG-Vertrag eine derartige Sanktionskompetenz nicht einräumt. Dagegen werden derartige Maßnahmen seitens der Mitgliedstaaten von einem Teil der Literatur für möglich gehalten, wenn sich ein anderer Mitgliedstaat einem (Vertragsverletzungs-) Urteil des EuGH nicht beugen will und alle gemeinschaftsrechtlichen Möglichkeiten zur Durchsetzung des Urteils (politischer Druck, Erörterung im Rat, Verhängung einer finanziellen Sanktion gemäß Art. 228 Abs. 2 EG) ausgeschöpft wurden.[642] Dies ist in Übereinstimmung mit der Rechtsprechung des EuGH und der in der Literatur vorherrschenden Auffassung, nach welcher die Gemeinschaftsrechtsordnung den Rückgriff auf völkerrechtliche Sanktionsformen versperrt, abzulehnen.[643]

---

[640] Einen Überblick über die vertretenen Ansichten geben *Schwarze,* EuR 1983, 1 ff. und *Schweitzer/ Hummer,* Europarecht, Rn. 74 ff.

[641] *Nöll,* Völkerrechtssubjektivität, S. 138 m. w. N.

[642] *Jakob,* Sanktionen, S. 126 ff.; *Karpenstein/ Karpenstein,* in: Grabitz/ Hilf (Hrsg.), EUV/EGV, Art. 228 Rn. 47; *Oppermann,* Europarecht, Rn. 599.

[643] *Gaitanides,* in: Groeben/ Schwarze (Hrsg.), EUV/EGV, Art. 228 EG Rn. 25; *Ehricke,* in: Streinz (Hrsg.), EUV/EGV, Art. 228 EG Rn. 14; *Everling,* EuR 1983, 101 (120); *ders.,* Mosler-FS, 173 (182); *Heidig,* Zwangsgelder, S. 191; *Ipsen,* EuGH, S. 29 (56); *Karl,* RIW 1991, 745 (746); *Krück,* in: GTE, Art. 171 EGV Rn. 15; *Ortlepp,* Vertragsverletzungsverfahren, S. 156 ff.; *Schwarze,* EuR 1983, 1 (22); *ders.,* in: Schwarze (Hrsg.), EU-Kommentar, Art. 228 EG Rn. 12; *Steinhauer,* Auslegung, S. 240 ff.; *Teske,* EuR 1992, 265 (266 f.); a. A. *Bleckmann,* Europarecht, Rn. 827; *Karpenstein/ Karpenstein,* in: Grabitz/ Hilf (Hrsg.), EUV/EGV, Art. 228 Rn. 47; *Jakob,* Sanktionen, S. 126 ff.; *Oppermann,* Europarecht, Rn. 599, 689; *Koenig/ Pechstein,* Europäische Union, Rn. 464; Däubler, NJW 1968, 325 (331), die einen Rückgriff auf völkerrechtliche Sanktionen als ultima ratio nicht ausschließen wollen.

Bezeichnete der *EuGH* das Recht der damaligen Europäischen Wirtschaftsgemeinschaft in der Rechtssache „van Gend & Loos“ noch als „neue Rechtsordnung des Völkerrechts“[644], so betont er seit seiner Entscheidung Costa/ENEL in ständiger Rechtsprechung die Supranationalität der Gemeinschaft und den hieraus folgenden Charakter des Gemeinschaftsrechts als eigenständige Rechtsordnung, die einen Rückgriff auf andersgeartete Ordnungsprinzipien, wie sie das Völkerrecht vorsieht, nicht erlaubt.[645] Dieser Grundsatz wurde in einer ebenfalls frühen Entscheidung dahingehend präzisiert, dass einseitige Maßnahmen eines Mitgliedstaates als Reaktion auf das vertragswidrige Verhalten eines anderen Mitgliedstaates als mit dem Gemeinschaftsrecht unvereinbar anzusehen sind.[646] Seit dieser Entscheidung gehört es zur gefestigten Rechtsprechung des EuGH, dass den Mitgliedstaaten der Rückgriff auf Maßnahmen des Völkerrechts zur Sanktionierung von Vertragsverstößen eines anderen Mitgliedstaates verwehrt ist.[647] Dieses Ergebnis rechtfertigt sich durch das in den Art. 220 ff. EG normierte, umfassend ausdifferenzierte und insofern als abschließend anzusehende Rechtsschutz- und Streitschlichtungssystem.[648] Schon Art. 220 EG weist die Sicherung der Wahrung des Gemeinschaftsrechts dem EuGH zu. Vervollständigt wird diese Regelung durch Art. 292 EG, welcher die Mitgliedstaaten dazu verpflichtet, Streitigkeiten über die Auslegung oder Anwendung des EG-Vertrages nicht anders als dort vorgesehen zu regeln.[649]

Auch die Literatur folgt überwiegend diesem Ansatz.[650] So spricht etwa *Ipsen* von einer „Emanzipation“ des Gemeinschaftsrechts vom Völkerrecht.[651] Diese Loslösung kommt insbesondere in den Rechtsinstituten des Vorrangs sowie der unmittelbaren Anwendbarkeit des Gemeinschaftsrechts zum Aus-

---

644 *EuGH,* Slg. 1963, 3 (25), Rs. 26/62 – van Gend & Loos.

645 *EuGH,* Slg. 1964, 1251 (1269), Rs. 4/64 – Costa / ENEL; Slg. 1964, 1331 (1344), verb. Rs. 90 und 91/63 – Kommission/Luxemburg und Belgien; Slg. 1969, 1 (Rn. 6), Rs. 14/68 – Walt Wilhelm; Slg. 1976, 277 (Rn. 11/13), Rs. 52/75 – Kommission/Italien.

646 *EuGH,* Slg. 1964, 1321 (1344), verb. Rs. 90 u. 91/63 – Kommission/ Luxemburg & Belgien.

647 *EuGH,* Slg. 1971, 1003 (1020 f.), Rs. 7/71 – Kommission / Frankreich; Slg. 1979, 2729 (2739), Rs. 232/78 – Kommission / Frankreich; Slg. 1996, I-2553 (2611), Rs. C-5/94 – The Queen/ MAFF (Ireland).

648 Vgl. *Hermann,* in: Streinz (Hrsg.), EUV/EGV, Art. 292 Rn. 1; *Härtel,* EuR 2001, 617 (628).

649 Vgl. hierzu *Schorkopf,* Homogenität, S. 116.

650 *Schwarze,* EuR 1983, 1 (19 ff.); *ders.,* in: Schwarze (Hrsg.), EU-Kommentar, Art. 228 EG Rn. 12; *Ortlepp,* Vertragsverletzungsverfahren, S. 156 ff; *Härtel,* EuR 2001, 617 (627 f.); *Heidig,* Zwangsgelder, S. 191 ff.; *Ipsen,* EuGH, S. 29 (40 f.); *Everling,* RIW 1992, 379 (381); *Karl,* RIW 1991, 745 (746); *Teske,* EuR 1992, 265 (266 f.); *Steinhauer,* Auslegung, S. 240 ff.

651 *Ipsen,* EuGH, S. 29 (56).

druck.[652] Die vergleichsweise urtümlichen Selbsthilfe- und Vergeltungsinstrumente des Völkerrechts sind dagegen weder mit der besonderen Struktur des gemeinschaftsrechtlichen Rechtsschutzsystems noch mit der integrationspolitischen Zielsetzung des EG-Vertrages insgesamt in Einklang zu bringen.[653] Vielmehr würde der Rückgriff auf völkerrechtliche Sanktionsinstrumente das eigenständige, vom EWG-Vertrag geschaffene und durch die Rechtsprechung des EuGH weiterentwickelte Rechtsschutzsystem der Gemeinschaft stark in Frage stellen.[654] Mangels einer autonomen Kontrollinstanz wäre nicht die Durchsetzung des Rechts, sondern Machtmissbrauch durch den Stärkeren die unausweichliche Folge.[655] Zu bedenken ist ferner, dass das Gemeinschaftsrecht den EU-Bürgern individuelle und von den Mitgliedstaaten unabhängige Rechte verliehen hat.[656] Würde sich ein Mitgliedstaat etwa im Wege der Repressalie selbst sein „Recht“ verschaffen, so würde er damit zugleich die individuellen Rechte der in dem sanktionierten Mitgliedstaat lebenden Bürger treffen.[657]

In Übereinstimmung mit der Rechtsprechung des EuGH und der herrschenden Lehre ist daher der Rückgriff auf Maßnahmen des allgemeinen Völkerrechts zur Durchsetzung einer finanziellen Sanktion des Gemeinschaftsrechts gegen einen Mitgliedstaat als unzulässig abzulehnen.

---

652 *Schorkopf,* Homogenität, S. 115.
653 Vgl. *Everling,* Mosler-FS, S. 173 (182).
654 *Ortlepp,* Vertragsverletzungsverfahren, S. 160.
655 *Ortlepp,* Vertragsverletzungsverfahren, S. 160.
656 *Everling,* Mosler-FS, S. 173 (182).
657 *Everling,* Mosler-FS, S. 173 (182); *Schwarze,* EuR 1983, 1 (23).

Teil 3: Zusammenfassung

§ 1 Ergebnisse

1. Die Zwangsvollstreckung gegen einen Mitgliedstaat aus einem Urteil gemäß Art. 228 Abs. 2 EG ist grundsätzlich zulässig. Das Vollstreckungsverfahren richtet sich nach nationalem Recht in Verbindung mit Art. 256 Abs. 2 bis 4 EG. Eine Vollstreckung finanzieller Sanktionen gemäß Art. 104 Abs. 11 EG ist wegen Art. 256 Abs. 1 EG ausgeschlossen.
2. Eine Aussetzung bzw. Zurückhaltung von Zahlungen, welche die Gemeinschaft dem sanktionierten Mitgliedstaat etwa im Rahmen von strukturpolitischen Maßnahmen schuldet, kommt mangels einer gemeinschaftsrechtlichen Rechtsgrundlage nicht in Betracht.
3. Auch eine Aussetzung von Vertragsrechten des zahlungsunwilligen Mitgliedstaates auf der Grundlage von Art. 7 EU scheidet aus. Die tatbestandlichen Voraussetzungen sind im Falle der Zahlungsverweigerung durch einen finanziell sanktionierten Mitgliedstaat nicht gegeben.
4. Zulässig und möglich ist es dagegen, die Gemeinschaftsforderung im Wege der Aufrechnung einzuziehen. Der Rechtsgedanke, wonach gegenseitige Forderungen unter bestimmten Voraussetzungen gegeneinander aufgerechnet werden können, ist allen mitgliedstaatlichen Rechtsordnungen gemeinsam, so dass er als allgemeiner Rechtsgrundsatz auch auf gemeinschaftsrechtlicher Ebene zur Anwendung gelangt.
5. Darüber hinaus bietet Art. 73 Abs. 1 S. 2 HO-EG mittlerweile auch eine geschriebene Rechtsgrundlage für eine Aufrechnung der Gemeinschaft. Die unterschiedlichen Sprachfassungen dieser Regelung weisen einige Ungereimtheiten auf, die jedoch im Wege einer teleologisch-harmonisierenden Auslegung unter Berücksichtigung allgemeiner Rechtsgrundsätze aufgelöst werden können. Nach dieser Auslegung setzt eine Aufrechnung gemäß Art. 73 Abs. 1 S. 2 HO-EG voraus, dass die anspruchsbegründenden Tatsachen von Haupt- und Gegenforderung bewiesen, unbestreitbar oder jedenfalls unbestritten sind, es sich beiderseits um Geldforderungen in konkret bezifferter oder bezifferbarer Höhe handelt und beide Forderungen fällig, einrede- und bedingungsfrei sind.

6. Als Ansatzpunkt für eine Aufrechnung bieten sich die vielfältigen Zahlungsverpflichtungen der Gemeinschaft an, welche sich im Rahmen der Finanzierung der Gemeinschaftspolitiken ergeben können. Auf Grund ihres großen Anteils am Haushaltsvolumen kommen hier insbesondere Zahlungsverpflichtungen im Rahmen der Durchführung der gemeinsamen Agrarpolitik sowie im Bereich strukturpolitischer Maßnahmen in Betracht, da diese aus den großen Gemeinschaftsfonds EAGFL-Garantie, EAGFL-Ausrichtung, ESF, EFRE und FIAF beglichen werden.

7. Wenngleich die Aufrechnung grundsätzlich zulässig ist, sind ihr von Seiten des Gemeinschaftsrechts gewisse Grenzen gesetzt. So gebietet es etwa der Grundsatz der Verhältnismäßigkeit, die Aufrechnung nicht prophylaktisch, sondern nur als ultima ratio einzusetzen, da sie bei dem betroffenen Mitgliedstaat zu haushaltsrechtlichen Komplikationen führen kann. Ein weiteres Aufrechnungsverbot kann sich im Einzelfall bei Zahlungsverpflichtungen der Gemeinschaft ergeben, für welche die Aufrechnung durch Vereinbarung oder durch einseitige Verzichtserklärung der Gemeinschaft ausgeschlossen wurde. Ein Verbot der Aufrechnung kann sich dagegen nicht aus dem Grundsatz des Vertrauensschutzes ergeben, welcher im Falle der Aufrechnung nicht eingreift.

8. Weitere in Betracht zu ziehende Aufrechnungsverbote greifen insbesondere deshalb nicht ein, weil die Aufrechnung rechtlich keine Zurückhaltung der geschuldeten Leistung bedeutet, sondern dem realen Leistungsaustausch gleichzusetzen ist. Aus diesem Grund kann etwa eine Aufrechnung mit Zahlungsverpflichtungen der Gemeinschaft im Rahmen gemeinschaftlich subventionierter Förderprojekte deren Durchführung nicht gefährden, so dass sich diesbezüglich kein Aufrechnungsverbot ergibt. Daneben stehen Regelungen, die eine ungeschmälerte Auszahlung der Fondsmittel verlangen, der Aufrechnung ebenso wenig entgegen wie die sekundärrechtlichen Finanzkorrekturregelungen im Bereich der Strukturfonds.

9. Eine Aufrechnung ist auch dann nicht unzulässig, wenn wie im Anwendungsbereich der Strukturfonds-VO die Zahlungen der Gemeinschaft unmittelbar an mitgliedstaatliche Zahlstellen erfolgen und diese nationalrechtlich eigenständigen Gebietskörperschaften angehören (z. B. Zahlstellen der Länder in Deutschland). Gläubiger der Gemeinschaftszahlung ist stets der Mitgliedstaat selbst, in dessen Namen die jeweilige Zahlstelle die Zahlungen in Empfang nimmt. Durch eine Aufrechnung gilt die Zahlung der beiderseitigen Forderungen als erfolgt. Da der Mitgliedstaat zur Durchführung der Gemeinschaftspolitiken im Allgemeinen und dem von der Aufrechnung betroffenen Förderprojekt im Besonderen vollumfänglich verpflichtet bleibt, muss er das Defizit an liquiden Mitteln, welches im Falle einer Aufrechnung bei

einer seiner Zahlstellen auftreten kann, aus seinen eigenen Haushaltsmitteln ausgleichen.

§ 2 Bewertung und Ausblick

Wenngleich die Zwangsvollstreckung gegen Mitgliedstaaten gemeinschaftsrechtlich zulässig ist, so ist ihre Durchführung doch mit rechtlichen, politischen und tatsächlichen Erschwernissen verbunden, welche sie zur Einziehung finanzieller Sanktionsforderungen als wenig vielversprechend erscheinen lässt. So mangelt es der Gemeinschaft insbesondere an einem eigenen Vollstreckungsapparat, weshalb der EG-Vertrag eine Zwangsvollstreckung nach nationalem Recht durch die nationalen Vollstreckungsbehörden vorsieht. Der betroffene und ohnehin schon zahlungsunwillige Mitgliedstaat muss also der Gemeinschaft bei der Zwangsvollstreckung durch seine eigenen Behörden zur Hand gehen und damit praktisch gegen sich selbst vollstrecken. Auch dürfte eine Zwangsvollstreckung in der öffentlichen Wahrnehmung als besonders empfindlicher Eingriff in die mitgliedstaatliche Souveränität empfunden werden und könnte daher unter rechtspolitischen Gesichtspunkten mehr Schaden als Nutzen bringen.

Demgegenüber verfügt die Gemeinschaft mit der Aufrechnung über ein hocheffektives Instrument zur Einziehung ihrer Forderungen. Da die Einziehung ohne Mitwirkung des betroffenen Mitgliedstaates erfolgen kann, reicht unter Umständen schon ihre bloße Androhung aus, um den Mitgliedstaat zum Einlenken und zur selbständigen Zahlung bewegen. Auch dürfte es rechtspolitisch von Vorteil sein, dass die Aufrechnung einen erheblich weniger invasiven Charakter besitzt als eine Zwangsvollstreckung.

Festzuhalten bleibt aber, dass die Regelung des Art. 73 Abs. 1 S. 2 HO-EG, welche die Rechtsgrundlage für eine Aufrechnung der Gemeinschaft liefert, erheblich überarbeitungsbedürftig ist. Dringend beseitigt werden müssen die Unstimmigkeiten in den verschiedenen Sprachfassungen, die in der praktischen Anwendung der Vorschrift noch für erhebliche Schwierigkeiten sorgen dürften. Auch sollten die Aufrechnungsverbote aus Gründen der Rechtsklarheit und der Rechtssicherheit eindeutig geregelt werden.

Literaturverzeichnis

A

Albin, Silke, Die Vollzugskontrolle des europäischen Umweltrechts, Berlin 1999 (zit.: Albin, Vollzugskontrolle)

Albin, Silke, Zwangsgelder, Mittelkürzung und Umweltinspektionen – Neueste Entwicklungen bei der Vollzugskontrolle von EG-Umweltrecht, DVBl. 2000, 1483 ff.

Appel, Ivo, Sanktionen als Mittel zur Durchsetzung des Gemeinschaftsrechts, DVBl. 1995, 280 ff.

B

Bar, Christian von/ Zimmermann, Reinhard (Hrsg.), Grundregeln des Europäischen Vertragsrechts, Teil III, München 2005 (zit.: von Bar/ Zimmermann, Europäisches Vertragsrecht)

Baumhof, Angelika, Die Beweislast im Verfahren vor dem Europäischen Gerichtshof, Baden-Baden 1996 (zit.: Baumhof, Beweislast)

Basse, Hermann, Das Verhältnis zwischen der Gerichtsbarkeit des Gerichtshofes der Europäischen Gemeinschaften und der deutschen Zivilgerichtsbarkeit, Berlin 1967 (zit.: Basse, Gerichtsbarkeit)

Berié, Hermann/ Miller, Rudolf, Gemeinsamer Markt und Euratom, 2. Auflage, Herne 1959 (zit.: Berié/ Miller, Gemeinsamer Markt)

Bieber, Roland/ Epiney, Astrid/ Haag, Marcel, Die Europäische Union, 6. Auflage, Baden-Baden 2005 (zit.: Bieber/ Epiney/ Haag, Europäische Union)

Bieber, Roland, Verfassungsentwicklung in der Europäischen Gemeinschaft, in: Schwarze, Jürgen/ Bieber, Roland (Hrsg.), Eine Verfassung für Europa, Baden-Baden 1984, S. 49 ff. (zit.: Bieber, Verfassungsentwicklung)

Bieber, Roland, Die Ausgaben der Europäischen Gemeinschaften, EuR 1982, 115 ff.

Binia, Cornelia, Das Francovich-Urteil des Europäischen Gerichtshofes im Kontext des deutschen Staatshaftungsrechts, Frankfurt am Main 1998 (zit.: Binia, Francovich-Urteil)

Bleckmann, Albert, Europarecht, 6. Auflage, Köln 1997 (zit.: Bleckmann, Europarecht

Bleckmann, Albert, Zwangsmittel im Gemeinsamen Markt?, RIW 1978, 91 ff.

Blumenwitz, Dieter/ Schöbener, Burkhard, Stabilitätspakt für Europa, Frankfurt a.M. 1997 (zit.: Blumenwitz/ Schöbener, Stabilitätspakt)

Bohl, Elke, Anmerkung zu EuGH, Slg. 1998, I-5449 ff., Rs. C-191/95 – Kommission / Deutschland, EuZW 1998, 762 f.

Böhm, Monika, § 12 - Haftung, in: Schulze, Reiner/ Zuleeg, Manfred (Hrsg.), Europarecht – Handbuch für die deutsche Rechtspraxis, Baden-Baden 2006, S. 402 ff. (zit.: Böhm, Gemeinschaftsrechtliche Staatshaftung)

Böhm, Monika, Haftung bei Verletzung des Gemeinschaftsrechts im Verhältnis von Bund und Ländern, in: Magiera, Siegfried/ Sommermann, Karl-Peter (Hrsg.), Verwaltung und Governance im Mehrebenensystem der Europäischen Union, Berlin 2002, S. 89 ff. (zit.: Böhm, Haftung)

Böhm, Monika, Der Bund-Länder-Regress nach Verhängung von Zwangsgeldern durch den EuGH, JZ 2000, 382 ff.

Bötticher, Eduard, Die „Selbstexekution" im Wege der Aufrechnung und die Sicherheitsfunktion des Aufrechnungsrechts, in: Fasching, Hans/ Kralik, Winfried (Hrsg.), Festschrift für Hans Schima, Wien 1969, S. 95 ff.; zit.; Bötticher, Schima-FS)

Bonnie, Anne, Commission Discretion under Article 171(2) E.C., ELRev 23 (1998), 537 ff.

Bucher, Eugen, Kompensation im Prozess: Zurück zum materiellen Recht, in: Schütze, Rolf (Hrsg.), Einheit und Vielfalt des Rechts, Festschrift für Reinhold Geimer zum 65. Geburtstag, München 2002, S. 97 ff. (zit.: Bucher, Geimer-FS)

Burmester, Marion, Die Verrechnung von Steuerforderungen, Berlin 1977 (zit.: Burmester, Verrechnung)

Busse, Christian, Die Verteilung von EU-Finanzmitteln auf die deutschen Bundesländer, DÖV 2004, 93 ff.

C

Calliess, Christian/Ruffert, Matthias (Hrsg.), Kommentar zu EU-Vertrag und EG-Vertrag, 2. Auflage, Neuwied 2002 (zit.: Bearbeiter, in: Calliess/ Ruffert, EUV/EGV)

Candela Castillo, José/ Mongin, Bernard, Les infractions au droit communautaire commises par les États membres, RMC 1996, 51 ff.

Candela Castillo, José/ Mongin, Bernard, La loi européenne, désormais mieux protégée, RMUE 1997, 9 ff.

Carl, Dieter, Europäische Integration und bundesstaatlicher Finanzausgleich, NVwZ 1994, 947 ff.

Carstens, Karl, Die Errichtung des gemeinsamen Marktes in der Europäischen Wirtschaftsgemeinschaft, Atomgemeinschaft und Gemeinschaft für Kohle und Stahl, ZaöRVR 18 (1957/58), 459 ff.

Cian, Giorgio, Hundert Jahre BGB aus italienischer Sicht, ZEuP 1998, 215 ff.

Cian, Giorgio/ Trabucchi, Alberto, Commentario breve al Codice Civile, 5. Auflage, Mailand 1997 (zit.: Cian/ Trabucchi, Codice Civile)

Constantinesco, Léontin-Jean, Das Recht der Europäischen Gemeinschaften, Band I, Das institutionelle Recht, Tübingen 1977 (zit.: Constantinesco, Recht der EG)

Constantinesco, Vlad/ Kovar, Robert/ Simon, Denys (Hrsg.), Traité sur l'Union Européenne, Kommentar, Paris 1995 (zit. : Bearbeiter, in: TUE)

Cornils, Matthias, Der gemeinschaftsrechtliche Staatshaftungsanspruch, Baden-Baden 1995 (zit.: Cornils, Staatshaftungsanspruch)

D

Daig, Hans-Wolfram, Die Gerichtsbarkeit in der Europäischen Wirtschaftsgemeinschaft und der Europäischen Atomgemeinschaft, in: AöR 83 (1958), 132 ff.

Dashwood, Alan/ White, Robin, Enforcement Actions under Articles 169 an 170 EEV, ELRev 1989, 388 ff.

Däubler, Wolfgang, Die Klage der EWG-Kommission gegen einen Mitgliedstaat, NJW 1968, 325 ff.

Dauses, Manfred (Hrsg.), Handbuch des EU-Wirtschaftsrechts (Loseblattsammlung), Stand: 14. Ergänzungslieferung, November 2004, München (zit.: Bearbeiter, in: Dauses, EU-Wirtschaftsrecht)

Derham, Rory, Set-Off, 2. Auflage, Oxford 1996

Detterbeck, Steffen, Grundfragen der Aufrechnung im Verwaltungsprozess, DÖV 1996, 889 ff.

Devroe, Wouter/ Wouters, Jan, De Europese Unie, Leuven 1996

Diez-Hochleitner, Javier, Le traité de Maastricht et l'inexécution des arrêts de la Cour de justice par les Etats membres, RMUE 1994, 111 ff.

Dreier, Horst (Hrsg.), Grundgesetz, Kommentar, Band II : Artikel 20 – 82, Tübingen 1998; Band III: Artikel 83 – 146, Tübingen 2000 (zit.: Bearbeiter, in: Dreier (Hrsg.), Grundgesetz)

E

Ebke, Werner, Les techniques contentieuses d'application du droit des Communautés Européennes, RTDE 1986, 207 ff.

Ehle, Dietrich, Klage- und Prozessrecht des EWG-Vertrages, Loseblattsammlung (Grundwerk), Berlin 1966 (zit.: Ehle, EWG-Prozessrecht)

Ehlermann, Claus-Dieter, Ein Plädoyer für die dezentrale Kontrolle der Anwendung des Gemeinschaftsrechts durch die Mitgliedstaaten, in: Capotorti u.a. (Hrsg.), Du droit international au droit de l'intégration – Liber amicorum Pierre Pescatore, Baden-Baden 1987, S. 205 ff. (zit.: Ehlermann, Pescatore-FS)

Ehlermann, Claus-Dieter, Die Verfolgung von Vertragsverletzungsverfahren der Mitgliedstaaten durch die Kommission, in: Grewe, Wilhelm/ Rupp, Hans/ Schneider, Hans (Hrsg.), Europäische Gerichtsbarkeit und nationale Verfassungsgerichtsbarkeit, Festschrift zum 70. Geburtstag von Hans Kutscher, Baden-Baden 1981, S. 235 ff. (zit.: Ehlermann, Kutscher-FS)

Ehlers, Dirk, Die Aufrechnung im öffentlichen Recht, JuS 1990, 777 ff.

Eujen, Heiko, Die Aufrechnung im internationalen Verkehr zwischen Deutschland, Frankreich und England, Frankfurt a.M. 1975 (zit.: Eujen, Aufrechnung)

Europäische Kommission, Gesamtbericht über die Tätigkeit der Europäischen Union 2004, Brüssel 2005 (zit.: Europäische Kommission, Gesamtbericht 2004)

Everling, Ulrich, Umsetzung von Umweltrichtlinien durch normkonkretisierende Verwaltungsanweisungen, RIW 1992, 379 ff.

Everling, Ulrich, Sind die Mitgliedstaaten der Europäischen Gemeinschaft noch Herren der Verträge?, in: Bernhardt, Rudolph u.a. (Hrsg.), Völkerrecht als Rechtsordnung. Internationale Gerichtsbarkeit. Menschenrechte. Festschrift für Hermann Mosler, Berlin 1983, S. 173 ff. (zit.: Everling, Mosler-FS)

Everling, Ulrich, Die Mitgliedstaaten der Europäischen Gemeinschaft vor ihrem Gerichtshof, EuR 1983, 101 ff.

F

Fikentscher, Wolfgang, Schuldrecht, 9. Auflage, Berlin 1997, § 39 Rn. 284/292

Frowein, Jochen/ Peukert, Wolfgang (Hrsg.), Europäische Menschenrechtskonvention, Kommentar, 2. Auflage, Kehl am Rhein 1996 (zit.: Bearbeiter, in: Frowein/ Peukert (Hrsg.), EMRK)

Furrer, Andreas/ Epiney, Astrid, Staatliche Haftung für quantifizierbare Wettbewerbsnachteile aus nicht umgesetzten Richtlinien, JZ 1995, 1025 ff.

G

Ganshof van der Meersch, Walter Jean (Hrsg.), Les novelles: droit des Communautés Européennes, Brüssel 1969; (zit.: Bearbeiter, in: Ganshof van der Meersch (Hrsg.), Droit des C.E.)

Gautier, Yves, Institutions communautaires – Principe de bonne gestion financière – Principe d'efficacité du droit communautaire – Compensation entre dettes et créances (Urteilsanmerkung zur Entscheidung des EuG Slg. 2000, S. II-4099 ff., Rs. T-105/99 – CCRE), JDI 1993, 596 ff.

Gedschold, Thomas, Zwangsgelder gemäß Artikel 228 Absatz 2 AGV und die bundesstaatliche Ordnung der Bundesrepublik Deutschland, Berlin 2000 (zit.: Gedschold, Zwangsgelder)

Geiger, Rudolf, EUV/EGV, Kommentar, 3. Auflage, München 2000

Grabitz, Eberhard/ Hilf, Meinhard (Hrsg.), Das Recht der Europäischen Union, Altband I: EUV, Art. 1-136a EGV (Maastrichter Fassung), München 2000 (zit.: Bearbeiter, in: Grabitz/ Hilf (Hrsg.), EUV/EGV, Altband I)

Grabitz, Eberhard/Hilf, Meinhard (Hrsg.), Das Recht der Europäischen Union, Altband II: Art. 137-248 EGV (Maastrichter Fassung), EWGV (Römische Fassung), München 2000 (zit.: Bearbeiter, in: Grabitz/ Hilf (Hrsg.), EUV/EGV, Altband II)

Grabitz, Eberhard/Hilf, Meinhard (Hrsg.), Das Recht der Europäischen Union, Kommentar (Loseblattsammlung), Stand: 25. Ergänzungslieferung, Januar 2005, München, (zit.: Bearbeiter, in: Grabitz/ Hilf (Hrsg.), EUV/EGV)

Groeben, Hans von der/ Boeckh, Hans von/ Thiesing, Jochen/ Ehlermann, Claus-Dieter (Hrsg.), Kommentar zum EWG-Vertrag, 3. Auflage, Baden-Baden 1983 (zit.: Bearbeiter, in: GBTE)

Groeben, Hans von der/ Thiesing, Jochen/ Ehlermann, Claus-Dieter (Hrsg.), Kommentar zum EU-/EG-Vertrag, 5. Auflage, Baden-Baden 1997 (zit.: Bearbeiter, in: GTE)

Groeben, Hans von der/ Schwarze, Jürgen (Hrsg.), Kommentar zum Vertrag über die Europäische Union und zur Gründung der Europäischen Gemeinschaft, Band 4: Art. 189 – 314 EGV, 6. Auflage, Baden-Baden 2003, zit.: Bearbeiter, in: Groeben/ Schwarze (Hrsg.), EUV/EGV)

Gschnitzer, Franz, Österreichisches Schuldrecht, Allgemeiner Teil, 2. Auflage, Wien 1985 (zit.: Gschnitzer, Österreichisches Schuldrecht)

Guillien, Raymond/ Vincent, Jean, Lexique de termes juridiques, 15. Auflage, Paris 2005

Gündisch, Jürgen, Rechtsschutz in der Europäischen Gemeinschaft, Stuttgart 1994 (zit.: Gündisch, Rechtsschutz)

Gursky, Karl-Heinz/ Olzen, Dirk, J. von Staudingers Kommentar zum Bürgerlichen Gesetzbuch mit Einführungsgesetz und Nebengesetzen, Zweites Buch, Recht der Schuldverhältnisse, §§ 362 – 396, Berlin 2000 (zit.: Gursky, in: Staudinger)

Gutsche, Martin, Die Bindungswirkung der Urteile des Europäischen Gerichtshofes, Göttingen 1967 (zit.: Gutsche, Bindungswirkung)

H

Häde, Ulrich, Die Europäische Wirtschafts- und Währungsunion, EuZW 1992, 171 ff.

Häde, Ulrich, Die innerstaatliche Verteilung gemeinschaftsrechtlicher Zahlungspflichten, Berlin 2006 (zit.: Häde, Verteilung)

Hapgood, Mark, Rights of Set-Off as Security, in: Neate, Francis W. (Hrsg.), Using Set-Off as Security – A Comparative Survey for Practitioners, London 1990, S. 32 ff. (zit.: Hapgood, Set-Off)

Hartmann, Klaus, Aufrechnung im Verwaltungsrecht, Frankfurt a.M. 1996 (zit.: Hartmann, Aufrechnung)

Hartley, Trevor Clayton, The foundations of European Community Law, 4. Auflage, Oxford 1998 (zit.: *Hartley,* European Community Law)

Härtel, Ines, Durchsetzbarkeit von Zwangsgeld-Urteilen des EuGH gegen Mitgliedstaaten, EuR 2001, 617 ff.

Heidig, Stefan, Die Verhängung von Zwangsgeldern nach Art. 228 Abs. 2 EGV – Anmerkung zum Urteil des EuGH vom 4.7.2000, Kommission / Griechenland, Rs. C-387/97, EuR 2000, 782 ff.

Heidig, Stefan, Die Verhängung von Zwangsgeldern und Pauschalbeträgen gegen die Mitgliedstaaten der EG, Baden-Baden 2001 (zit.: Heidig, Zwangsgelder)

Henrichs, Christoph, Haftung der EG-Mitgliedstaaten für Verletzung von Gemeinschaftsrecht, Baden-Baden 1995 (zit.: Henrichs, Haftung)

Hölscheidt, Sven, Zwangsgelder gegen die Bundesrepublik Deutschland wegen der Nichtbeachtung von Urteilen des Europäischen Gerichtshofs, BayVBl. 1997, 459 ff.

Hummer, Waldemar/ Obwexer, Walter, Die Wahrung der „Verfassungsgrundsätze" der EU, EuZW 2000, 485 ff.

I

Ipsen, Hans Peter, Europäisches Gemeinschaftsrecht, Tübingen 1972 (zit.: Ipsen, Gemeinschaftsrecht)

Ipsen, Hans Peter, Die Verfassungsrolle des Europäischen Gerichtshofs für die Integration, in: Schwarze, Jürgen (Hrsg.), Der Europäische Gerichtshof als Verfassungsgericht und Rechtsschutzinstanz, Baden-Baden 1983, S. 29 ff. (zit.: Ipsen, EuGH)

Ipsen, Knut, Völkerrecht, 5. Auflage, München 2004

K

Karl, Joachim, Aktuelle Überlegungen zur Reform der EG-Gerichtsbarkeit, RIW 1991, 745 ff.

Karpenstein, Ulrich, Anmerkung zu EuGH Rs. C-387/97 v. 4.7.2000, EuZW 2000, 537 f.

Kegel, Gerhard, Probleme der Aufrechnung – Gegenseitigkeit und Liquidität rechtsvergleichend dargestellt, Berlin 1938 (zit.: Kegel, Aufrechnung)

Kirchner, Hildebert / Butz, Cornelie, Abkürzungsverzeichnis der Rechtssprache, 5. Auflage, Berlin 2003

Klinke, Ulrich, Der Gerichtshof der Europäischen Gemeinschaften, Baden-Baden 1989 (zit.: Klinke, Gerichtshof)

Koenig, Christian/ Pechstein, Matthias/ Sander, Claude, EU-/ EG-Prozeßrecht, 2. Auflage, Tübingen 2002 (zit.: Koenig/ Pechtsein/ Sander, EU-/EG-Prozessrecht)

Köck, Heribert Franz, Die „implied powers" der Europäischen Gemeinschaften als Anwendungsfall der „implied powers" internationaler Organisationen überhaupt, in: Böckstiegel, Karl-Heinz/ Folz, Hans-Ernst/ Mössner, Jörg Manfred/ Zemanek, Karl (Hrsg.), Völkerrecht. Recht der Internationalen Organisationen. Weltwirtschaftsrecht, Festschrift für Ignaz Seidl-Hohenveldern (zit.: Köck, Seidel-Hohenveldern-FS)

Kort, Michael, Verstöße eines EG-Mitgliedstaats gegen europäisches Recht: Probleme des Vertragsverletzungsverfahrens gem. Art. 169 EGV, DB 1996, 1323 ff.

Koziol, Helmut/ Welser, Rudolf, Grundriss des bürgerlichen Rechts, Band II, Schuldecht Allgemeiner Teil, Schuldrecht Besonderer Teil, Erbrecht, 11. Auflage, Wien 2000 (zit.: Koziol/ Welser, Bürgerliches Recht)

L

Lando, Ole/ Clive, Eric/ Prum André/ Zimmermann, Reinhard (Hrsg.), Principles of European Contract Law – Part III, Den Haag 2003

Larenz, Karl, Lehrbuch des Schuldrechts, Band I, Allgemeiner Teil, 14. Auflage, München 1987 (zit.: Larenz, Schuldrecht)

Lasok, Karol Paul Edward, The European Court of Justice, London 1984 (zit.: Lasok, European Court of Justice)

Lenz, Carl Otto (Hrsg.), EU- und EG-Vertrag, Kommentar, 3. Auflage, Köln 2003 (zit.: Bearbeiter, in: Lenz (Hrsg.), EUV/EGV)

Lubach, Carl, Das spanische Rechtsinstitut der „Compensación" im Vergleich zum deutschen Rechtsinstitut der Aufrechnung, informaciones 2001, 14 ff.

M

Magiera, Siegfried, Die Durchsetzung des Gemeinschaftsrechts im europäischen Integrationsprozeß, DÖV 1998, 173 ff.

Marty, Gabriel/ Raynaud, Pierre/ Jestaz, Philippe, Droit civil, Les obligations, Band 2: Le régime, 2. Auflage, Paris 1989 (zit.: Marty/ Raynaud/ Jestaz, Droit civil)

Mazeau, Henri/ Mazeau, Léon/ Mazeau, Jean/ Chabas, François, Leçons de droit civil, Band II, Teil 1: Obligations: Théorie Générale, 6. Auflage, Paris 1978 (zit.: Mazeau, H., L. und J./ Chabas, Droit civil)

McBryde, William, The Law of Contract in Scotland, Edinburgh, 1987 (zit.: McBryde, Law of Contract)

Meesen, Karl Matthias, Zur Theorie allgemeiner Rechtsgrundsätze des internationalen Rechts: Der Nachweis allgemeiner Rechtsgrundsätze des Europäischen Gemeinschaftsrechts, JIR 17 (1974), 283 ff.

Mégret, Jacques/ Waelbroeck, Michel/ Louis, Jean Victor/ Dewost, Jean-Louis/ Vandersanden, Georges, Commentaire Mégret. Le droit de la CEE. Volume 10 : La cour des justice, Les actes des institutions, 2. Auflage, Brüssel 1993 (zit.: Bearbeiter, in: Mégret u. a. (Hrsg.), CEE)

Meier, Gert, Die Beendigung der Mitgliedschaft in der Europäischen Gemeinschaft, NJW 1977, 391 ff.

Meier, Gert, Integrationskraft und Rechtsgemeinschaft, RIW 1980, 39 f.

Meier, Gert, Die Europäische Rechtsgemeinschaft am Scheideweg, RIW 1981, 246 ff.

Metzger, Axel, Anmerkung zu EuGH, Slg. 2003, S. 7617 ff., Rs. C-87/01 P - Kommission / CCRE, JZ 2004, 90 ff.

Middeke, Andreas/ Szczekalla, Peter, Änderungen im europäischen Rechtsschutzsystem, JZ 1993, 284 ff.

Mögele, Rudolf, Die Behandlung fehlerhafter Ausgaben im Finanzierungssystem der gemeinsamen Agrarpolitik, München 1997 (zit.: Mögele, Agrarpolitik)

Monjal, Pierre-Yves, Le traité d'Amsterdam et la procédure en constatation politique de manquement aux principes de l'Union, RMUE 1998, 69 ff.

Mori, Paola, Il nuovo Art. 171, Par. 2, del trattato CE e le sanzioni per gli stati membri inadempienti, RDI 1994, 58 ff.

N

Nicolaysen, Gert, Europarecht I, Baden-Baden 1991 (zit.: Nicolaysen, Europarecht I)

Nöll, Hans-Heinrich, Die Völkerrechtssubjektivität der Europäischen Gemeinschaften und deren Bindung an das allgemeine Völkerrecht, Baden-Baden 1986 (zit.: Nöll, Völkerrechtssubjektivität)

O

Oppermann, Thomas, Europarecht, 2. Auflage, München 1999

Ortlepp, Beate Christina, Das Vertragsverletzungsverfahren als Instrument zur Sicherung der Legalität im Europäischen Gemeinschaftsrecht, Baden-Baden 1987 (zit.: Ortlepp, Vertragsverletzungsverfahren)

Osterheld, Horst, Die Vollstreckung von Entscheidungen der Europäischen Gemeinschaft für Kohle und Stahl in der Bundesrepublik Deutschland, Frankfurt am Main 1954 (zit.: Osterheld, Vollstreckung)

P

Page, Henri de, Traité élémentaire de droit civil Belge, Band III: Les obligations (2. Teil), 3. Auflage, Brüssel 1967 (zit.: de Page, Droit civil Belge)

Palm, Ulrich, Preisstabilität in der Europäischen Wirtschafts- und Währungsunion, 2000 (zit.: Palm, Preisstabilität)

Pichonnatz, Pascal, La Compensation, Fribourg 2001 (zit.: Pichonnatz, Compensation)

Plouvier, Liliane, Les décisions de la cour de justice des Communautés Européennes et leurs effets juridiques, Bruxelles 1975 (zit.: Plouvier, Décisions de la cour)

Potacs, Michael, Nationale Zentralbanken in der Wirtschafts- und Währungsunion, EuR 1993, 23 ff.

Priebe, Reinhard, Sanktionen und sanktionsgleiche Maßnahmen im Rahmen der Gemeinschaftsfonds – Neue Entwicklungen in der Gemeinschaftsgesetzgebung, in: van Gerven, Walter/ Zuleeg, Manfred, Sanktionen als Mittel zur Durchsetzung des Gemeinschaftsrechts, Köln 1996, S. 55 ff. (zit.: Priebe, Sanktionen)

Pyziak-Szafnicka, Malgorzata, Aufrechnung in rechtsvergleichender Sicht, in: Groß, Thomas (Hrsg.), Legal Scholarship in International and Comparative Law, Frankfurt a.M.2003, S. 117 ff. (zititiert: Pyziak-Szafnicka, Aufrechnung)

R

Ragusa-Maggiore, Giuseppe, Compensazione (dir. civ.), in: Enciclopedia del diritto, Band VIII (Compe-Cong), Mailand 1961, S. 17 ff. (zit.: Ragusa-Maggiore, Compensazione)

Rebmann, Kurt/ Säcker, Franz Jürgen/ Rixecker, Roland (Hrsg.), Münchener Kommentar zum Bürgerlichen Gesetzbuch, Band 2a, Schuldrecht Allgemeiner Teil, §§ 241 – 432, München 2003 (zit.: Bearbeiter, in: MünchKomm BGB)

Reiterer, Irmgard, Die Aufrechnung, Graz 1976 (zit.: Reiterer, Aufrechnung)

Rengeling, Hans-Werner/ Middeke, Andreas/ Gellermann, Martin, Rechtsschutz in der Europäischen Union, 2. Auflage, München 2003 (zit.: Bearbeiter, in: Rengeling/ Middeke/ Gellermann (Hrsg.), Rechtsschutz)

Rescigno, Pietro (Hrsg.), Codice Civile, Mailand 1992 (zit.: Bearbeiter, in: Rescigno (Hrsg.), Codice Civile)

Ress, Georg, Die Europäische Union und die neue juristische Qualität der Beziehungen zu den Europäischen Gemeinschaften, JuS 1992, 985 ff.

Rinze, Jens, Die Europäische Union und die neue juristische Qualität der Beziehungen zu den Europäischen Gemeinschaften - Anmerkung zu Ress, JuS 1992, 985 ff., in: JuS 1993, 264

S

Schermers, Henry/ Blokker, Niels, International Institutional Law, 3. Auflage, Den Haag 1995

Schermers, Henry/ Slot, P.J., Maastricht – Mijlpaal of hinderpaal op de weg naar een voortgaande Europese eenwording?, NJB 1992, 1033 ff.

Schlesinger, Piero, Compensazione (diritto civile), in: Azara, Antonio/ Eula, Ernesto (Hrsg.), Novissimo diegesto italiano, Band 3 (Cat-Cond), Turin 1974, S. 722 ff. (zit.: Schlesinger, Compensazione)

Schniewind, Hans Joachim, Vollstreckung und Vollstreckungsrechtsbehelfe im Recht der Europäischen Gemeinschaften, Stuttgart 1972 (zit.: Schniewind, Vollstreckung)

Schorkopf, Frank, Homogenität in der Europäischen Union – Ausgestaltung und Gewährleistung durch Art. 6 Abs. 1 und Art. 7 EUV, Berlin 2000 (zit.: Schorkopf, Homogenität)

Schorkopf, Frank, Verletzt Österreich die Homogenität der Europäischen Union?, DVBl. 2000, 1036 ff.

Schüler, Norbert, Anmerkung zu EuGH, Rs. 325/82 („Butterfahrten"), in: RIW 1984, 309 f.

Schütze, Rolf, Die Nachprüfung von Entscheidungen des Rates, der Kommission und des Gerichtshofes nach Art. 187, 192 EWG-Vertrag, NJW 1963, 2204 f.

Schwarze, Jürgen (Hrsg.), EU-Kommentar, Baden-Baden 2000

Schwarze, Jürgen, Das allgemeine Völkerrecht in den innergemeinschaftlichen Rechtsbeziehungen, EuR 1983, 1 ff.

Schweitzer, Michael/ Hummer, Waldemar, Europarecht, 5. Auflage, Neuwied 1996

Spannowsky, Willy, Wettbewerbsverzerrende Defizite des gemeinschaftsrechtlichen Sanktions- und Vollstreckungssystems, JZ 1994, 326 ff.

Starck, Boris, Droit civil, Obligations, 3. Régime général, 3. Auflage, Paris 1989 (zit.: Starck, Droit civil)

Stein, Torsten, Die rechtlichen Reaktionsmöglichkeiten der Europäischen Union bei schwerwiegender und anhaltender Verletzung der demokratischen und rechtsstaatlichen Grundsätze in einem Mitgliedstaat, in: Götz, Volkmar/ Selmer, Peter/ Wolfrum, Rüdiger

(Hrsg.), Liber amicorum Günther Jaenicke – Zum 85. Geburtstag, Berlin 1998 (zit.: Stein, Jaenicke-FS)

Steinhauer, Bettina, Die Auslegung, Kontrolle und Durchsetzung mitgliedstaatlicher Pflichten im Recht des Internationalen Währungsfonds und der Europäischen Gemeinschaft, Berlin 1997 (zit.: Steinhauer, Auslegung)

Stotz, Rüdiger, Rechtsschutz vor europäischen Gerichten, in: Rengeling, Hans Werner (Hrsg.), Handbuch zum europäischen und deutschen Umweltrecht, Band I: Allgemeines Umweltrecht, Köln 1998 (zit.: Stotz, in: Rengeling (Hrsg.), Umweltrecht, Band I)

Streinz, Rudolf (Hrsg.), EUV/EGV, Kommentar, München 2003

Streinz, Rudolf, Zwangsgeld wegen Nichtbefolgung eines Urteils des EuGH, JuS 2000, 1216 ff.

Streinz, Rudolf, Der «effet utile» in der Rechtsprechung des Gerichtshofs der EG, in: Due, Ole/ Lutter, Marcus/ Schwarze, Jürgen (Hrsg.), Festschrift für Ulrich Everling – Band II, Baden-Baden 1995, S. 1491 ff. (zit.: Streinz, Everling-FS)

T

Tesauro, Giuseppe, La sanction des infractions au droit communautaire, in: Associacao Portuguesa de direito europeu (Hrsg.), XV Congres FIDE, Questionnaiers, Rapports généraux et conclusions des travaux, Lissabon 1992, S. 121 ff. (zit.: Tesauro, FIDE)

Tesauro, Giuseppe, Les sanctions pour le non-respect d'une obligation découlant du droit communautaire par les Etats membres, in: van Gerven, Walter/ Zuleeg, Manfred, Sanktionen als Mittel zur Durchsetzung des Gemeinschaftsrechts, Köln 1996, S. 17 ff. (zit.: Tesauro, Sanctions)

Teske, Horst, Die Sanktion von Vertragsverstößen im Gemeinschaftsrecht, EuR 1992, 265 ff.

Tezcan, Ercüment, Les sanctions prévues par l'article 171, alinéa 2 du traité CE en cas de non-exécution d'un arrêt de la cour de justice par un état membre et les développements récents à ce propos, REDP 1998, 39 ff.

V

Van Gerven, Walter, Non-contractual Liability of Member States, Community Institutions and Individuals for Breaches of Community Law With a View to a Common Law for Europe, in: van Gerven, Walter/ Zuleeg, Manfred (Hrsg.), Sanktionen als Mittel zur Durchsetzung des Gemeinschaftsrechts, Köln 1996, S. 29 ff. (zit.: van Gerven, Liability)

Vincent, Jean/ Jacques Prévault, Voies d'exécution, 10. Auflage, Paris 1999

W

Wägenbaur, Rolf, Zur Nichtbefolgung von Urteilen des EuGH durch die Mitgliedstaaten, in: Due, Ole/ Lutter, Marcus/ Schwarze, Jürgen (Hrsg.), Festschrift für Ulrich Everling – Band II, Baden-Baden 1995, S. 1611 ff. (zit.: Wägenbaur, Everling-FS)

Weidenfeld, Werner (Hrsg.), Maastricht in der Analyse, Gütersloh 1994 (zit.: Weidenfeld, Maastricht)

Weill, Alex/ Terré, Francois, Droit civil, Les obligations, 4. Auflage, Paris 1986 (zit.: Weill/ Terré, Droit civil)

Wohlfarth, Ernst/ Everling, Ulrich/ Glaesner, Hans Joachim/ Sprung, Rudolph, Die Europäische Wirtschaftsgemeinschaft, Kommentar zum Vertrag, Berlin 1960 (zit.: Wohlfarth u.a. (Hrsg.), EWGV)

Wolf, Martin, Die Aufrechnung im internationalen Privatrecht, Diss. iur. Dortmund 1989 (zit.: Wolf, Aufrechnung)

Wood, Philip R., English and International Set-Off, London 1989 (zit.: Wood, Set-Off)

Z

Zimmermann, Reinhard, Die Aufrechnung – Eine rechtsvergleichende Skizze zum Europäischen Vertragsrecht, in: Beuthien, Volker u.a. (Hrsg.), Festschrift für Dieter Medicus, Köln 1999, S. 707 ff. (zit.: Zimmermann, Medicus-FS)

Zimmermann, Reinhard, Comparative Foundations of a European Law of Set-Off and Prescription, Cambridge 2002 (zit.: Zimmermann, Comparative Foundations)

Zuleeg, Manfred, Das Recht der Europäischen Gemeinschaften im innerstaatlichen Bereich, Köln 1969 (zit.: Zuleeg, Recht der EG)

Zweigert, Konrad, Der Einfluss des europäischen Gemeinschaftsrechts auf die Rechtsordnungen der Mitgliedstaaten, RabelsZ 28 (1964), 601 ff.

Schriften zum internationalen und zum öffentlichen Recht

Herausgegeben von Gilbert Gornig

Band 1 Michael Waldstein: Das Asylgrundrecht im europäischen Kontext. Wege einer europäischen Harmonisierung des Asyl- und Flüchtlingsrechts. 1993.

Band 2 Axel Linneweber: Einführung in das US-amerikanische Verwaltungsrecht. Kompetenzen, Funktionen und Strukturen der "Agencies" im US-amerikanischen Verwaltungsrecht. 1994.

Band 3 Tai-Nam Chi: Das Herrschaftssystem Nordkoreas unter besonderer Berücksichtigung der Wiedervereinigungsproblematik. 1994.

Band 4 Jörg Rösing: Beamtenstatut und Europäische Gemeinschaften. Eine Untersuchung zu den gemeinschaftsrechtlichen Anforderungen an die Freizügigkeit der Arbeitnehmer im Bereich des öffentlichen Dienstes. 1994.

Band 5 Wolfgang Wegel: Presse und Rundfunk im Datenschutzrecht. Zur Regelung des journalistischen Umgangs mit personenbezogenen Daten. 1994.

Band 6 Sven Brandt: Eigentumsschutz in europäischen Völkerrechtsvereinbarungen. EMRK, Europäisches Gemeinschaftsrecht, KSZE – unter Berücksichtigung der historischen Entwicklung. 1995.

Band 7 Alejandro Alvarez: Die verfassunggebende Gewalt des Volkes unter besonderer Berücksichtigung des deutschen und chilenischen Grundgesetzes. 1995.

Band 8 Martin Thies: Zur Situation der gemeindlichen Selbstverwaltung im europäischen Einigungsprozeß. Unter besonderer Berücksichtigung der Vorschriften des EG-Vertrages über staatliche Beihilfen und der EG-Umweltpolitik. 1995.

Band 9 Rolf-Oliver Schwemer: Die Bindung des Gemeinschaftsgesetzgebers an die Grundfreiheiten. 1995.

Band 10 Holger Kremser: "Soft Law" der UNESCO und Grundgesetz. Dargestellt am Beispiel der Mediendeklaration. 1996.

Band 11 Michael Silagi: Staatsuntergang und Staatennachfolge: mit besonderer Berücksichtigung des Endes der DDR. 1996.

Band 12 Reinhard Franke: Der gerichtliche Vergleich im Verwaltungsprozeß. Auch ein Beitrag zum verwaltungsrechtlichen Vertrag. 1996.

Band 13 Christoph Eichhorn: Altlasten im Konkurs. 1996.

Band 14 Dietrich Ostertun: Gewohnheitsrecht in der Europäischen Union. Eine Untersuchung der normativen Geltung und der Funktion von Gewohnheitsrecht im Recht der Europäischen Union. 1996.

Band 15 Ulrike Pieper: Neutralität von Staaten. 1997.

Band 16 Harald Endemann: Kollektive Zwangsmaßnahmen zur Durchsetzung humanitärer Normen. Ein Beitrag zum Recht der humanitären Intervention. 1997.

Band 17 Jochen Anweiler: Die Auslegungsmethoden des Gerichtshofs der Europäischen Gemeinschaften. 1997.

Band 18 Henrik Ahlers: Grenzbereich zwischen Gefahrenabwehr und Strafverfolgung. 1998.

Band 19 Heinrich Hahn: Der italienische Verwaltungsakt im Lichte des Verwaltungsverfahrensgesetzes vom 7. August 1990 (Nr. 241/90). Eine rechtsvergleichende Darstellung. 1998.

Band 20 Christoph Deutsch: Elektromagnetische Strahlung und Öffentliches Recht. 1998.

Band 21 Cordula Fitzpatrick: Künstliche Inseln und Anlagen auf See. Der völkerrechtliche Rahmen für die Errichtung und den Betrieb künstlicher Inseln und Anlagen. 1998.

Band 22 Hans-Tjabert Conring: Korporative Religionsfreiheit in Europa. Eine rechtsvergleichende Betrachtung. Zugleich ein Beitrag zu Art. 9 EMRK. 1998.

Band 23 Jörg Karenfort: Die Hilfsorganisation im bewaffneten Konflikt. Rolle und Status unparteiischer humanitärer Organisationen im humanitären Völkerrecht. 1999.

Band 24 Matthias Schote: Die Rundfunkkompetenz des Bundes als Beispiel bundesstaatlicher Kulturkompetenz in der Bundesrepublik Deutschland. Eine Untersuchung unter besonderer Berücksichtigung natürlicher Kompetenzen und der neueren Entwicklung im Recht der Europäischen Union. 1999.

Band 25 Hermann Rothfuchs: Die traditionellen Personenverkehrsfreiheiten des EG-Vertrages und das Aufenthaltsrecht der Unionsbürger. Eine Gegenüberstellung der vertraglichen Gewährleistungen. 1999.

Band 26 Frank Alpert: Zur Beteiligung am Verwaltungsverfahren nach dem Verwaltungsverfahrensgesetz des Bundes. Die Beteiligtenstellung des § 13 Abs. 1 VwVfG. 1999.

Band 27 Matthias Reichart: Umweltschutz durch völkerrechtliches Strafrecht. 1999.

Band 28 Nikolas von Wrangell: Globalisierungstendenzen im internationalen Luftverkehr. Entwicklung der Regulierung und Liberalisierung unter Berücksichtigung strategischer Allianzen und des Code-Sharing. 1999.

Band 29 Marietta Hovehne: Ein demokratisches Verfahren für die Wahlen zum Europäischen Parlament. Legitimation gemeinschaftlicher Entscheidungsstrukturen im europäischen Integrationsprozeß. 1999.

Band 30 Nina Kaden: Der amerikanische Clean Air Act und das deutsche Luftreinhalterecht. Eine rechtsvergleichende Untersuchung. 1999.

Band 31 Brigitte Daum: Grenzverletzungen und Völkerrecht. Eine Untersuchung der Rechtsfolgen von Grenzverletzungen in der Staatenpraxis und Folgerungen für das Projekt der International Law Commission zur Kodifizierung des Rechts der Staatenverantwortlichkeit. 1999.

Band 32 Andreas Fürst: Die bildungspolitischen Kompetenzen der Europäischen Gemeinschaft. Umfang und Entwicklungsmöglichkeiten. 1999.

Band 33 Gilles Despeux: Die Anwendung des völkerrechtlichen Minderheitenrechts in Frankreich. 1999.

Band 34 Michael Reckhard: Die rechtlichen Rahmenbedingungen der Sanktionierung von Beitragsverweigerung im System der Vereinten Nationen. 1999.

Band 35 Carsten Pagels: Schutz- und förderpflichtrechtliche Aspekte der Religionsfreiheit. Zugleich ein Beitrag zur Auslegung eines speziellen Freiheitsrechts. 1999.

Band 36 Bernhard Mehner: Die grenzüberschreitende Wirkung direktempfangbaren Satellitenfernsehens aus völkerrechtlicher Sicht. 2000.

Band 37 Karl-Josef Ulmen: Pharmakologische Manipulationen (Doping) im Leistungssport der DDR. Eine juristische Untersuchung. 2000.

Band 38 Jochen Starke: Die verfassungsgerichtliche Normenkontrolle durch den Conseil constitutionnel. Zum Kompetenztitel des Art. 61 der französischen Verfassung. 2000.

Band 39 Marco Herzog: Rechtliche Probleme einer Inhaltsbeschränkung im Internet. 2000.

Band 40 Gilles Despeux: Droit de la délimitation maritime. Commentaire de quelques décisions plutoniennes. 2000.

Band 41 Christina Hackel: Der Untergang des Landes Braunschweig und der Anspruch auf Restitution nach der Wiedervereinigung Deutschlands. 2000.

Band 42 Peter Aertker: Europäisches Zulassungsrecht für Industrieanlagen. Die Richtlinie über die integrierte Vermeidung und Verminderung der Umweltverschmutzung und ihre Auswirkungen auf das Anlagenzulassungsrecht der Bundesrepublik Deutschland. 2000.

Band 43 Karsten Bertram: Die Gesetzgebung zur Neuregelung des Grundeigentums in der ersten Phase der Französischen Revolution (bis 1793) und deren Bedeutung für die deutsche Eigentumsdogmatik der Gegenwart. 2000.

Band 44 Ulrike Hartmann: Die Entwicklung im internationalen Umwelthaftungsrecht unter besonderer Berücksichtigung von *erga omnes*-Normen. 2000.

Band 45 Thomas Jesch: Die Wirtschaftsverfassung der Sonderverwaltungsregion Hongkong. Eine Darstellung vor dem Hintergrund der Wiedereingliederung in die Souveränität der Volksrepublik China. 2001.

Band 46 Sven Gottschalkson: Der Ausschluß des Zivilrechtsweges bei Eigentumsverlusten an Immobilien in der ehemaligen DDR. 2002.

Band 47 Gilbert Hanno Gornig/Gilles Despeux: Seeabgrenzungsrecht in der Ostsee. Eine Darstellung des völkerrechtlichen Seeabgrenzungsrechts unter besonderer Berücksichtigung der Praxis der Ostseestaaten. 2002.

Band 48 Andreas Zühlsdorff: Rechtsverordnungsersetzende Verträge unter besonderer Berücksichtigung des Umweltrechts. 2003.

Band 49 Katja Schmitz: Durchgriffswirkung von Maßnahmen der UN und ihrer Sonderorganisationen unter besonderer Berücksichtigung von Resolutionen des UN-Sicherheitsrates - Die Entwicklung supranationaler Strukturen. 2003.

Band 50 Stefanie Rothenberger: Die angemessene Nutzung gemeinschaftlicher Ressourcen am Beispiel von Flüssen und speziellen Ökosystemen. Eine vergleichende Betrachtung zum modernen Verständnis eines klassischen völkerrechtlichen Nutzungsprinzips. 2003.

Band 51 Christoph von Burgsdorff: Die Umsetzung der EG-Datenschutzrichtlinie im nicht-öffentlichen Bereich. Möglichkeit einer zukunftsorientierten Konzeption des Datenschutzes in der Privatwirtschaft unter besonderer Berücksichtigung des BDSG. 2003.

Band 52 Frank Reinhardt: Powerline. Verfassungs-, verwaltungs- und telekommunikationsrechtliche Probleme. 2003.

Band 53 Chie Sato: Immunität Internationaler Organisationen. 2004.

Band 54 Johannes Thoma: EU-Recht und Schranken hoheitlicher Staatstätigkeit. 2004.

Band 55 Wolf Peterhoff: Rechtsansprüche enteigneter Volksgruppen und ihre Durchsetzbarkeit. 2004.

Band 56 Do-Hyub Kim: Das deutsche parlamentarische Regierungssystem als mögliches Modell für Korea. 2004.

Band 57 Alexander Koberg: Die Exilregierung im Völkerrecht. Eine Untersuchung ihrer rechtlichen Klassifikation. 2005.

Band 58 Nils Christian Carstensen: Das Verhältnis des Seerechtsübereinkommens der Vereinten Nationen von 1982 zu fischereirechtlichen Übereinkommen und deren Streitbeilegungsvorschriften. 2005.

Band 59 Oliver Franz: Osttimor und das Recht auf Selbstbestimmung. Eine Untersuchung zur Anwendung des Selbstbestimmungsrechts der Völker am Beispiel Osttimors. 2005.

Band 60 Michael Kadgien: Das Habsburgergesetz. 2005.

Band 61 Felix Wolf: Terrorversicherungen und europäisches Wettbewerbsrecht. Verschiedene Modelle staatlicher Beteiligung an einer Terrorversicherung für Wirtschaftsbetriebe und ihre Vereinbarkeit mit dem europäischen Wettbewerbsrecht. 2005.

Band 62 Heiko Bertelmann: Die Europäisierung des Staatshaftungsrechts. Eine Untersuchung zum Einfluss des Europäischen Gemeinschaftsrechts auf das deutsche Staatshaftungsrecht unter besonderer Berücksichtigung der Haftung für judikatives Unrecht. 2005.

Band 63 Cedric Christian Meyer: Konkretisierung unbestimmter Rechtsbegriffe im deutschen und französischen Anlagenzulassungsrecht. 2005.

Band 64 Philippe Gréciano: Die Gerichtsbarkeit der Europäischen Gemeinschaften. Rechtsprechung und Rechtssprache Europas aus französischer Perspektive. Mit einem Vorwort von Theodor Öhlinger. 2007.

Band 65 Anne-Louise Schümer: Die Stellung des Ministerpräsidenten in den Bundesländern im Vergleich. 2006.

Band 66 Helen Ghebrewebet: Identifying Units of Statehood and Determining International Boundaries. A Revised Look at the Doctrine of *Uti Possidetis* and the Principle of Self-Determination. 2006.

Band 67 Arne Hertel: Beihilfen an kleine und mittlere Unternehmen. 2006.

Band 68 Markus Günther: Europol. Rechtsschutzmöglichkeiten und deren Vereinbarkeit mit nationalen und internationalen Anforderungen. 2006.

Band 69 Christian Wicker: The Concepts of Proportionality and State Crimes in International Law. An Analysis of the Scope of Proportionality in the Right of Self-Defence and in the Regime of International Countermeasures and an Evaluation of the Concept of State Crimes. 2006.

Band 70 Hauke Stöwsand: Zyperns Beitritt zur Europäischen Union. Vom Antrag auf Mitgliedschaft bis zum Protokoll der Beitrittsakte. 2007.

Band 71 Natalie Rowohl: Weltbank und Internationaler Währungsfonds: Ihre Mandate und deren Abgrenzung. Stand und Reformvorschläge. 2007.

Band 72 Ru-Huei Liu: Europäisierung des deutschen Umweltrechts. 2008.

Band 73 Katja Lange: Der Status der Aufständischen im modernen humanitären Völkerrecht. 2007.

Band 74 Tarik El-Shabassy: Die Durchsetzung finanzieller Sanktionen der Europäischen Gemeinschaften gegen ihre Mitgliedstaaten. 2008.

www.peterlang.de

Tim Schönborn

Die Causa Austria

Zur Zulässigkeit bilateraler Sanktionen zwischen den Mitgliedstaaten der Europäischen Union

Frankfurt am Main, Berlin, Bern, Bruxelles, New York, Oxford, Wien, 2005.
461 S.
Res Publica. Herausgegeben von Udo Fink, Dieter Dörr und Rolf Schwartmann.
Bd. 1
ISBN 978-3-631-53812-8 · br. € 74.50*

Die Maßnahmen der Mitgliedstaaten der Europäischen Union gegen Österreich infolge der Beteiligung der Freiheitlichen Partei Österreichs des Rechtspopulisten Haider an der österreichischen Bundesregierung erregten im Jahr 2000 als bis dahin beispielloses Ereignis europaweites Aufsehen. Aus juristischer Sicht verdeutlichten sie, dass der mit dem Vertrag von Amsterdam neu in den Unionsvertrag aufgenommene Art. 7 EUV durchaus praktische Bedeutung erlangen kann. Diese Vorschrift ermöglicht die Aussetzung bestimmter Rechte eines Mitgliedstaates, der die in Art. 6 EUV verankerten Grundsätze – Freiheit, Demokratie, Achtung der Menschenrechte und Grundfreiheiten, Rechtsstaatlichkeit – schwerwiegend und anhaltend verletzt. Nach einer ausführlichen Chronologie der Ereignisse untersucht die Fallstudie, ob das Vorgehen gegen Österreich mit den Vorgaben des Sanktionsmechanismus sowie sonstigen Regeln des Europa- und Völkerrechts vereinbar war. Darüber hinaus befasst sich die Arbeit mit der Ergänzung des Art. 7 EUV durch den Vertrag von Nizza als Folge der Maßnahmen gegen Österreich. Insgesamt liefert das Werk wichtige Argumente für den künftigen Umgang zwischen den EU-Mitgliedstaaten im Falle der Beteiligung extremer politischer Parteien an deren Regierungen.

Aus dem Inhalt: Der Fall Österreich – eine Chronologie · Rechtliche Bewertung des Handelns der Institutionen der Europäischen Union und der Regierungen der 14 EU-Mitgliedstaaten · Die Ergänzung des Sanktionsmechanismus nach Art. 7 EUV durch den Vertrag von Nizza

FSC
www.fsc.org
MIX
Papier | Fördert
gute Waldnutzung
FSC® C083411

Kolibri 360 GmbH
Ferdinand-Jühlke-Straße 7
99095 Erfurt, Deutschland
produktsicherheit@kolibri360.de

Druck:
CPI Druckdienstleistungen GmbH
im Auftrag der
Kolibri 360 GmbH
Ferdinand-Jühlke-Str. 7
99095 Erfurt